中国语言学

第七辑

图书在版编目(CIP)数据

中国语言学. 第 7 辑 / 郭锡良，鲁国尧主编. —北京：北京大学出版社，2014.1
ISBN 978-7-301-24185-1

Ⅰ. 中… Ⅱ. ①郭…②鲁… Ⅲ. 汉语-语言学-丛刊 Ⅳ. ①H1-55

中国版本图书馆 CIP 数据核字（2014）第 081390 号

书　　　　名：	中国语言学　第七辑
著作责任者：	郭锡良　鲁国尧　主编
责 任 编 辑：	杜若明
标 准 书 号：	ISBN 978-7-301-24185-1/H・3512
出 版 发 行：	北京大学出版社
地　　　　址：	北京市海淀区成府路 205 号　100871
网　　　　址：	http://www.pup.cn　新浪官方微博：@北京大学出版社
电 子 信 箱：	zpup@pup.pku.edu.cn
电　　　　话：	邮购部 62752015　发行部 62750672　编辑部 62753374　出版部 62754962
印　　刷　　者：	三河市博文印刷有限公司
经　　销　　者：	新华书店
	787 毫米×1092 毫米　16 开本　14 印张　380 千字
	2014 年 1 月第 1 版　2014 年 1 月第 1 次印刷
定　　　　价：	35.00 元

未经许可，不得以任何方式复制或抄袭本书之部分或全部内容。
版权所有，侵权必究
举报电话：010-62752024　电子信箱：fd@pup.pku.edu.cn

《中国语言学》工作委员会

主　编：郭锡良(北京大学)、鲁国尧(南京大学)

学术委员会：(按音序排列)

　　曹先擢(国家语言文字工作委员会)　　陈新雄(台湾师范大学)
　　陈章太(国家语言文字工作委员会)　　戴庆厦(中央民族大学)
　　侯精一(中国社会科学院语言研究所)　胡明扬(中国人民大学)
　　胡壮麟(北京大学)　　　　　　　　　吉常宏(山东大学)
　　江蓝生(中国社会科学院语言研究所)　蒋绍愚(北京大学)
　　李维琦(湖南师范大学)　　　　　　　李行健(国家语言文字工作委员会)
　　陆俭明(北京大学)　　　　　　　　　宁继福(吉林省社会科学院)
　　钱曾怡(山东大学)　　　　　　　　　裘锡圭(复旦大学)
　　孙良明(山东师范大学)　　　　　　　唐作藩(北京大学)
　　王　宁(北京师范大学)　　　　　　　伍铁平(北京师范大学)
　　邢福义(华中师范大学)　　　　　　　徐思益(新疆大学)
　　许嘉璐(北京师范大学)　　　　　　　许威汉(上海师范大学)
　　薛凤生(美国俄亥俄州立大学)　　　　曾宪通(中山大学)
　　詹伯慧(暨南大学)　　　　　　　　　赵振铎(四川大学)
　　宗福邦(武汉大学)

编辑委员会：(按音序排列)

　　陈保亚(北京大学)　　　　　　　　　董　琨(中国社会科学院语言研究所)
　　董志翘(南京师范大学)　　　　　　　郭芹纳(陕西师范大学)
　　黄德宽(安徽大学)　　　　　　　　　华学诚(北京语言大学)
　　蒋冀骋(湖南师范大学)　　　　　　　李国英(北京师范大学)
　　李家浩(北京大学)　　　　　　　　　李建国(国家语言文字工作委员会)
　　李小凡(北京大学)　　　　　　　　　李宇明(北京语言大学)
　　刘晓南(复旦大学)　　　　　　　　　卢烈红(武汉大学)
　　马重奇(福建师范大学)　　　　　　　潘文国(华东师范大学)
　　乔全生(山西大学)　　　　　　　　　邵永海(北京大学)
　　宋绍年(北京大学)　　　　　　　　　孙建元(广西师范大学)
　　孙玉文(北京大学)　　　　　　　　　唐钰明(中山大学)
　　江国胜(华中师范大学)　　　　　　　江维辉(浙江大学)
　　王韶松(山东出版集团)　　　　　　　吴金华(复旦大学)
　　杨端志(山东大学)　　　　　　　　　杨亦鸣(徐州师范大学)
　　殷国光(中国人民大学)　　　　　　　俞理明(四川大学)
　　喻遂生(西南大学)　　　　　　　　　曾晓渝(南开大学)
　　张　猛(北京语言大学)　　　　　　　张涌泉(浙江大学)
　　张振兴(中国社会科学院语言研究所)

编辑部主任：孙玉文

目 录

张民权	论汉藏同源词的历史比较与汉语古音构拟问题	(1)
张卫东	论与南京话、明代官话历史相关的几个问题	(14)
刘子瑜 刘宋川	唐诗一字平去两读而义别问题简析	(19)
徐从权	脂微分部问题研究	(34)
	——兼论古韵再分类	
李维琦	读《道行般若经校注》数则	(54)
杨逢彬	《论语》词语考释六则	(60)
俞理明 顾满林	东汉佛道文献词汇新质的社团分布分析	(66)
史有为	试说汉语语篇的连贯与接应	(74)
董志翘	略论"中"的语法意义与语法功能	(95)
宋亚云	上古汉语及物动词与不及物动词划分的百年回顾	(106)
	——兼论上古汉语动词三分体系	
张振兴	王力先生与汉语方言研究	(130)
项梦冰	汉语方言古全浊声母今读类型的地理分布	(136)
	——分区角度的考察	
陈宝贤	福建漳平溪南方言数字串的连调组划分	(170)
关辛秋	汉语虚字研究成果对清代满语语法研究的影响	(184)
田小琳 李斐 马毛朋	关于辞书修订与创新的几点认识	(192)
	——兼谈香港三联书店《现代汉语学习词典》(繁体字本)出版工作设想	

【笔谈】

王宁	在2012年暑期汉语言文字学高级研讨班开班典礼上的讲话(2012年8月15日)	(201)
济宽	关于"中国的文化,就是汉字的文化"	(204)

【转载】

姚振武	科学精神是什么?	(211)
〔美〕托尔斯滕·帕特贝格	中国应向世界推广中文词汇	(215)

论汉藏同源词的历史比较与汉语古音构拟问题*

中国传媒大学文学院 张民权

摘 要 同源词的比较构拟是一个非常严肃的课题,然而有些学者的研究却过于随意,问题很多。主要表现为缺乏严整的语音对应规律,或缺乏历史知识,用后起的亲属语言词汇进行比较;或缺乏汉语史知识,所用来比较的汉语词义不是它原初的意义,而是后起的引申义;或考释不精,在古音构拟上存在严重缺陷,缺乏明确的历史层次和时空定位,诸如二等韵及其 r 介音说、喉音影母及齿音精组拟音等,均有悖于汉语史实。本文以一些学者的研究为例,就同源词的历史比较与汉语上古音系拟构问题进行了深入解析,辩证其是非;强调汉语古音构拟必须从汉语史实出发,脱离汉语实际,一味地迁就亲属语言的音系特点去进行所谓的比较构拟,都是不可取的。

关键词 比较原则 词义配匹 音系构拟 汉语史实

汉藏亲属语言的论证,最为关键的是同源词的比较,然而从目前研究状况看,问题很多。一些研究者并没有完全遵循历史比较法的原则,在亲属语言还未能得到确证的情况下,从自己虚拟的古音出发,随意地找几个语音相似的词比附在一起,就以为是"同源词",缺乏历史事实和语言事实的说服力。其构拟的汉语上古音系也就存在着严重问题,既不符合汉语特点,又与亲属语言相悖,貌似比较,实为杂凑。本来,作为一种学术研究,提出某些观点或假设论证也未免不可,而探索之中,难免会产生某些偏误,这些都是可以理解和原谅的事情。但近年来,有些人却把谬误当成真理,以非我莫属之架势排斥一切:不类我者非"主流"也。这种非正常的学术生态环境不能不引起学界的忧虑,很多学者纷纷撰文讨论,前辈学者中郭锡良先生、鲁国尧先生、王宁先生等,中青年学者中孙玉文先生、黄易青先生等都有专文发表。[1] 这些文章的发表,对于廓清迷雾和拨乱反正起到了强弩硬弓的作用。

学术需要探索,更需要批评,否则,学术研究就不会有进步。只要批评是真诚的,实事求是,能够揭示问题的实质,对今后的研究有帮助,就应该受到欢迎。对中外前贤的研究如果一味地追捧,缺乏自己的独立思考,矮子看戏,跟在别人后面瞎叫呼,甚或"皇帝的新衣服",说不得,只会窒息学术的创新与发展。学术要创新发展,需要的是观念更新

---

* 基金项目:《万光泰音韵学稿本与汉语上古音研究》,国家社科基金资助项目,项目编号 10BYY048。

[1] 一些研究文章集中编排在《音韵学方法论集》一书中,商务印书馆 2009 年出版,有的则散见于其他论著或刊物中,恕不列举。

和研究方法的不断改进，更需要勇气和牺牲精神，没有顾炎武那种五十年后必有知我者之信念，学术研究就难以做到后浪推前浪。从宋人古音通转叶音说，到明代陈第古音时地说，再到清代顾炎武离析唐韵，至民国黄侃古韵阴阳入三分，乃至今日音系构拟法，每一次历史进步都是观念更新和研究方法改进的结果。本人潜心研究顾炎武古音学多年，深为其"经学救国"而近似"痴迷"的执着精神所感动，遂斗胆写了这篇文章，揭示谬误，辩证是非，就教于博雅君子。汉语上古音系的比较构拟研究，已经进行了很多年了，其中得失，也需要有个总结思辨的过程，以进一步推进汉语上古音的重建工作。

我也知道，文章一旦发表，将会受到来自各方面的批评乃至指责：小子狂妄，不知天高地厚！我也知道，即使我的研究工作百分之百的正确（实际上是不可能的），也无法改变当今学术生态和学术环境，但我秉持我的信念：我无法改变这个世界，但我可以告知人们这个世界的本来样子是什么。

总结近年来汉藏比较与古音构拟研究，窃以为一个共同的弊端是：

从自己虚拟的音系出发，然后在藏语或其他亲属语言中寻找相应的意义相同或相近的词。不是从比较中归纳音系，而是先入为主，以想象中的原始汉藏语音构拟加以推定，循环论证，在这些被寻找出来的"同源词"里，缺乏严整的语音对应规律，比较范围过于宽缓，构拟的音系存在严重缺陷，有悖于汉语史实和语言学的基本原理。

在音系构拟上，迁就亲属语言的音系特点太多，缺乏一个基本的比较原则，貌似比较，实为杂凑。不能正确对待古今语音的变化发展，拘泥于中古等韵四声关系和少数谐声异类，只看到变化的结果，而对演变过程本身缺乏深度考察，很多情况下往往以大胆的想象代替语言事实的分析和考证。

下面，我们不妨以郑张尚芳、包拟古、潘悟云和梅祖麟等中外学者的研究为例，来分析其中存在的问题。需要说明的是，本文研究纯属学术讨论，不关乎学派之争，好事者幸勿引申。本着对真理的追求，对其中谬误进行分析乃至学术批评，应该说是很正常的事情，一个有气度的学者我想是会虚心接受的。我们尊重这些学者的研究，并对他们的探索精神表示敬意，但真理与谬误不容混淆。

一　比较的词语必须符合历史事实

按照一般的看法，所谓汉藏语系分化的时间至少是在五六千年以前，也就是说，当我们在进行两种或多种语言的同源词比较时，就必须考虑它们何时同源又何时分化的，以确立我们所研究的汉语上古音的时空关系，在此前提下再考虑原始人类生产、生活状况及其认知水平，诸如村庄、金银、夫婿、妇媳、叔舅等词语都应当谨慎择取，譬如一个民族尚处于母系社会或婚姻宗法制度还不是那么完备，"父没则妻后母，兄亡则纳釐（嫠）嫂"（《后汉书·西羌传》），一些亲属关系词就应该慎重择取。举个很简单的例子，远古时代"金银"不可能出现，"叔""舅"关系在汉族中区分得很清楚，但有些民族部落则不甚区别，至今一些民族部落还是如此。同时我们还必须考虑东西南北地域和气候差异，因为"华澳"语系覆盖整个东亚南亚大陆。一个基本的历史常识告诉我们：一个民族或氏族部落处于农耕社会与处于游牧渔猎社会状态，其词汇是不一样的，因为词汇的产生是随着社会生活的发展而产生的，这是历史语言学的基本常识。

可是，有些研究者常常忽略这些基础性工作，在他们拿来比对的词语或者是核心词汇里，往往出现一些不该出现的词语，缺乏历史深度的考虑，殊不可取。

如郑张先生《上古音系》中同源词的例子（郑张 2003）：[1]

	汉语古音	藏文	缅文	泰文	孟文
巷	*grooŋs	groŋ 村庄、市镇	kroṅh 路	glɔɔŋ 路道	gloŋ [kloŋ] 道路
江	*krooŋ	kluŋ 江河	khjoṅh 河溪	glɔɔŋ 河港、渠、路	kruŋ [krəŋ] 河川
谷	*kloog	grog 深谷	khjok 山谷	glɔɔk 道路	

以上比较材料，基本上来自包拟古的《上古汉语中具有 l 和 r 介音的证据及相关诸问题》一文。[2] 然而细绎之下，其中不无问题。

第一个"巷"字，远古时代，逐水草而迁徙的游牧民族——藏族先民，是否有"巷道""村庄""市镇"的存在？

以历史文献为例，《大雅·緜》一章："緜緜瓜瓞，民之初生，自土沮漆。古公亶父，陶复陶穴，未有家室。"按古公亶父为周文王祖父，从豳地迁至岐，时约公元前 12 世纪左右。其时周民族尚"陶复陶穴"（复，重窑），更何况游牧之戎狄？又《史记·匈奴列传》谓匈奴："随畜牧而转移。……逐水草迁徙，毋城郭常处耕田之业。"作为游牧民族的古藏族居民羌人也应当是如此。《后汉书·西羌传》："所居无常，依随水草。地少五谷，以产牧为业。"又《南齐书》卷五九《河南氐羌》："多畜，逐水草，无城郭，后稍为宫屋，而人民犹以毡庐百子帐为行屋。"以上材料均可说明游牧民族的居住情况。

退一步说，即使当时藏族先民中有"村庄""市镇"的存在，它与"巷"和"道路"也难以对应，概念的名称及其内涵、范围都不一样，两者毫无比较可言。

第二个词语"江"在汉语里特指南方的河流"长江"，是专名而不是共名，表示共名的是"水"，如汉水、湘水之类，而表中所列藏文等河流名称恐怕是共名还不是专名。

其实，根据《藏缅语语音和词汇》词汇表所列，表示江河的概念词古藏文有 tɕhu，并且在 52 个藏缅语调查点中均没有 kluŋ 这样一个音型。[3] 第三个词"谷"，根据白保罗（1984）的研究，藏缅语表示溪谷的词还有 khyauk（缅语）、kor（藏语、卢舍依语）等（见白书页 78、页 35）。[4]

为什么包氏和郑张氏不用藏文的 tɕhu（江河）或 kor（山谷）？因为这样就与他虚拟的古音不符。

按照雅洪托夫、包拟古和李方桂等人的看法，《切韵》中的二等韵在上古时代，其声母后存在一个 -r- 或 -l- 的介音，实际上就是带流音的复声母 Cr- 或 Cl-（后一律改为 Cr-），"巷"和"江"为二等字，所以其上古音是 *grooŋs（去声字有 -s 尾）和 *krooŋ（郑张认为一二等

---

1 郑张尚芳《上古音系》，第 5 页。上海教育出版社 2003 年。
2 参见包拟古《原始汉语与汉藏语》，第 242—280 页。潘悟云、冯蒸译，中华书局 1995 年。
3 藏缅语编写组《藏缅语语音和词汇》，第 388 页。中国社会科学出版社 1991 年。
4 本尼迪克特《汉藏语言概论》，乐赛月、罗美珍译，中国社科院民族研究所语言室 1984 年。

韵是长元音，故重写为 oo）。尔后郑张等又进一步认为，重纽三等韵以及庚、蒸、幽三韵中牙喉唇音字也有一个带流音的 r，而一四等韵以及重纽四等韵则有一个带 l 的后置辅音。"谷"属于一等韵，故其古音为*kloog。其理论基础就是雅氏提出的来母字经常与中古二等韵的字发生谐声或异读关系，如果这个理论不能成立，其音系构拟就将面临着崩溃。

　　经过验证，我们认为，雅氏之说非常错误，一是辅音与介音不分，世界上没有一种语言-r-、-l-作介音的，藏语中-r-也是后置辅音，如经常用作二等字比较证明的两个词：brgyad（八）、brgya（百），-r-居于两个辅音之间，很难说明其介音性质。其辅音性质完全可以在藏汉对音中得到印证，如《唐蕃会盟碑》：藏文 khri，汉译"绮立"；藏文 bran，汉译"勃阑"；藏文 klu，汉译"矩立"，¹如果是介音就无需将它译写，这是一个基本的对音原理。其次是与汉语史实不符，因为来母字不仅与二等字发生谐声关系，也与一等和三四等韵发生关系，而且在谐声数量分布上，二等字并不占优势。²如果二等韵有个卷舌的 r 介音，再加上来母字与一、三、四等韵都发生谐声关系，那就意味着整个汉语语音体系都是 Cr-或 Cl-的音型，可能吗？无论把它看作是介音还是辅音都是一个漏洞百出的语音体系。

　　譬如从谐声上看，如果上古音有个辅音性质的 r 卷舌介音，它们如何谐声？如"瓜"*kwrag 与"孤呱"*kwag，"乍"*dzragh 与"作"*tsak（以上李方桂鱼部字拟音），语音如此参差，它们怎么能够能为一组谐声系列？除非我们认为"孤呱"也是复声母*kl-，就像郑张等所认为的一四等韵也有带-l-的后垫辅音。但这样麻烦又来了，因为既然认定来母为 r-，喻四为 l-，而"瓜"字并不与来母或喻母字发生谐声关系，且有违"情理"。如《大雅·生民》诗"后稷呱矣"，后稷一生下来就被母亲姜嫄抛弃了，呱呱而哭，如果"呱"音为*kwlag 的话，一个婴儿怎么能发出如此复杂的声音来？且哭声很长："实覃实吁，厥声载路。"一个语音的音节如果是封闭性的，且有塞辅音韵尾，恐怕很难延长，有违"自然生理"。又《尚书·益稷》："(禹曰)启呱呱而泣，予弗子，惟荒度土功。"呱呱(*kwlag *kwlag)之音如果重叠，语音就非常复杂。婴儿出生时的啼哭之声，恐怕古今一致，语音不会有一些人所描绘的那样复杂。

　　其他如《诗经》中的"关关雎鸠"，"鸡鸣胶胶"，"黄鸟喈喈"，"仓庚喈喈"、"交交黄

---

1 参见周季文、谢后芳《敦煌吐蕃汉藏对音字汇》，第 235—243 页。中央民族大学出版社，2006 年。

2 我们以丁邦新《论上古音带 l-的复声母》一文提供的谐声字为依据，统计出来母字为声首的谐声字和非来母字谐声中夹带的来母字的数量关系：（1）来母字为其他声母字的声符：一等 16，二等 20，三等 42，四等 4；（2）其他声母字为来母字的声符：一等 46，二等 19，三等 69，四等 12。两者相加，一等 62，二等 39，三等 111，四等 16（以上声首字及重复出现的多音字没有统计在内）。显然，在谐声关系上二等字并不占优势（丁文谐声表见《中国语言学论文集》53-54 页，中华书局 2008 年）。另外值得一提的是，北京大学两位博士对此问题也有研究，一是李建强的博士论文《来母字及相关声母字的上古音研究》(2006)，其次是崔彦同学的论文《上古二等 r 介音构拟小议》(《湖北大学学报》2007 年第 4 期)。他们对来母字谐声关系及其数量模式的归纳，与我们的统计基本一致，可以相互印证。

需要说明的是，本文只是选取丁先生的谐声字表，而于其构拟的上古音系不敢苟同。窃以为丁先生关于来母谐声系列以及整个汉语上古音的构拟都存在严重问题，例如同样是来母的字，其音系构拟则有：六 bljəkw，寮 dljagw，吕 gljagx，丽 dzljigh，让人很难相信汉语音系有如此的破碎和杂乱无章。这里我们不妨以寮字为例分析其弊病所在。从寮得声八个字，实际上只有獠有异读，卢皓切又张绞切，仅凭一个张绞切的异读就把全部的寮声字拟音为 dl-的复辅音声母（獠拟音 tragwx），以个别谐声异读而不惜牺牲整个语音系统。实际上考察唐代韵书，寮字只有一读卢皓切，检阅周祖谟《唐五代韵书集存》，所载各种唐韵残卷均是如此，唐《五经文字》及何超《晋书音义》四次注音也是如此。獠之意义有二：(1) 夜猎，(2) 西南夷族名，但无论哪种意义都是来母，此字音变首见于《龙龛手鉴》和《广韵》。显然，獠读张绞切是后来音变结果，把寮声字的上古音拟为 dl-，有失历史考证。从共时平面上静止地观察谐声异读而不作历时考察，几乎是比较构拟和复辅音说的通病。

鸟""交交桑扈""鸟鸣嘤嘤""其泣喤喤"等，这些拟声词都是所谓的二等字，按照李方桂等人的构拟，其声母后都有一个卷舌的 r，如"关" kwran，"交胶" kragw，"嘤"·ring（李氏影母字以·表示，郑张拟为 qriŋ），[1] "喤" gwraŋ，这些婴儿啼哭和鸡鸣鸟叫声都是天籁之音，很难想象有如此的复杂。而且不可思议的是，一个初生婴儿能发出带卷舌 r 的复声母的语词来？于情于理都不合适。

退一步说，如果 r 是介音，它必将改变原声母的发音部位而使之变为卷舌性质的声母。根据谐声原则，发音部位不同，它们之间是不能谐声的。高本汉将《切韵》庄组字拟为卷舌声母（tʂ-），之所以不为大家接受，[2] 就是因为庄组字与精组字（ts-）谐声关系最为密切，如阻 tʂ-：祖 ts-，乍 tʂ-：作 ts-，瘦 ʂ-：叟 s-，等等，李方桂批评说："卷舌音与舌尖前音发音部位也不同，不应当谐声。"[3] 但可惜的是，李氏却全面采用雅洪托夫的观点，坚持二等韵的 r 介音说，包括知庄组的三等韵字拟音（如箸*trjagx、庄*tsrjang），将雅氏错误进一步理论化和体系化，并错误地认为：

这个介音*r 不但可以在舌尖音后出现，也可以在任何别的声母后出现，也可以在介音*j 的前面出现，不过在唇音及舌根音后这个介音多数已在中古时期失去。（15 页）

此说凭空想象成分太浓，缺乏基本的语言事实依据。实际上，无论是雅氏谐声说还是李氏"声韵结合"说，都不能成立。第一，《切韵》时代并没有产生卷舌声母，r 介音说失去了附着的依据；其次，唇音及舌根音后的 r 介音在中古时期如何失去？为什么不能产生卷舌作用？并不清楚。前面说过，r 不能充当介音，与汉语声韵性质有违。在汉语里，所谓介音——传统音韵学称作韵头的，介于声韵之间，属于韵母部分。这些在韵书的反切下字中看得清清楚楚。对韵母而言，其作用主要有两种，一是使洪音细音化，其次是使开口韵变成合口韵，能承担这两种作用的语音要素的只能是属于元音性质的 i 和 u（一些学者喜欢用 j 和 w，但与-i-、-u-仍有区别）。由于韵头属于韵母部分，其位置只能出现元音性质的音素，而作为流音的 r 或 l，属于辅音性质，不能充当介音的角色，因此，r 介音不符合传统音韵学原理，也与汉语事实不符。如果说，汉语中还有一个卷舌介音 r，完全是无中生有，一个天外来物。[4]

很多人喜欢搞汉藏比较，可是没有去认真研究藏文的音系结构问题。在藏语复辅音声母中，最常见的有-j、-w、-r、-l 四个后置辅音，"两个半元音-w、-j，两个流音-r，-l，构成 Cw-，Cj-，Cr-，Cl-四种形式的复声母。"[5] 这是《汉藏语概论》的定性。翻阅研究藏缅

---

[1] 这里给李先生出了个难题，影母字是零声母，二等韵若有 r 的话，那就不成为零声母了。

[2] 从汉语语音史考虑，其时还没有产生卷舌音。李方桂用 r 介音说来解释中古卷舌音的产生，其实也是高本汉错误的延伸，而且又滑向了另一种更深层次的错误。

[3] 李方桂《上古音研究》，第 11 页。商务印书馆 1980 年。

[4] 从语音系统上看，既然汉语有-r-介音，那就应该还有-l-介音，因为 r 与 l 都具有流音的性质，介音中有 r 而无 l，结构上残缺。为修补这种理论上的缺陷，现在很多人不把它看成介音，而把 Cr-、Cl-音型视为复辅音声母结构，如丁邦新《论上古音带 l-的复声母》和张世禄、杨剑桥《论上古带 r 复辅音声母》（《复旦大学学报》1986 年第 5 期）等。现在只有极少数人还坚持 r 介音说。郑张《上古音系》在这方面是前后矛盾的，一方面把 j、w、r、l 视为声母的后置辅音，曰："基本声母后带流音 r 或 l，是最常见的复声母的基本形式。"（页 50）但在第五章韵母部分又把它作为介音加以叙述和讨论，而其中又无 l-介音的存在。态度颇为骑墙，反映出这个古音构拟体系上一些深层次的问题：杂凑和破碎。

[5] 马学良主编《汉藏语概论》，第 138 页。北京大学出版社 1991 年。

语的著述，鲜有人把流音-r 和-l 看成是介音，并对介音之说深表怀疑。[1]因为在汉藏语的对音中，Cr-和 Cl-都是用两个汉字音节对译，如藏文 khri，汉译"绮立"，klu 译为"矩立"（见上文举例）。因此可以判定它们为复辅音结构。苗瑶、侗台语的研究著述也是如此，至少从《汉藏语概论》中还没有看到有关 r 介音的表述。而郑张举例的藏文 groŋ（村庄、市镇），kluŋ（江河）本身就是一个复辅音结构而不是带有 r(l)介音的音节问题。

可见，把流音 r 视为介音，不仅违背汉语事实，也有悖于汉藏比较研究。而且更致命的是，与他们的整个古音体系发生冲突。按照一般比较构拟者的研究，诸如包拟古、白一平、郑张和潘悟云等人的说法，上古音的三等韵中，-i-介音并不存在。既然如此，二等韵的 r 介音又从何而来？而一、四等的介音-l-，又有存在的必要吗？可见这个体系是非常矛盾的。既然连三等韵的介音都不认可，为什么还要在一二三四等韵中设置一个带流音性质的 r 或 l 介音呢？实在令人困惑！一方面，又要取消三等韵-i-介音的存在，一方面又要在一、二、三、四等的各个韵次中，设立带辅音性质的-r(l)-介音系列，我们实在看不出这种音系构拟的高明之处何在？有理乎？有据乎？

事实上，关于二等韵 r 介音问题，无论是雅洪托夫、李方桂还是郑张尚芳等都没有给我们提供令人信服的汉语史内部证明，那些所谓的证据包括亲属语言的同源词比较，根本就经不起检验，[2]上面郑张的比较构拟就是例子。尽管雅氏和李方桂先生等都是"大家"权威，但是在学术研究上，我们只相信真理而不是权威。

二等韵及其 r 介音说，是汉藏比较构拟说的一个重要理论，如果这个理论的泡沫一旦被捅破，整个音系构拟就面临着崩溃。

按照我们的看法，上古声韵只有洪细之别，没有四等之分，所有后来四等乃至重纽都是语音发生变异的结果。等韵学家对这个新的语音系统进行音系结构分析，以韵图的形式直观地表现出来，是很有必要的。这是世界上最完备的汉语音系学理论体系，研究中古音时需要考虑这些等次问题（其中也非语音因素），但在研究上古音时，就要格外小心，如同《广韵》一样，韵图的等次只能作为我们研究上古音系分合的参考，而不可太拘泥于它，否则就有可能掉进等韵的陷坑里出不来。这既是研究观念问题，也是方法论问题。人为地为上古音构拟四个等次的语音差别并贴上"等"的标签，所谓二等韵为-r-，一四等韵为-l-，都是吃力不讨好的做法。既然上古声韵与中古声韵之间有如此大的区别，中古音的四个等焉能就是上古的四个等？这是不可能的事情。这叫做知其一不知其二。一边以变化的眼光看待"声""韵"，一边又以静止的眼光看待等韵，犹如跳现代舞，一只脚穿着高跟鞋，一只脚却趿着木屐，我不知道能跳出什么样的舞蹈来。

现在，我们再回到郑张先生同源词的比较上。我们说，同源词的比较应该建立在严整的语音对应规律上，它至少包含了三个方面的含义：首先是语义上基本吻合一致，符合汉语与藏缅语的历史事实；第二，语音上在求得相似的情况下，还必须能够解释其古今音韵

---

[1] 参见孙宏开《原始汉藏语的介音问题》，《民族语文》2001 年第 6 期。
[2] 例如潘悟云（2000）提供的汉语史证据：（1）葭*kra～芦*k・ra；（2）莔*kren～莲*k・ren；（3）瀶*kren～涑*k・rens（《说文》瀶也）。（页 291）例（1）（2）是名物词的异名，例（3）是词语训释，把此等例子看做是来母字与二等韵字发生语音关系的证据，荒谬之极！如荷花莲藕的异名甚多，不独"莔""莲"二字，如果把所有名物的异名都看成是复辅音来源的依据，那整个汉语上古音声母系统将是一个无限开放的世界。按，"葭莔瀶"为二等字，后三字分别为一等（芦）、四等（莲涑）字，作者拟音毫无道理。

演变规律；第三，这种同源词的语音是否符合汉语与藏语等语言事实；等等。例如按照第一条标准，"巷"字及村落概念在古老的游牧民族不可能存在，失去了比较的意义。按照第二条标准，中古汉语的二等韵是否都是对应着藏语 Cr-的复辅音形式，反过来亦如此，藏语 Cr-音型的词是否都对应着二等韵？实际上反例太多，根本就不能构成对应关系。相关词汇和解说可参见白保罗的阐释（34—43 页）。

二　比较的词语必须在概念指称上保持一致性

这里还有个比较的方法问题。为谨慎起见，我们认为，同源词的比较，在充分考虑上古时代人类生产活动等情况下，应当尽量挑选那些**意义单一**的名物词进行比较，如天地日月牛羊猪狗鸡鸭之类。因为词汇意义宽泛或意义抽象，其同义关系的词语就会非常多，尤其是那些具有领属关系的词，如上例中的"河流""山谷""道路"之类，同义词太多，很容易让人误入歧途。此外，动词和形容词的比较应当格外谨慎，这类词语不仅同义词丰富，还有形态问题，如藏语动词形态变化纷繁复杂，存在时态、语态（自动或使动）和语气（祈使、喜爱）等内部曲折变化，由此带来的前置或后缀辅音的增损与原词的差异。[1] 尽管比较语言学并没有规定哪一类词语在比较之列，但一个谨慎的研究者应该考虑这些因素，否则，就会给自己带来无穷的麻烦，陷入循环论证的境地而缺乏说服力。

但即使是名词，也要考虑其语义的对应问题，例如在郑张（2005）《汉语与亲属语同源根词及附缀成分比较上的择对问题》和潘悟云（2005）《对华澳语系假说的若干支持材料》等文章里，[2] 其比较构拟就很有问题。最典型的莫过于用侗台语的"鸟"mok 对应汉语的"鹜"*moog，同时藏语的"鸟"bja 对应汉语的"鳬"*ba。"鸟"是通名，而"鹜""鳬"是专名，两者根本就不能比较。而郑张的比较原则是："**可允许名动名形相转，大小称相转，通名与代表种相转，相似物、相近部位相变转等。**"（页 452）如是，凡世界各民族语言的词汇都可以比较通转，同源词的比较渺无涯涘矣！下面是他的举例：

（1）藏文的"血"khrag 对汉语"赤"khljaag，对印尼语的"红"merah；

（2）台语的"汝"muŋ 对汉语的"氓、甿"；

（3）藏文 hbri"写、画"跟 ri（图画、花纹）不对汉语的"笔"，而是对"嫠、理"。

这种荒唐的例子可以随手拈来。例（1）"血"跟颜色词搅混，例（2）人与人称代词并列。例（3）嫠是寡妇，竟然可以跟写字、图画纠缠，简直是牛头不对马嘴！

下面是包拟古影母字的比较构拟，[3] 汉字后为原书作者拟音。

汉语	藏语等
缊*sgùl, *skùl	sgul 移动/'gul 移动、摇动、搅乱、发抖
夭歼*sgryel/*skrjew	gyel/sgyel 倒、跌/颠覆、杀（马）
噫*sgriks,*skriks	sgegs 打嗝
鞲*gwrak, *sgwrak	greg 绑/'grogs 结伴、缚、扎、系/sgog 缚

以上同源词的比较无论是语音还是语义都难以构成比较对应关系。

首先从语义上看，左边汉语的词基本上是名词或形容词，右边藏语的词都是动词，有

---

1 参见黄布凡《古藏语动词的形态》，《民族语文》1981 年第 3 期。

2 这些文章均刊载于王士元编，李葆嘉主译《汉语的祖先》，中华书局 2005 年。以下引文同。

3 包拟古《原始汉语与汉藏语——建立两者之间关系的若干证据》，《原始汉语与汉藏语》中译本第 75 页。

时态的变化，且双方词义差别很大。(1) 汉语的"緼"是麻枲的意思，《说文》"绋也"，《广韵》文韵"乱麻也"，并无移动之义；(2) "夭"基本意义是"少壮"，《诗经》"桃之夭夭"是也；其次是"弯屈"，《说文》"屈也"。至于"夭亡"之夭，仍是作修饰语用，指少年死亡，后引申出死亡的含义，于是另造"殀"以示区别，所以"殀"是后起字，不可用来比较，《集韵》："殀，少殁也。"(3) 噫，《广韵》之韵"恨声"，怪韵"噫气"，实际上都是名词。(4) 鑣，《说文》"佩刀丝也"，包氏注引《庄子》是一个极端的例子，汉魏以前文献鲜有使用者。同源词的比较首先必须是语音语义有共同点，然后才谈得上"比较"。如果语义的比较不能落到实处，那语音的构拟就成了飘浮之物。

第二，退一步说，就算上述汉语四组词有包拟古所认为的词义，但汉藏语双方都有大量的同义词。我们无法理解的是：藏文"倒、跌"意义的 gyel/sgyel，其对应的汉语词就是"夭、殀"，为什么不是"跌、倒、蹶"等？又藏缅语族中表示跌倒的词还有 ɦgril（藏语）、ka³¹to³³（景颇语）、lai（缅语）、ləŋ（阿昌语）、laŋ³⁵（浪速语）、bo⁵⁵（怒苏语）、xɑ³¹lol⁵⁵（格曼僜语）、get（博嘎尔珞巴语）等（吴安其 2002）[1]。何以不考虑这些因素？

何九盈先生在谈到"亲属"语言比较时指出："人类的音节结构、语音形式总是有限的，而各语言的词汇是极为丰富的。以丰富的词汇与有限的音节相对比，即使是两种根本不同的语言，要找出词汇上的对应关系，这并不困难，因为语音形式少则相同之处必然多。所以必须要调查研究乃至制定**严格的对比规则**，而且对用来进行对比的语言的发展历史、分化过程作出必要的多方面的（考古学、人类学等）论证。"[2] 所言切中肯綮，"严格的对比规则"和"历史论证"，才是比较构拟的基础，否则，一切都是飘浮之物和影响之说。

三　古音构拟必须符合汉语事实

通观包拟古等人的古音构拟，完全是从藏缅语出发，于汉语事实全然不顾。本文不能一一批驳之，仅能以影母拟音说之。按照包拟古的说法，原始汉藏语的 *sk- 音型发展为中古的精组齿音系列和喉音系列，影母字即在其中。其曰："我跟李方桂一样都倾向于 *sk- 变为中古汉语的 s-。实际上，历史比较法的证据非常有力地说明藏语中的 sg- 跟 sk- 都对应于中古汉语的 ʔ（按即影母的拟音）。"（74 页）然而验证之下，其"证据"根本就不能成立。上一节影母字的构拟就是如此。让人很难相信，上古时期，"桃之夭夭"之夭，其语音会有如此复杂？sgr-/skr-，三辅音连缀，古人如何吟唱？它本来是一首很欢快的民歌——送嫁诗，音如此复杂，怎么能够表达那种欢乐的气氛？要知道，《诗经》是汉民族诗歌作品，它句式整齐，押韵方式与其他民族的诗歌作品不一样。

一般认为，《切韵》中的影母字是零声母字，周秦时代也应该有零声母的字，因为世界上任何一种语言都有以元音开头的音节，即使是现代藏缅语也有声首为元音的词语，如羌语中纳木义语 a⁵⁵po³³（哥哥）、ɛ⁵⁵nɛ⁵⁵（母亲）、尔苏语 ɑ⁵⁵me⁵⁵（什么）、道孚语 atɕhə（什么）。[3] 白保罗《汉藏语言概论》所附词汇表里也有很多这样的词语，在俞敏先生等研究梵汉对译的著作里，也可以看到梵文中很多元音开头的音节词，如汉魏时期的梵汉对音词：

1　以上参见吴安其《汉藏语同源研究》，第 138、171、134 页。中央民族大学出版社 2002 年。
2　何九盈《所谓"亲属"语言的词汇比较问题》，《音史新论》第 34 页，学苑出版社 2005 年。
3　以上羌语的例子取自《汉藏语概论》第 271、289 页。

araṇya（汉译"阿兰若"）、arhan（汉译"阿罗汉"）、indra（汉译"因陀罗"）等。[1]这些都是显然的语言事实，汉语难道就没有这样的音节？在秦汉时期历史文献中，一些汉语对音词都是零声母字，如《汉书》中"安息"对音 arsak，"乌桓"对音 avars，"安蔡"对音 aorsi，"焉耆"对音 argi，[2]这些都是影母字对译元音起首的音节。这些对音都是两千年前的，其可信度远胜于今天的藏语。王力先生《汉语语音史》等著作坚持影母的上古音为零声母，是符合汉语历史语音的。郑张批评王力影母构拟是"混淆清浊之大界"，[3]谬甚！声母有清浊，元音岂有清浊之对立（影母以元音开头）？至于郑张和潘悟云将影母改为小舌音 q-，[4]同样是脱离汉语事实，丁包拟古也是 百步之笑。

需要指出的是，作为零声母的影母字在发音时，可能会伴有某种类似喉塞音 ?-的带音状态，但这属于发声问题，不是音系问题，否则，在对音中就不能出现整齐一律的影母字对音非汉语元音起首音节字的情况（不能以极少数"不确定"的对音例子而否定其规律性）。

再看潘悟云的研究。潘氏为了说明精系字"子"的上古音形态，用来比较的词语不惜拐弯抹角（潘悟云 2000，307 页）。

"子"*splɯ̃，与"李"*b.lu 谐声，同根词有"育"*lɯk，"胞"*pru。可比较藏文的 phru（子宫）、rog（胞衣）、bu（儿子），白土壮语的 luɯk[8]（儿子）buk[8]（襁褓）、rug[8]（胞衣）。

先撇开语音对应不说，以上除了藏语和壮语的"儿子"与汉语"子"有意义上的一致外，其他"子宫""胞衣""襁褓"等都不能成立。"子宫"是子宫，[5]"胞衣"是胞衣，"儿子"是儿子。汉语的"子"不直接对藏语的"儿子"bu，却通过二等字"胞"pru 来传递，如此"拐弯抹角"，实在有点滑稽。根据白保罗的研究，表示"儿子"或"孩子"的词根形式为 za 或 tsa，侄子（女）为 tsha，其书注释【86】有详细的解说（204 页）。这些词语的语音形式还恰好与汉语"子"相对应，可是却为了迁就其精系*spl-的古音构拟，就不惜从藏语、壮语中找了些声母为 p-或 r-的词比附。这种比较构拟，用白一平（2005）的话说：破坏了"游戏规则"，颇有作弊之嫌。[6]

此外，据郑张《上古音系》提供的资料，儿子的语音形式还有 sras（98 页），可是它与潘氏"子"音*splɯ̃毕竟有点距离，所以不可取。而令人质疑的是，既然汉语与藏语、壮语同源，表示儿子（或子女）的三个词的语音相差如此巨大？藏语为 bu，壮语为 luɯk[8]，汉语古音为 splɯ̃，无论如何都难以"相似"而扯不到一起！

其次是语音对应，汉语"子"*spluu 是三合辅音连缀的音节，所列举的藏文和壮语的词语中，除了藏文"子宫"是二合复辅音外，其他都是单声母词，且声母的发音部位也不

---

1 施向东《梵汉对音与古汉语的语流音变问题》，《音史寻幽》第 139 页，南开大学出版社 2009 年。
2 参阅冯承钧《西域地名》增订本（中华书局 1982 年）和岑仲勉《汉书西域传校释》（中华书局 1979 年）等相关历史考证文字。按汉对音规律，-r 在音节末尾时，汉语一般以-n 对译，处于音节之首时则以 l-对译。
3 王力《汉语史稿》修订本影母由 ʔ改〇，郑张《上古音系》转述后注曰："按影母为全清，元音开首则属浊，此举混淆清浊之大界。不妥。"（第 18 页）此后郑张多次表述了这个观点。
4 潘说见于《喉音考》，《民族语文》1997 年第 5 期，所著《汉语历史音韵学》亦有论述。
5 据《藏缅语语音和词汇》，藏语 phru gu 是孩童的意思，而不是子宫。潘氏沿袭包拟古的错误。包氏为证明二等韵有-r 介音，就以藏文 phru-ma（子宫）对应汉语的胞*pru/pau（页 246）。
6 白一平《亲缘性强于偶然性：古汉语与藏缅语的概率比较》，《汉语的祖先》第 143—144 页。

一致，或唇音 b-、p-，或流音 r-、l-，有的还有辅音韵尾，且元音也不一样。读者从这些亲属语言的比较中实在难以看出"子"的上古音是*spluu。[1]把这样一些在语音上毫不相干的词类聚在一起，令人啼笑皆非。比较规则，何来之有！

至于音系构拟，其中问题就更加严重。

按照李方桂、包拟古等人的研究，《切韵》中的精系字上古音是来自带 s-冠音的复辅音结构，有所谓 st-、sk-、sp-型，如李方桂（1980）：造*skhəgwh，修*stjəgw；[2]潘悟云、郑张尚芳等认为还应该有流音后缀，即 skl-或 skr-等，如潘悟云（2000）：接*sklep，蒜*sqlons，并进而推论庄组字也是 s-冠音词头：*skr->庄，*skhr->初，*sgr->崇，sr->山。然而，根据考古发掘和中外历史文献，中外对音词的精系字都是单辅音结构。例如 cina 一词，指称周时的秦国，已为学界所公认。此词屡见于梵文文献，据饶宗颐先生考证，它最早出现于公元前四世纪的梵文《国事论》中。[3]可见"cina"当指秦穆公称霸西戎的"秦"（前 659—前 621）。又古代中国在公元前四世纪的希腊文献中屡称"赛里斯"或"丝国"，实际上就是中国丝绸（丝）的音译，一般拼写作 seres（复数），英语、瑞典语、丹麦语、俄语等欧洲语表丝绸的 silk 即源于此（在词的拼写上略有不同）。英人斯坦因在《西域考古记》中屡屡提及这个词，"丝国"拼写作 serike，丝织品则拼写作 seric。[4]又如上世纪初新疆出土的佉卢文材料有 kosava 一词（意为毛毯编织物），它实际上就是中国古书中的"氍毹"，也就是《尚书·禹贡》中的"渠搜"，《汉书·地理志》中的"渠叟"，为西域古国名，以生产皮毛物而获此国名，[5]尤如中国被欧洲人称为赛里斯一样。又有"师比"（匈奴人的金属带钩），或称"犀比""胥紕""鲜卑"等，这个词早见于《战国策》中，《史记》《汉书》等均有记载，它实际上就是匈奴语 serbi 的对音词，这个词伯希和和白鸟库吉等均有考证。[6]这样的例子很多，不胜枚举。这些字皆为精庄系字，在对音上都是单辅音，且年代很早。比如《禹贡》，按照王国维对两周金文的考证，其成书应当在西周时期。[7]也就说，至少在公元前 800 年前后的周宣王时代，齿音系列 ts-、tsh-、dz-、s-等就已经存在，此后数千年来一直存在于汉语的各个历史阶段之中。如此看来，将精系字拟为 sk-之类的复辅音，于古无据，断断不可取。

四　用来比较的汉语词义必须是固有的

前面的讨论已涉及此类内容，下面再讨论梅祖麟的同源词比较。

梅氏在他那篇颇为自负的文章《汉藏语的"岁、越""还（旋）、圜"及其相关问题》

---

1 我们还要指出潘先生拟音上的毛病：既然认为来母字为 r-，而"李"字却为*b.luu，按其体例应为*b.ruu；依照谐声关系，则"子"也应该拟为*spruu。其全书音系构拟中漏洞甚多，不胜枚举。

2 李方桂《上古音研究》音系构拟中也有单辅音的精系字，s-词头的字主要限于那些跟非齿音谐声的一批字，而于 sp-型的复辅字则取存疑态度。参见该书 88—91 页。

3 饶宗颐《蜀布与 Cinapatta》，《梵学集》，第 230 页。上海古籍出版社，1993 年。按，此词的域外对音还可参阅下列文献：伯希和《支那名称之起源》（1912 年《通报》，载《西域南海史地考证译丛》第一编 36—48 页，冯承钧译。商务印书馆 1962 年。希腊语文献参见[法]戈岱司编《希腊拉丁作家远东古文献辑录》，耿升译，中华书局 1987 年。

4 可参阅斯坦因《西域考古记》第二章等内容，向达译，中华书局 1935 年。

5 参见马雍《新疆佉卢文中 kosava 即氍毹考——兼论渠搜古地名》，《西域史地文物丛考》112 页。文物出版社 1990 年。

6 参见罗常培《语言与文化》，21 页，语文出版社 1989 年。

7 王国维《古史新证》，3 页，湖南人民出版社 2010 年。又新近发现的文物公盨铭文亦可印证，参见李零《论燹公盨发现的意义》，《中国历史文物》2002 年第 6 期。

(《中国语文》1992年第5期),讨论了汉语"岁、越"与藏语的同源词关系。梅氏从"岁"字甲骨文作"戉"形出发(实际上只是形似而已),认为现在的"岁"从戉得声,与"越"为同源词,因为《释名》有"岁,越也"之说。因此汉语的"岁"*skwrjats与藏文行走意义的skyod-pa为同源词。然而,细绎之下,梅氏之说根本就不能成立。

首先,"岁"作越过的意义并非本义,《释名》声训只是一种描写,并非该词的本义所在,这从全书训释体例中可以说明。如卷一《释天》:"日,实也,光明盛实也。月,缺也,满则缺也。年,进也,进而前也。岁,越也,越故限也。"如果我们认为"日"有"实"义,"月"有"缺"义,"年"有"进"义,岂不大错特错,对训诂学的无知!在现存的历史文献中包括甲骨文和金文,"岁"字从没有"越过"的意义,这是最能说明的问题。既然"岁"无此意义,就很难和"越"字扯在一起为"同源词"。其次,《释名》训释词之间的语音只是一种相近关系,如"日"与"实""月"与"缺""年"与"进""岁"与"越",声母完全不同,把这种声训方式看成语音的完全相同,也是对《释名》一书的极大误解。

再考察藏缅语族,在年岁意义上,藏文为 lo,羌语 pə,景颇语 niŋ³³(《藏缅语语音和词汇》433页)。现在需要考察的是:在这些藏缅语中,表示年岁的词是否也有"行走"的意思?梅氏在文中以印欧语的年岁词为例,如英语的 year 和德语的 Jahr,它们也是来自"行走"意思的词根(to pass, to go),以此说明:"这种语义的演变正和汉藏语中的语义相同。"然而,梅氏在文中根本就没有讨论藏缅语中的年岁词是否也有这种词义的演变。

在音系构拟上,梅氏一方面采用了李方桂的古音构拟,但另一方面又破坏其例。按照李方桂的理论,r 介音只出现在二等韵和章组声母中,而"岁""越"均为三等字,不应该有 r-介音。但梅氏却有理由:(1)龚煌城证明喻母三等字为*gwrj-,故"越"上古音为*gwrjat;(2)既然"岁""越"同源,故"岁"为*skwrjats;(3)根据龚氏研究,喻三对应藏语词都是 gr-的复辅音,如汉语"羽"*gwjagx:藏 sgro(翎翮),芋*gwjags:藏 gro-ma(甘薯):援*gwjans:藏 grol(解脱、解开),故喻三为*gwrj-。

请注意梅氏论证实际上是一个循环论证,读者可以明白,无需解析;其次音系构拟上,前面说过,将精系构拟成 sk-或 skr-型,不管是谁家的构拟都是无稽之谈;再检阅龚煌城(1990)那篇文章,其说颇有问题。

龚氏在《从汉藏语的比较看上古汉语若干声母的拟测》一文中,[1]关于喻三与藏语的比较中实际上只列有六个词:"于(往)、芋、羽、友、胃、援"(原文没有"越"字),从这仅有的六个词的比较中就能说明喻三为*gwrj-?令人怀疑。譬如汉魏时期的梵汉对音,喻三和匣母对音的都是 v-,不存在对音 gr-的情况。[2]汉魏距《诗经》古音时代很近,语音不可能发生如此大的变化。况且"越南"一词现在还拼写作 Vietnam,难道就没有一点历史语音的遗迹?且龚氏在藏语词的选择上也存在很大的随意性,为什么藏语 gr-对应的都是喻母三等字呢?有无例外?至少在一点上作者没有交代清楚。无需从其他地方找出反例,文中材料即是,藏语以 gr-开头的词语既对应喻母三等,又对应匣母二等,更多的是对应来母字,没有一个准的。平心而论,龚先生在藏语等少数民族语言的研究上造诣深厚,但在汉藏同源词的历史比较上却有点捉襟见肘。所作比较大多从假定的上古汉语音系出发去

---

[1] 龚煌城《汉藏语研究论文集》,31—47页。北京大学出版社2004年。
[2] 参见俞敏《后汉三国梵汉对音谱》,《俞敏语言学论文集》1—62页。商务印书馆1999年。

寻找同源词，而汉语上古音构拟又一切服从藏语，藏语是什么声母，汉语上古音就是什么声母，然后循环论证——整个研究的论证思路基本上如此。如该文先假定汉语"联连"古音为*gljan，然后从藏语找出 gral（行列、排、绳索）这样一个词，于是可以相互印证。但是在藏语中表示联系的词很多，如 fibrel（联系）、sdep（连接）等，我们看不出作者为什么要选择 gral 这样一个词的理由。与此相联系的是在词语的比对上择焉不精，如上文提及的汉语"羽"对应藏语的翎翮；"芋"对应藏语甘薯，"援"对应藏语"解脱、解开"，严格地说，这三组词语的比对都是有缺陷的，从语义上说，"羽"与"翎翮"是有差别的，"芋"与"甘薯"是两种植物，而"援"与"解脱"的语义就相差甚远。与其说藏语词 grol 对应汉语"援"，还不如说对应"解"，二等字，古音为*krigx（李方桂拟音），可惜又不能说明喻三问题。这种随心所欲的比较构拟，一旦捅破，不知还有多少人会相信。

在此，笔者还要指出的是，甲骨文和金文中的"岁"与"戉"是两个不同的字形，徐中舒主编的《甲骨文字典》等所谓"岁戉古本一字"之说，很值得怀疑，且学界对此解释尚有分歧。[1] 作为斧钺的字在甲骨金文中有"岁""戉""戌""戊"等，它们形体虽然相似但不完全一样，点画出入还是很大。所言"岁""戉"异体或"岁"从戉得声，均不可据信。不从语音出发，仅凭形体相似就以为古文字"岁""戉"有异体或形声关系，照此类推，"岁"与"戌""戊"之间或"戉"与"戊"之间，都有异体或形声关系，这种猜测令人怀疑。此问题复杂，容今后讨论。

五　余论

从上述四位学者的研究看，音系构拟与同源词的比较都存在严重缺陷。他们并没有从严格的语音对应规律和汉语事实出发，而是从亲属语言音系特征出发，预设古音条件，然后在所谓的亲属语言中寻找类义词，循环论证，同源词的比较实际上蜕变为同义词的随意挑选。正如郭锡良先生所指出的，存在严重的"音隔""义隔"和"类隔"现象。[2]

就比较方法而言，梅耶在著作中反复提醒我们："有规则的对应"和"语音对应的规律性"。例如，《切韵》音系中入声韵-p、-t、-k 三大韵类与阳声韵的对应非常整齐，上溯到《诗经》时代，三大入声韵的分开押韵也非常明显，可以说明它的系统性。如果再旁观藏缅语族，譬如以汉语收-k 尾的词族为参照，它是否也是如此呈现有规律性和系统性的语音演变？梅耶警告说："研究一种古代语言或近代语言的词源学家，如果把所要解释的词都先验地看成原有的，就会常常陷入错误。"[3]

然而仅观一些学者的比较研究，大多是从自己虚拟的古音出发，缺乏严格的语音对应关系，更缺乏汉藏语的"历史论证"。或时代太晚，不能说明"原始"问题；或各取所需，音系混乱，矛盾百出，乃至各家异词。对此，龚煌城先生亦有感慨："翻开最近学者所提出的汉藏同源词，也仍会发现竟然是**南辕北辙，彼此之间差异很大**，而这正是阻碍汉藏语比较研究进步的最大阻力。"[4] 可惜的是，龚先生身在庐山之中，或许并不明白造成这种"差异"的真正原因是什么。其实，这都导源于一种模糊而又不确定的认识观念——汉藏同源

1　参见于省吾《甲骨文字诂林》，2394—2406 页。中华书局 1996 年。
2　郭锡良《音韵问题答梅祖麟》，《古汉语研究》2003 年第 3 期。
3　梅耶《历史语言学中的比较方法》，37 页。岑麒祥译，世界图书出版公司 2008 年。
4　龚煌城《汉藏语研究论文集·自序》，北京大学出版社 2004 年。

说。汉藏语同源本身就是一种假说，并未得到科学论证，其谱系关系及其历史范围，在学术界内部也是分歧很大，以此进行同源词的比较和古音构拟，本身就充满危险性和不确定性。加之"华澳"语系是一个非常庞大的语言族群，大大小小好几百种，假如汉语有一百种亲属语言，就会有一百种不同类型的同源词音系构拟。白保罗的构拟肯定跟李方桂的不一样，而李方桂的又肯定与沙加尔不一样，而沙加尔的肯定与斯塔罗思京不一样。错误的观念必然导致错误的研究，错误的研究必然导致错误的结论。大路多歧而亡羊，有何怪乎？

其次，在音系构拟上，缺乏一个明确的历史层次和时间定位，上下五千年，纵横数万里，是周秦古音如此，还是夏商抑或炎黄时代古音如此？永远是一个说不清的"浑沌"。其实他们构拟的那一套复杂的汉语复辅音声母系统，根本就不符合汉语声韵特征和历史事实，也违背了语言发展变化的一般性规律——渐变性原理，以上古音系列中古音系之间所形成的巨大反差，简直让人无法相信！在他们的构拟中，汉语上古音系变成了一堆随意摆设的音标游戏，——破碎，杂乱，毫无系可言。二等韵 r 介音问题，带流音 r 和 l 的复辅音问题，影母的构拟问题，精系字的 skr- 声母问题，等等，都是从想象出发，从一个不确定的汉藏语系加以推衍，在一种错误的比较下而得出的一个错误的音系，一切的构拟都近乎猜想。尽管他们做了大量的研究工作，但观念认识上的偏差和方法论的缺陷，南辕北辙，只能离期待的目标越走越远，最后的结果也只能是瞎子摸象，各家异词。

历史上朱熹有《诗经》叶音说，影响了元明清好几百年，其错误鲜有人怀疑，即使有疑者也不敢说，因为程朱理学之下，谁也不愿背冒天下之大不韪而被周围人诟病，更何况还有自己的饭碗和前途。元代如此，明人也是如此。除个别先驱者如焦竑、陈第辈外，人们更多的是曲意回护，信守不疑，宁可束书不观，高谈玄理，也不要去轻易议论前贤是非；宁可抱残守缺，也不愿创新发展。就这样迷信阴霾了真理，盲从代替了思辨，这是社会的悲哀，也是一个历史时代的悲哀。当清兵的铁蹄最终踏碎明朝人的金陵春梦之后，人们才突然惊醒到心学的祸烈，可惜为时已晚，"神州荡覆，宗社丘墟"（顾炎武《日知录》语），于是埋头于实学的研究。顾炎武高举经学救国的旗帜，以五十年后必有知我者的信念专心于历史文献与汉语古音的研究，唱言古诗无叶音说，重新解释《诗》《易》协韵，以"古音"代替"叶音"，以离析唐韵之举措破除宋人古韵通转之弊病，大刀阔斧，新的古音观念和古音体系才得以重新建立，而朱熹《诗经》叶音说的堤防也由此溃决。

当今，我们也需要这样一种思想的革命，才能冲破旧思想旧体系的束缚，新的研究观念和研究方法才能够建立起来。学术上没有权威，只有真理；没有永恒的真理，只有天地时变，否定之否定！

后记：本文写作学友孙玉文兄帮助甚多，反复审阅并提出修改意见，并承蒙郭锡良先生和鲁国尧师赐阅，谨此深表谢忱。凡其中错误，皆由本人负责。本文由于篇幅很长，文末参考文献内容略去，非为不知，实乃意义不大，且已见于文中注释，敬请读者谅解。

论与南京话、明代官话历史相关的几个问题

深圳大学文学院 张卫东

摘 要 麦耘、朱晓农二位《南京方言不是明代官话的基础》一文，就20多年来明代官话语音史的讨论，对所谓"南京方言说"提出诸多批评。本文仅就其中与南京话、明代官话历史相关的几个问题作一回应，以明正谬。

关键词 南京 南京话 明代官话 洛阳 河南音说

麦耘、朱晓农二位最近联名发表《南京方言不是明代官话的基础》（以下简称"麦文"），[1] 文章长达22页，被《语言科学》杂志列为当期首篇，中国人民大学报刊复印资料2012年第12期收录为"汉语言文字学"栏首篇，可见很被看重。麦文就20多年来明代官话语音史的讨论，对所谓"南京方言说"提出了大大小小一二十条批评。我们欢迎批评，亦愿作积极认真的回应，惟助力学术进步耳。

一 三改标题欲何为？

麦文题下注云"本文的初稿曾以《明代官话与'南京话'》为题提交……会议"。那次会议我没参加，会后通过电邮向麦耘索得文稿，题为《江淮方言不是明代官话的基础》。同一篇文章，而今又一次华丽转身，大标题于是有了三个版本：

最先：《江淮方言不是明代官话的基础》
后来：《明代官话与"南京话"》
而今：《南京方言不是明代官话的基础》

作者对自己的论文包括标题不时做些修改，本是再正常不过的事。然而，麦文的修改却有些蹊跷：话题的核心词由"江淮方言"一变为"南京话"，再变为"南京方言"。这一语三变，使得一个原本或可成立、可讨论的命题（"江淮方言是/不是明代官话的基础"），变成了十足的荒谬："南京方言是/不是明代官话的基础"。一个方言点，或可作所在片区语音的"标准"，却不会是该方言的"基础"。一个"点"，如何作一个"面"的"基础"？一题三变，变得不为常识所容，变成不堪一击的靶子，此即三变之目的？

"南京方言是明代官话基础"这个靶子甫一树起，麦文随即摆出对立双方："南京方言说"和"'南京方言说'的反对意见"，且于2.1节反复论说明代"南京方言完全不具备成为官话基础的条件"。然而，问题是谁这么说了？谁持这种观点？

---

[1]《语言科学》2012年7月第11卷第4期，337—358页。

麦文 1.2 节一口气儿封了五个 "南京方言说的主张者" 即远藤光晓、鲁国尧、杨福绵、张卫东、何九盈，并罗列了他们的 "问题"：

"他（按，指远藤光晓）由此推测，在中国的明代，属于下江官话（即江淮方言）的南京话可能占有标准音的地位。"

"杨福绵（1995）赞同鲁国尧（1985）的推断"，"杨福绵认为，这表明'纯粹的南京话'等于'地道的中国话'，即标准的中国官话。"

"张卫东（1998b）据此判断，直至清代后叶，南京话仍然是官话的标准，并把北京话取代南京话、获得官话标准音地位的时间定在 1850 年前后。"

"何九盈（2007）……提到'最佳的官话发音是南京'"。麦文随后跟了一句："不过何九盈本人的观点近于王力（1957），认为近代官话在性质上是北京音。"重要发现！2007 年的何九盈抛出了一个不代表"何九盈本人的观点"！饶上这句的用意我们无法揣测，不过，句中"南京（音）"和"北京音"指"近代官话标准音"当是确切无疑的吧。

"南京方言说"的主张者们谈的明明是南京话是否官话标准音问题，麦文却从大标题开始上下其手变成了"南京方言"是不是"明代官话基础"的问题。

被指为"南京方言说"的主张者们未曾有过这类话，倒是麦文作者一再重复着：麦文第 2 节标题"关于南京方言上升为官话基础的社会条件"，2.1 节结论"可以肯定地说，有明一代，南京方言完全不具备成为官话基础的条件"。

二 真的"很有道理"吗？

麦文 2.1 节捧出 2007 年一位论者的观点："明初南京话并不具备成为官话基础方言的社会条件。理由有二：一是明太祖朱元璋对于是否在南京建都一直犹豫不决；二是明初的文士集团多不是说江淮方言的。"麦文不仅如获至宝大加赞赏"她的看法很有道理"，且顺势发挥：明朝"南京作为首都只有半个世纪"，甚至"还应算短一些"，"光凭南京有这么一段是首都，就说会导致江淮方言的地位如此突升，成为官话的标准，且终有明一代，乃至于清中后叶，实难信人"。还不无天真地发问："人们可以问：如果首都的政治地位对其地方言可以有如此速效的提升作用，为什么北京却要等那么久？"

"南京方言说"的主张者何人何时"光凭南京有这么一段是首都"说事儿？南京和南京话、江淮方言的历史地位问题，岂能由那 50 年决定？至少要上溯 1700 年呐！如果看不懂颜之推，可读今人鲍明炜教授（1986/2010，41 页）《南京方言历史演变初探》："东晋南朝（317—589）近三百年间，以洛阳话为代表的北方话在建康逐步取得'官话'的地位，无论北方南方的士族间都必须说洛阳话，读书要作'洛生咏'……至迟到刘宋时期洛阳话在南朝已完全取得官话的地位。"

南京和南京话、江淮方言的历史定位，是讨论近代汉语史和明代官话的前提。20 多年来，已有那么多学者讲了那么多话，麦文竟以"光凭南京……"那样的说辞责难于人，令人诧异呀！以"南京话""南京方言"为论辩中心词的麦文如此看"南京"，可借用麦文一句："这是得出似是而非的结论的重要原因之一"。

"朱元璋为《洪武正韵》定的编纂原则是'壹以中原雅音为定'"，此乃常识。麦文紧跟的一句却颇为费解："就字面说，南京怎么也不会属于'中原'"；又推测"朱氏的母语应是中原官话"。"就字面说"就是：朱元璋的正音观念及其母语，都只认"中原"而排斥

"南京"。于是，这也成了批驳"南京方言说"的重要论据。然而，南京话的地位是历史决定的，跟国家元首的状况实在没多大关系，正如普通话以北京音为标准，跟清代皇帝、民国总统、共和国主席口音如何不存在什么必然关系一样。将"中原"与"南京"生生割裂、将"江淮方言"与"中原官话"完全对立，只认"字面"而不看"历史"，可谓麦文各种高论的根基之一。李葆嘉（2003，181 页）说："晋室南渡，'五胡乱华'，南北朝对峙。中原汉语分裂而'北杂夷虏，南染吴越'，为秦汉以来中原语言之一大巨变。经过宋齐梁陈，源于中原而兴于江东的江南文化日益成熟，形成源于中原洛阳而在江东建康有所发展的新的主导语言的基础音系——中古金陵语音系统。"建康、金陵，即"南京"。看看历史，即便就字面而言，"南京"跟"中原"能割裂开来吗？

三 "'南京话'仅在南方有一定声望"吗？

对于南京话和江淮方言的历史地位，除了麦文点名的鲁国尧、杨福绵、张卫东、何九盈等，还有鲍明炜、叶宝奎、李葆嘉等和史学前辈陈寅恪（1948）、唐长孺（1955）、周一良（1997）等众多学者，说的已经够多了，并且在很大程度上达成共识：

公元四世纪，随着汉族正统政权和大批中原士庶迁入江淮地区，汉族政治中心和文化中心也到了江南；又随着江南的成功开发，汉族经济中心也南移，以建康为中心的江南遂成全国首善之区。中原士民把以洛阳话为正音的中原汉语带到了长江中下游，在原来的吴楚方言区"蚕食"出一大块，形成了一个新的北方方言区，发展至后来即所谓"江淮方言区"。这是汉语史上的一件大事（张卫东 1991，27—41 页）。明清所谓"南方官话""南京官话"，即吕叔湘先生（1985，58—59 页）所称"南方系官话"，其通行区域不仅有江淮，还包括中原、华东和胶辽等广大官话区。

然而麦文却愣说"绝大多数学者不认为明以前通语的基础方言是江淮方言"，明清时期"'南京话'仅在南方有一定声望"，"它可能也就仅仅是在南方有声望而已"，"而且，此所谓'南方'似乎还不包括整个中国南部"，而是仅限于"在福建和广东（包括澳门）等地的文人中有较高声望"——只在闽粤"文人"阶层中！换言之，它降级到连一个地域方言、一个方言点的地位都没有了！这些"文人"本事还挺大："这些地区的中国文人的观念，传染了来到这些地方的外国传教士，使他们也误以为南京官话、甚至误以为作为江淮方言的南京方言是标准的中国官话"！须知，这许多传教士多是知识精英，博学多才，会如此轻易被愚弄？

四 "连皇帝也说我们河南话"吗？

麦文大谈"历史语言学的原则"，还曾"公允地说，'明代官话的语音基础是江淮方言'这个假设最初的提出并非毫无根据。但不可讳言，它被提出二十多年来，至今仍未被很好地作过证明，在用历史比较研究来检验这方面尤其不足"。"南京方言说"在这方面总之是糟糕透了，麦文已有巨细无遗的批评（占了 22 页长文的太半篇幅），兹不赘述，让我们抓紧领略麦文贯彻这一"原则"的示范吧。

麦文第 7 节标题即一重大命题："近代河洛话比'南京话'声望更高"。此说之第一项证据是"来自吕坤的证据"——吕坤的《交泰韵》，"《交泰韵》里的两段话，说明当时北京朝廷里使用河洛之音，一段话是：'中原当南北之间，际清浊之会，故宋制中原雅音，会南北之儒，酌五方之声，而一折衷于中原，谓河洛不南不北，当天地之中，为声气之萃。'另一段话是：'万历中，余侍玉墀，见对仗奏读，天语传宣，皆中原雅音。'"凭这"两段话"，麦文便得出结论，甚至情不自禁地欢呼："上引他的话等于在说：'连皇帝也说我们河南话！'"随后即谆谆教导并告诫曰："总之，无论对明代官话，对近代汉语语音史持何种观点，都万不可漠视吕坤。"

这就是麦文再三强调的"文史材料的研究"？"语言本体材料的研究"？二者结合的"历史比较研究"？这"一个原则"，麦文随处可见，不过都是对人不对己的。君不见，麦文刚说到"《交泰韵》与明代官话的关系、中原官话的历史比较都需要专门的研究"，让人期待可见识"历史比较研究"了，紧跟一句却是"本文只能就此打住"。咳，这年头儿，常听说"特权泛滥，无所不在"，余今始信矣。

尽管围绕《交泰韵》说了那么多，麦文作者对《交泰韵》至今未做过"语言本体材料的研究"，却是可以肯定的！不仅如此，甚至连吕坤那"两段话"的背景与所指都没搞懂。从《正韵》到《交泰》，历时228年，已然发生诸多历史音变。吕坤作《交泰韵》的初衷是依据时音做出修正，却又"不敢与《正韵》牴牾"。在长达48页的《交泰韵凡例》末尾，才有一处批评《正韵》"未必尽脱江左故习"。为表言之有据而举例："如序叙、象像、尚丈、杏幸、棒项、受舅等字，俱作上声。此类颇多，与雅音异"；为明所言不诬而以亲历为证，方有"余侍玉墀"之语。这原是为《交泰》张本，证明《正韵》"作上声"之类"与雅音异"而已，真是从"字面"到逻辑都扯不上"河南话"，更不"等于""连皇帝也说我们河南话"。这种不顾原著上下文背景的推断，符合哪家"原则"？

《交泰韵总目》此类字如"沉杏悖荠"等仍排上声，仅少量字如"受"等径排去声。吕氏之首鼠两端，皆因"不敢与《正韵》牴牾"。无独有偶，同时代的金尼阁也曾说："古音为上，今读为去。音韵之书从古，愚亦不敢从今，故表以半圈指之"（《列音韵谱·小序》）。中外人士这同一心态，从一个侧面反映了两点：(1)《正韵》到明末仍具权威性，挑战《正韵》确非易事；(2)《交泰》与《耳目资》属同一音系即南方官话（南音），"浊上归去"当发生不久，不同于《中原音韵》（北音，"浊上归去"早已完成）。

麦文353页未经自主论证而断言《交泰》"所展现的音系与《耳目资》接近而有异"，只是以括号方式援引耿振生等4人为证。这年头儿，造假的太多了，不能不防。核查结果如下：耿振生（1992：185—186页）将《交泰》归入"近古河南方言"，未曾比较过《耳目资》；李新魁、麦耘（1993：236—240页）说：《交泰》表现的"是河洛之音，即吕氏的乡音"，"而这河、洛之音在当时是正式的官方语言的音系"；同书485页说《耳目资》"主要是当时的山西方音"。叶宝奎2004认为是"明代后期的官话音"，反对"河南方音"说，亦无"与《耳目资》接近而有异"之类的论断。据此，是否只能这样理解：麦文所谓《交泰》"所展现的音系"，是"与山西方音接近而有异"的"河南话"？

五 "中原音正"就是"奉河洛之音为正音"吗？

麦文第7节的另一重心，是罗列"从宋到清初的文史资料"以证"中原音正"，"尚中原之音"就是"奉河洛之音为正音"。于是，凡冠有或带有"中原"字样的"语言本体资料"如《中原》《洪武》《交泰》《耳目资》等，时不论古今、地不分南北，被统统纳入"河南音说"的八宝囊里。仿效麦文，称之为"河南音说"吧。

"中原当南北之间""河洛不南不北,当天地之中",乃"河南音说"的支柱。这种地理环境决定论,出自古人之口也就罢了,受过现代专业教育的教授怎能奉为圭臬?语言,是人类社会现象,怎能等同自然地理?洛阳至今仍"当天地之中",其"正音"地位却早已风光不再。周一良教授(1997,33—101页)1938年《南朝境内之各种人及政府对待之政策》曾有精彩论述,并获陈寅恪先生赞许。周先生注意到:南渡之初,吴人目北来者为"荒伧",迄齐时吴人犹习用此称,然晋宋之际以后,在南之侨人亦随而目宋以后南渡北人为"荒伧"。对于此种世风,周先生(1997,67、87页)曾两度"请以语音一事明之":"语言音声因地而异,本无优劣之别,然侨人必谓中原语音为上,……宋齐南士贵达者多弃其吴语,易言之,即求贵达必先与侨人士大夫同流一气,虽语音末节,亦相模仿。此风自东晋已然……"

"梁世伧人来者既多",民间对于前来聚徒讲学的北方学问之士亦颇礼敬,并无隔阂,"惟终歧视其语音"。这是很可奇怪的:"侨人语音即来自中原,虽晋宋以后中原语音渐杂胡语,亦不至相悬已甚,何以梁时对伧人语音如是之憎恶?"周答曰:"窃谓一言以蔽,侨人同化于吴人耳。"百余年间,"于中原与吴人语音以外,渐形(按,原作"型"。东改)成一种混合之语音",一种"侨吴混合之语音"。"逮混合达百余年后,北方语言又杂胡语,梁世南人遂不论侨旧俱目伧楚语音为鄙拙矣。"南人(不论侨旧)"必谓中原语音为上",然此"中原语音"在南而不在北,不在此时自然地理之河洛。兹"中原语音"尽管已然"吴化",却不改"中原"之"姓"。这是历史。后世文献屡屡现身的"中原语音",论者须知不可只看"字面"。

参考文献

鲍明炜 2010《鲍明炜语言学文集》,南京大学出版社。
陈寅恪 1948《陈寅恪魏晋南北朝史讲演录》,万绳楠整理,黄山书社 1987 年。
耿振生 1992《明清等韵学通论》,语文出版社。
何九盈 2007《汉语三论》,语文出版社。
李葆嘉 2003《中国语言文化史》,江苏教育出版社。
李新魁 1983《汉语等韵学》,中华书局。
李新魁 麦耘 1993《韵学古籍述要》,陕西人民出版社。
鲁国尧 2003《鲁国尧语言学论文集》,江苏教育出版社。
吕叔湘 1985《近代汉语指代词》,学林出版社。
唐长孺 1955《魏晋南北朝史论丛》,三联书店。
叶宝奎 2001《明清官话音系》,厦门大学出版社。
张卫东 1991《客家文化》,新华出版社。
周一良 1997《魏晋南北朝史论集》,北京大学出版社。

唐诗一字平去两读而义别问题简析*

北京大学中文系 北京大学中国语言学研究中心　刘子瑜
湖北大学文学院　刘宋川

摘　要　一字平仄两读而义有同异，是汉语音义的重要特点，在唐诗中尤其突出。本文讨论同字平去义别的情况。我们在唐诗中发现有 80 多个常用字存在着一字平去两读而义别的情况。本文将结合典型例字，按平去义别而至今仍为两读或演变为一读的两种类型来讨论辨析，说明各字义项与平仄的关系，归纳这种古今音义变迁的规律，为准确判定唐诗这些字音字义提供参照，同时也对几种大型工具书一些参差的音义注释提出分辨意见。

关键词　唐诗音义　平仄两读　平去义别

壹　研究唐诗字音平仄和字义异同问题的缘起

近年来，为了考察唐诗的体裁和格律，我们通读了全唐诗（包括《全唐诗》二十五册和《全唐诗补编》三册）。通读过程中，经常遇到许多常用字音义解读上的麻烦，主要是该字具有两读甚至三读而意义或异或同的问题。所谓两读、三读是指该字在传统音韵学"四声一组"中具有平上、平去或平入两读甚至平上去三读的特点。用现代语音学的概念来解释，就是该字具有声母相同（或同类，即同发音部位）、韵母相同而声调不同（分平与上、平与去、平与入）的特点。这种声调的不同在诗体格律中就是平与仄（上、去、入）的不同。阅读唐诗，如果对这些常用字的音义情况轻易放过，或察觉后仍未予以正确解读，会导致对诗作的误解：或曲解诗句原意，或误判诗句平仄，还会产生错觉，以为唐代诗人用字措辞未能严格遵循诗律的平仄，使诗体部分违律（旧称"落调"）。而实际上反是我们后代读者失察，误解了唐诗，冤枉了古人。

关于唐诗字音平仄的问题，唐以后的诗学家陆续有所察觉。宋人严有翼指出："中兴"之"中"有平去两声。如杜甫诗："今朝汉社稷，新数中兴年。"李商隐诗："身闲不睹中兴盛。"[1] 明人董斯张说："鉴、扇、料"等字除了读去声，还可读平声，"封、评、思、膏、胶、冰"等字除了读平声，还可读去声，并引韩愈、元稹、白居易、李商隐、陆龟蒙的诗句为证，这是正确的。又说"帆、蒲、番、蘩"等字俱可作仄韵（实为去声），也算是对

---

* 本文为北京市 2013 年度哲学社会科学规划项目"唐诗的平仄音读与字义异同关系研究"的阶段性成果。

1　详见吴文治《宋诗话全编》叁（十册）2332 页，第 17 条，江苏古籍出版社 1998 年。

的。至于说"妨"字音"访"("访"为上声,"妨"可读去声),就不准确了。[1]清人许印芳在所著《诗谱详说》一书中列举了许多单字,说这些字具有平上、平去、平入两读,只是所言字音不以韵书为据,多凭个人臆断,论字音又不分中古、近古的差别,不引诗例为证,所以见解中正确与错误杂陈,需要仔细鉴别。[2]当然,古代诗学家的意见是在提示后人,读唐诗要注意许多字的平仄两读,不可拘泥它的一种读音来看待诗句,以致误读,这是他们的贡献。

王力先生(1958)《汉语诗律学》对"声调的辨别"问题也有论述,重点分析了一字平仄两读的情况。王先生从唐宋诗中摘出 60 多个常用字,按一字平仄两读义同和义别两类来比较论证,见解独到。《王力先生诗学声律理论》一文已有评介,此处从略。[3]

作者专就唐诗中一字平仄两读的情况作考察研究。具体步骤是:第一,根据唐诗用例,挑出具有平仄两读特点的常用字 300 来个,对各字的基本义项予以分析归纳。第二,依据中古《切韵》系统的韵书《广韵》《集韵》的反切,参酌现代几种大型工具书《中文大辞典》《汉语大字典》《汉语大词典》和《王力古汉语字典》的注音,结合各字用在唐诗律句中的平仄规则,力求对各字主要义项的平声或仄声的读音予以准确判定。第三,将各字音义按照平上两读、平去两读而义别或义同的情况来分类归纳,由此得出平上两读义别或义同、平去两读义别或义同的两大类型。

本文只讨论平去义别的问题。

贰 唐诗中的一字平去两读而义别的问题

唐诗中平去两读的常用字计有 180 多个,其中平去义别者有 80 多个。为了便于了解这些常用字的古今音义变化异同,我们将它们分为两大类:

一、中古(指唐诗阶段)一字平去两读而义别,直至现代仍大体保持这一格局者,计有 59 字。可再分为两类:(一)一字平去两读而义别,并能显示词性之不同者,有 43 字,即:冠、中、钿、泥、王、膏、差$_1$、丽、沤、倡、创、扇、钻、担;任、分、要、传、乘、将、间、苦、监、综、缝、丧、弹、兴、藏、量、亲;当、难、华、溅、相、应、媛、县、正、盛、横、为。(二)一字平去两读而义别,词性分别不显明者,有 16 字,即:降、汗、便、禅、峒、跄、遗、差$_2$、鞘、禁、燕、调、号、和、占、空。按类讨论如下。

(一)一字平去两读而义别,并能显示词性(主要是名与动、形)之不同者,有 43 个字。又可分成三组,讨论如下。

第一组,14 字,这些常用字的平去两读不仅表示不同的词义,而且这些词义还基本上显示名词和动词或形容词的语法性质区别:读平声的,多是名词性义项;读去声的,多是动词性义项(少数是形容词性义项)。具体字例是:中、冠、钿、泥、王、膏、差$_1$、丽、沤、倡、创、扇、钻、担。

篇幅所限,每组之中只选取部分有特色的常用字作具体分析并举例证明。为了说明各

---

1 详见吴文治 1997《明诗话全编》玖(十册)9015—9016 页,第 30 条,江苏古籍出版社。
2 许印芳 民国三年(1914)《诗谱详说》(八卷)(线装本),云南图书馆。
3 王力 1958《汉语诗律学》,新知识第 1 版。刘宋川 2012《王力先生诗学声律理论》,《语言学论丛》第 46 辑,商务印书馆。

字音义与平仄律式的密切关系,我们还将在每组字中选用一字的诗例来分析其平仄律式。全文例同。

下面以"中""冠""钿""泥""膏"五字为例分析说明。

1. 中

A. zhōng,广韵陟弓切,平东知(平声东韵知母)。义为:里面、中间、中央、半,方位名词。唐诗中常用词语有"中天""中酒""中第""中兴"等,今天一般不用。B. zhòng,广韵陟仲切,去送知(去声送韵知母)。义为:射中目标、符合、适应、遭受、处在中途或中期,动词。例如:

(1) 永夜角声悲自语,中天月色好谁看。(杜甫《宿府》,七律)
(2) 气味如中酒,情怀似别人。(白居易《落第》,五律)
(3) 自说江湖不归事,阻风中酒过年年。(杜牧《郑瓘协律》,七绝)
(4) 自知群从为儒少,岂料词场中第频。(白居易《喜敏中及第偶示所怀》,七律)
(5) 今朝汉社稷,新数中兴年。(杜甫《自京喜达行在所》三首之二,五律)
(6) 苍生期渐泰,皇道欲中兴。(顾非熊《武宗挽歌辞》,五律)

例(1)中"中天"即正空、当空,例(2)"中酒"意思是饮酒过半,酒兴正浓之时;以上二例"中"字为名词,平声。例(3)"中酒"意思是遭受酒醉,处在神志不清的状态,"中"字为动词,去声。例(4)下句律式为"仄仄平平仄仄平","中"字义为符合,去声,符合律式的仄声要求。例(5)"中兴"意思是(唐朝)处在中期而复兴,"中"为动词,去声。例(6)"中兴"义为(唐朝)中期复兴,"中"为名词,平声。初盛唐的诗人都把"中兴"的"中"字用作去声动词,中唐后期诗人开始把"中"字用作平声名词,晚唐诗人都依平声使用"中兴"词语,这是值得注意的。

根据平仄律,例(5)例(6)对句平仄律都是"仄仄仄平平","中"字分别用在律式第三、第四字位置,一为动词,一为名词,一去一平,合律。

2. 冠

A. guān,广韵古丸切,平桓见。义为:古代男子所戴的一种帽子,又帽子的总名,名词。B. guàn,广韵古玩切,去换见。义为:戴冠,列为……之首,动词。唐诗中常用"挂冠""弱冠""冠军""冠……"等词语,其中"冠军"现代仍常用。下举四例,前二例"冠"字平声,后二例"冠"字去声:

(1) 九天阊阖开宫殿,万国衣冠拜冕旒。(王维《和贾至舍人早朝大明宫之作》,七律)
(2) 借问檐前树,何枝曾挂冠。(秦系《题石室山王宁所居》,五律)
(3) 爱君方弱冠,为赋少年行。(皇甫冉《送孔党赴举》,五律)
(4) 智谋垂睿想,出入冠诸公。(杜甫《投赠哥舒开府翰二十韵》,五排)

例(1)"衣冠"代指朝廷官员,"冠"义仍为帽子。例(2)"挂冠"指解衣冠辞职。例(3)意思是男子二十岁时举行加冠之礼,以示成人;"冠"用作动词。例(4)"冠诸公"意即列为诸公之首;"冠"动词。

3. 钿

A．tián，广韵徒年切，平先定。义为：用金宝镶成的花形首饰，名词。B．diàn，广韵堂练切，去霰定。义为：用金宝等镶嵌器物，动词。现举二例，前例"钿"表示名词义，平声；后例"钿"表示动词义，去声。

（1）行摇云鬓花钿节，应似霓裳趁管弦。（白居易《醉后题李马二妓》，七律）
（2）金市旧居近，钿车新造宽。（吴融《春词》，五律）

4. 泥

A．ní，广韵奴低切，平齐泥。义指含水的半固体状态的土，名词。B．nì，广韵奴计切，去霁泥。义为：用泥涂饰、粉刷，陷滞于困境，拘泥，软缠，软求，动词。后一意义又作"（昵）"。现举去声例：

（1）年年至日长为客，忽忽穷愁泥杀人。（杜甫《冬至》，七律）
（2）老去争由我，愁来欲泥谁。（白居易《新秋》，五律）
（3）伶俜乖拙两何如，昼泥琴声夜泥书。（杨乘《胜句》，七绝）
（4）犹赖洛中饶醉客，时时（昵）我唤笙歌。（白居易《雪后早过天津桥偶呈诸客》，七律）

例（1）"泥"字解为陷滞，例（2）义为软求、软缠，例（3）义为留恋、迷恋，例（4）用本字"（昵）"，义为软语相求，四例都读去声。

5. 膏

A．gāo，广韵古劳切，平豪见。常用义是：肥肉，油脂，浓稠的流质物，物之精华，恩泽，名词。B．gào，广韵古到切，去号见。义为：注油使润滑，滋润、润泽，动词。下举二例：

（1）木直终难怨，膏明只自煎。（温庭筠《感旧陈情五十韵》，五排）
（2）仁风扇道路，阴雨膏间阁。（白居易《奉和汴州令狐相公二十二韵》，五排）

例（1）"膏"指油脂、灯油，平声。例（2）"膏"义为滋润，动词，去声。

第二组，17字，它们是：要、任、传、分、乘、将、间、苦、监、综、缝、丧、弹、兴、藏、量、亲，其平去两读所具义项基本上也显示出名词义和动词义的区别，只是与前组字的意义特征正好相对：平声音读多表示动词义，去声音读多表示名词义。下面以"任""要""传""分""乘""将"等字为例分析说明如下：

1. 任

A．rén，广韵如林切，平侵日。本义是抱，引申为负担，担当、承担，胜任，经得起，动词。（大字典、大词典将以上义项注为去声反切，失当。）B．rèn，广韵汝鸩切，去沁日。义为：任用，信任，依凭，任凭，动词；职责、责任，名词。下面就"任"字担当、承受、任用、任凭四义依次举例：

（1）陈力不任趋北阙，有家无处寄东山。（李绅《寿阳罢郡日有诗十首》之二，七律）
（2）漂泊病难任，逢人泪满襟。（郑谷《江行》，五律）

（3）献纳司存雨露边，地分清切任才贤。（杜甫《赠献纳使起居田舍人》，七律）
（4）花间醉任黄莺语，庭上吟从白鹭窥。（韦庄《长年》，七律）

例（1）出句的平仄律是：仄仄平平平仄仄，其中第四字要求读平声；例（2）出句的平仄律是：仄仄仄平平，句中第五字要求读平声；而两句中分别表示担当、承受义的"任"字正好读平声，符合格律要求。例（3）对句平仄律是：平平仄仄仄平平，其中第五字必读仄声；例（4）出句平仄律是：平平仄平平仄，其中第四字必读仄声；而用在这两处的"任"字表示任用、任凭义，要读去声，正好符合平仄式的仄声要求。

2. 要

A. yāo，广韵於霄切，平霄影。本义是人的腰（后作"腰"），引申义有：半路拦截、邀约、邀请、求取、要挟，动词。B. yào，广韵於笑切，去笑影。义为：要领、关键，名词；重要、显要，形容词；概括、需要、想要，动词。下面四例中，"要"分别表示腰、邀请、求取（以上平声）和要领（去声）等义项：

（1）卢绾须征日，楼兰要斩时。（杜甫《暮冬送苏四郎徯兵曹适桂州》，五排）
（2）田父要皆去，邻家问不违。（杜甫《寒食》，五律）
（3）高兴要长寿，卑栖隔近臣。（杜审言《重九日宴江阴》，五律）
（4）先探道德要，留待圣明辰。（张说《奉和圣制经河上公庙应制》，五排）

3. 传

A. chuán，广韵直挛切，平仙澄。义为：传递、传达、传授、传闻、传扬，动词。B. zhuàn，广韵直恋切，去线澄。义为：驿站、驿舍、驿站所用的车马、解经的文字、传记，名词。下面只举去声例：

（1）视身如传舍，阅世似东流。（刘禹锡《宿诚禅师山房题赠二首》之一，五律）
（2）寄家临禹穴，乘传出秦关。（姚合《送韦瑶校书赴越》，五律）
（3）空留左氏传，谁记卜商名。（王维《故西河郡杜太守挽歌三首》之一，五律）

4. 分

A. fēn，广韵府文切，平文非。常用义是：分开、分裂、分离、离别、辨别、区别、分配、分给，动词；又表示春分、秋分，节候名。B. fèn，广韵扶问切，去问奉。常用义是：名分、职分、情分、缘分、地分、地域，名词；又甘愿，料想，认为，动词。下举去声六例：

（1）四海齐名白与刘，百年交分两绸缪。（白居易《哭刘尚书梦得二首》之一，七律）
（2）若无仙分应须老，幸有归山即合休。（崔涂《金陵晚眺》，七律）
（3）今宵燕分野，应见使星过。（武元衡《送冯谏议赴河北宣慰》，五律）
（4）随分独眠秋殿里，遥闻笑语自天来。（李端《长门怨》，七绝）
（5）不分君恩绝，纨扇曲中秋。（骆宾王《秋风》，五律）
（6）此中愁杀须甘分，惟惜平生旧著书。（元稹《酬乐天得微之诗知通州事因成四首》之二，七律）

例（1）"交分"指交情，"分"指情分。例（2）"分"指缘分。例（3）"分野"指与星次相应的地域；"分"是地域。例（4）"分"是本分，本句"随分"意思是顺随本分，有时表示随便、随意。例（5）"不分"是未料到；例（6）"甘分"是甘愿；"分"表示料想、认为、情愿等义。

5. 乘

A. chéng，广韵食陵切，平蒸床₃。义为：乘坐车船，登、升、趁、凭借，动词。唐诗中又有佛教用语"小乘""大乘"，指佛教不同派别，名词。B. shèng，广韵实證切，去證床₃。义为：车辆，又指马，名词；又量词，表示车辆的单位。下举四例，"乘"字两平两去：

（1）能搜大雅句，不似小乘人。（裴说《湖外寄处宾上人》，五律）
（2）盗贼还奔突，乘舆恐未回。（杜甫《巴山》，五律）
（3）几枚竹筍送德曜，一乘柴车迎少君。（皮日休《临顿宅将有归于之日……》，七律）
（4）万乘旌旗何处在，平台宾客有谁怜。（王昌龄《梁苑》，七绝）

例（1）"乘"字平声，例（2）"乘舆"是复合词，表示天子乘坐的车子，又代指天子，此指唐代宗，"乘"字亦为平声。例（3）"乘"字作量词，去声。例（4）"万乘"原指万辆兵车，又指大国，后指天子；此例用后义，去声。

6. 将

A. jiāng，广韵即良切，平阳精。常用义是：扶、拿、用、送行、携带、遵奉，动词；将要、将近，副词；把，介词；与、和，介词，又连词；用在动词后作助词（王力先生看作词尾）。B. jiàng，广韵子亮切，去漾精。义为：将领，名词；带兵，动词。下举平声三例，"将"字义项分别为"持"（动词）、"与、同"（介词）、助词：

（1）谁能将旗鼓，一为取龙城。（沈佺期《杂诗三首》之三，五律）
（2）花将人共笑，篱外露繁枝。（李商隐《高花》，五绝）
（3）他年若得壶中术，一簇汀洲尽贮将。（吴融《湖州晚望》，七律）

第三组，12字，即：华、难、溅、当、相、应、媛、县、正、盛、横、为，这些字在具有平去义别特征的同时，也能大体显示名与形（"正""难"）、动与形（"溅""盛""当""横"）、动与介（"为"）、动与副（"相"）、普动与助动（"应"）的词性区别，不过不如前面两组常用字的词性区别那样整齐一致。下面以"难""华""溅""当""正"五字为例分析说明如下：

1. 难

A. nán，广韵那干切，平寒泥。常用义是困难、艰难，形容词。B. nàn，广韵奴案切，去翰泥。常用义是：灾难、灾祸，特指战乱，名词；责难，诘问，动词。例如：

（1）时难访亲戚，相见喜还悲。（卢纶《至德中赠内兄刘赞》，五律）
（2）时难年荒世业空，弟兄羁旅各西东。（白居易《自河南经乱，关内阻饥……》，七律）

（3）宗中初及第，江上觐难兄。（无可《送喻凫及第归阳羡》，五律）
（4）季弟念离别，贤兄救急难。（高适《送蔡十二之海上》，五律）
（5）为问彭州牧，何时救急难。（杜甫《因崔五侍御寄高彭州一绝》，五绝）

例（1）"时难"意思是时世艰难，"难"字平声；例（2）"时难"意思是时局动乱，"难"字去声。例（3）"难兄"意为"贤兄"，出自比较二人才德，难分高下，"难"字平声。例（4）、例（5）"急难"意指生计窘迫艰难，"难"字平声。

从平仄律看，例（1）出句为"平平仄平仄"，句中第二字必读平声，例（2）为"仄仄平平仄仄平"，第二字必读仄声，两句"难"字分别读平声和去声，正好符合两句的平仄式要求。

2. 华

A. huā，广韵呼瓜切，平麻晓。本义是花，名词（六朝后口语用"花"字表示）。又花白，形容词。B. huá，广韵户花切，平麻匣。引申义是：光华，时光，精华，名词；汉族的古称，名词。C. huà，广韵胡化切，去祃匣。义为山名，即西岳华山；又指与华山相关的地方，如"华阴"。又表示姓。下举五例：

（1）容鬓年年异，春华岁岁同。（骆宾王《畴昔篇》，五古。按，这首诗有一部分入律）
（2）岁暮见华发，平生志半空。（马戴《长安寓居寄赠贾岛》，五律）
（3）华夷山不断，吴蜀水相通。（杜甫《严公厅宴同咏蜀道画图》，五律）
（4）岧峣太华俯咸京，天外三峰削不成。（崔颢《行经华阴》，七律）
（5）醉韵飘飘不可亲，掉头吟侧华阳巾。（陆龟蒙《和同润卿寒夜访袭美各惜其志次韵》，七律）

例（1）"华"义为名词"花"，例（2）"华"义为"花白"，例（3）"华"指汉族。以上"华"都读平声，前二例"华"读阴平，后一例读阳平。例（4）"太华"即华山，例（5）"华阳"原是魏时有道士卜居华山，自号华阳子，名其巾为"华阳巾"。后二例"华"读去声。

3. 溅

A. jiàn，广韵子贱切，去线精。义为：液体（水、血、泪）迸射，动词。B. jiān，广韵则前切，平先精。用作叠音词"溅溅"，表示水疾流貌，又流水声。下举三例：

（1）感时花溅泪，恨别鸟惊心。（杜甫《春望》，五律）
（2）映沙晴漾漾，出涧夜溅溅。（刘长卿《安州道中经泸水有怀》，五律）
（3）溪草落溅溅，鱼飞入稻田。（法振《陈九溪中草堂》，五律）

例（1）"溅"义为迸溅，去声。例（2）"溅溅"表示流水声，例（3）"溅溅"由水疾流貌指代疾流的水，后二例"溅"字平声。

4. 当

A. dāng，广韵都郎切，平唐端。义为：面对着，阻挡，处在（某处或某时），相当，担当，动词；应当，助动词。B. dàng，广韵丁浪切，去宕端。义为：恰当，形容词；事情正发生在（此时），当作、看作，抵押，动词。例如：

（1）映柳见行色，故山当落晖。（赵嘏《送韦处士归省朔方》，五律）
（2）皆当少壮日，同惜盛明时。（白居易《代书诗一百韵寄微之》，五排）
（3）少府无妻春寂寞，花开将尔当夫人。（白居易《戏题新栽蔷薇》，七绝）
（4）窗风从此冷，诗思当时清。（杜荀鹤《新栽竹》，五律）

例（1）"当"为"面对"，例（2）"当"表示"处在（某时）"；例（3）"当"表示"当作、看作"，例（4）当表示"就在此时（发生）"。前二例"当"字平声，后二例读去声。

5. 正

A. zhèng，广韵之盛切，去劲照三。义为：端正、正直、公正，形容词；使……正，纠正，动词；恰好、正好、正在（进行），副词。B. zhēng，广韵诸盈切，平清照三。义指阴历每年第一个月，名词。"新正"既指阴历新年正月，又可指正月初一（本称"元旦"）。例如：

（1）野老篱边江岸回，柴门不正逐江开。（杜甫《野老》，七律）
（2）羞将短发还吹帽，笑倩旁人为正冠。（杜甫《九日蓝田崔氏庄》，七律）
（3）子月过秦正，寒云覆洛城。（李顾《送相里造入京》，五律）
（4）旧曲梅花唱，新正柏酒传。（孟浩然《岁除夜会乐城张少府宅》，五律）

例（1）"正"字义为端正；例（2）"正"字用作使动，意即"把……弄端正"；两例读去声。例（3）"秦正"指秦历正月，秦朝以夏历十月为正月；例（4）"新正"即新年正月（阴历正月）；两例"正"字平声。

（二）一字平去两读而义别，词性分别不显明者，16字。即：降、便、汗、禅、峒、跑、遗、差₂、鞘、燕、禁、调、号、和、占、空。这些字仍具有平去义别的特点，不过它们的主要义项大多不能体现词性的区别，而往往显示词性相同。这大概是由于词义产生的源头或发展脉络彼此不同。下面以"降""便""汗""禅""禁"五字为例分析说明。如下：

1. 降

A. jiàng，广韵古巷切，去绛见。常用义是：从高处走下来，落下，诞生，赐予，帝王之女下嫁，贬抑、降低，动词。B. xiáng，广韵下江切，平江匣。义为：投降，降服，悦服，欢悦，动词。下面只举"降"字较为特殊的义例：

（1）伊吕终难降，韩彭不易呼。（杜甫《大历三年春白帝城放船出瞿塘峡……四十韵》，五排）
（2）礼盛亲迎晋，声芬出降齐。（郭正一《奉和太子纳妃太平公主出降》，五律）
（3）降士林沾蕙草寒，弦惊翰苑失鸳鸾。（钱起《晚归严明府题门》，七绝）
（4）中宵自入定，非是欲降龙。（灵一《宿天柱观》，五律）
（5）世上浮沉应念我，笔端飞动只降君。（吴融《寄贯休上人》，七律）
（6）士因为政乐，儒为说诗降。（张祜《投常州从兄中丞》，五排）

"降"字在前三例中表示去声义，后三例为平声义，具体意义依次是：降生、公主下嫁、谪降；降伏，悦服，欢悦。

从平仄律看，例（2）对句是"平平仄仄平"，去声"降"字用在句中第四字位置，符合仄声格律要求。例（6）对句是"仄仄仄平平"，平声"降"字用在句末作韵脚，符合格律要求。

2. 便

A. biàn，广韵婢面切，去线并。常用义是：有利，便利，适宜，形容词；"便宜"，表示对国家有利，又表示见机行事。又快捷，熟练，形容词。就，副词。B. pián，广韵房连切，平仙并。义为：安适，腹部肥满，有口才，形容词。便宜，好处。下举六例：

（1）丹青忽借便，移向帝乡飞。（岑参《咏郡斋壁画片云》，五律）
（2）飘飘搏击便，容易往来游。（杜甫《独立》，五律）
（3）求理由来许便宜，汉朝龚遂不为疵。（戴叔伦《抚州被推昭雪答陆太祝三首》之一，七绝）
（4）虽然不应对，却是得便宜。（寒山《诗三百三首》之二七三，五古）
（5）不解谢公意，翻令静者便。（刘长卿《卧病喜田九见寄》，五律）
（6）况此便便腹，无非是满卮。（姚合《乞酒》，五律）

例（1）"便"义是便利，例（2）便捷、熟练，例（3）"便宜"是相机行事，例（4）"便宜"为好处，例（5）"便"为安适，例（6）"便便"，腹部肥满貌。前三例"便"字去声，后三例平声。

3. 汗

A. hàn，广韵侯旰切，去翰匣。义为汗液，名词。又"汗漫"，叠韵联绵词，旷远无边的样子。B. hán，广韵胡安切，平寒匣。"可汗"（kè hán），我国古代鲜卑、回纥、蒙古等民族君主的称号，名词。下举三例：

（1）渥洼汗血种，天上麒麟儿。（杜甫《和江陵宋大少府暮春雨后同诸公及舍弟宴书斋》，五律）
（2）复见陶唐理，甘为汗漫游。（杜甫《奉送王信州崟北归》，五排）
（3）谁见鲁儒持汉节，玉关降尽可汗军。（赵嘏《送从翁中丞奉使黠戛斯六首》之四，七绝）

例（1）"汗血"指汗血马，古代西域骏马名，相传流汗如血。后二例音义如前文。

4. 禅

A. shàn，广韵时战切，去线禅。义为：古代帝王为墠（shàn，经过清埋的平地）以祭地；又表示古代帝王让位给后继的贤者，即禅让，动词。B. chán，广韵市连切，平仙禅。"禅"是梵语"禅那"的略称，意即静思息虑。泛指佛教的事物，如坐禅、安禅、禅定、禅意、禅房、禅堂、禅床、蝉衣、禅灯、禅师等。下举四例：

（1）古来尧禅舜，何必罪驩兜。（沈佺期《从驩州廨宅移住山间水亭赠苏使君》）
（2）安得相如草，空馀封禅文。（李白《宣城哭蒋徵君华》，五律）
（3）曲径通幽处，禅房花木深。（常建《题破山寺后禅院》，五律）

（4）若不坐禅销妄想，即须行醉放狂歌。（白居易《强酒》，七绝）

例（1）"禅"是禅让；例（2）"封禅"是复合词，统指帝王祭祀天地的大典，"封"指在泰山为坛祭天，"禅"指祭地。例（3）"禅房"指僧徒坐禅之所；例（4）"坐禅"指僧人静坐息虑，凝心参究的行为状态。前二例"禅"字读去声，后二例读平声。

5. 禁

A. jìn，广韵居荫切，去沁见。义为：禁忌，禁止，动词；帝王所居之处，即宫禁，名词。唐诗中常用"禁中""禁庭""禁闱""禁门""禁沟""禁苑""禁掖""禁军""禁城"等词语。B. jīn，广韵居吟切，平侵见。义为：禁受、受得住、禁得起，动词。例如：

（1）金吾不禁夜，玉漏莫相催。（苏味道《正月十五夜》，五律）
（2）雨中禁火空斋冷，江上流莺独坐听。（韦应物《寒食寄京师诸弟》，七绝）
（3）金作蟠龙绣作麟，壶中楼阁禁中春。（花蕊夫人《宫词》之四十三，七绝）
（4）五马弋阳行，分忧出禁城。（顾非熊《送信州卢员外兼寄薛员外》，五律）
（5）游人一听头堪白，苏武争禁十九年。（杜牧《边上闻笳三首》之一，七绝）

例（1）"禁夜"指京城深夜禁止通行；例（2）"禁火"指寒食节停炊；例（3）"禁中"指皇帝所居之宫内；例（4）"禁城"指宫城；例（5）"争禁"意即怎么受得了。前四例"禁"读去声，末例"禁"读平声。

二、中古一字平去两读而义别，延续至现代已变为平声或去声之一读者，计有30字。可分两类：

（一）中古平去义别，现代变为平声一读者，20字。如下：冰、帆、骑、烧、行$_2$、娑、迟、闻、汤、衣、闻、陈、煎、暝、疏[疎]^1、雍、劳、棱[稜]、临、行$_1$。

这20个常用字在唐诗里都显示出平去两读而义别的特点，而且前17个字的平去义项都分别体现了名与动（如"冰"字）、形与动（如"迟"字）、形与名（如"暝"字）的词性区别，有助于人们辨识平去两读。不过它们在现代都只有平声一读。这是由于一部分字（如"汤""帆"）丧失去声词义，使去声读失去了依附；另一部分字（如"冰""行"）虽然仍旧表示去声义项，但又并入平声读，去声读就不复存在了，这是值得注意的。下面举"迟""冰""帆""骑""烧""行$_2$""娑""闻"等字为例分析说明。

1. 迟

A. chí，广韵直尼切，平脂澄。常用义是：行动缓慢，行为从容舒缓，迟疑，动词；晚，久，形容词。B. zhì，广韵直利切，去至澄。义为：期待、等待，动词。今无去声读和词义。

（1）亭上一声歌白苎，野人归棹亦行迟。（羊士谔《野望二首》之二，七绝）
（2）枕簟入林僻，茶瓜留客迟。（杜甫《巴上人茅斋》，五律）
（3）东城别故人，腊月迟芳辰。（储光羲《洛阳东门送别》，五律）

例（1）"迟"字义为缓慢，例（2）义为久，例（3）义为等待。前二例"迟"字平

---

1 "[ ]"内字为异体字。

声义,后一例去声义。

从平仄律看,例(1)对句是"平平仄仄仄平平",例(2)对句是"平平仄仄平","迟"字读平声,用在两句末尾作韵脚,符合格律要求。例(3)为"仄仄仄平平","迟"读去声,用在第三字位置,符合格律的仄声要求。

2. 冰

A. bīng,广韵笔陵切,平蒸帮。义为:水凝结成的固体,名词。B. bìng,集韵逋孕切,去證帮。注义:"冷迫也。"意即冰冷逼人,使感到冰凉,动词。大字典、大词典未注去声反切,而将此义归入平声,有失。现代保留"冰"的动词义,而并入平声读,"冰"字失去了中古去声。例如:

(1)砚寒金井水,帘动玉壶冰。(杜甫《赠特进汝阳王二十二韵》,五排)
(2)簟冰将飘枕,帘烘不隐钩。(李商隐《石城》,五律)

例(1)"冰"为名词,平声;例(2)"冰"为动词,义为冰冷,去声。

3. 帆

A. fān(旧读 fán)广韵符咸切,平凡奉。义为:挂在桅杆上张风使船前行的布篷,名词。B. fàn,广韵扶泛切,去梵奉。义为张帆行船,动词。今无此义,也无去声。例如:

(1)潮平两岸阔,风正一帆悬。(王湾《次北固山下》,五律)
(2)夏云随北帆,同日过江来。(张说《四月一日过江赴荆州》,五律)

4. 骑

A. qí,广韵渠羁切,平支群。义为:骑马,引申为跨坐其他东西,动词。B. jì,广韵奇寄切,去寘群。义为:乘坐的马,又指骑马的人,又专指骑兵,名词。唐诗中有许多以"骑"字为中心词的名词性词组,如车骑、驿骑、轻骑、胡骑、房骑、征骑、猎骑、射雕骑等。现代仍有名词义,不过已转读平声,"骑"字再无去声读。下举四例:

(1)师事黄公千载后,身骑白马万人中。(刘长卿《观校猎上淮西相公》,七律)
(2)洛城一别四千里,胡骑长驱五六年。(杜甫《恨别》,七律)
(3)落日青丝骑,春风白纻歌。(李益《春行》,五律)
(4)一骑红尘妃子笑,无人知是荔枝来。(杜牧《过华清宫绝句三首》之一,七绝)

例(1)"骑"是动词,后三例"骑"是用作中心语的名词,例(2)"骑"指骑兵,例(3)"骑"指马,例(4)"骑"指人和马。

5. 烧

A. shāo,广韵式招切,平宵审三。义为:使东西着火、燃烧,动词。B. shào,广韵失照切,去笑审三。义为:放火烧山野,动词;野火,名词。唐诗中有野烧、赤烧、晚烧、远烧等词语,"烧"字都是名词义。"烧"字今无去声读音和义项。例如:

(1)检书烧烛短,看剑引杯长。(杜甫《夜宴左氏庄》,五律)
(2)渔舟胶冻浦,猎火烧寒原。(王维《酬虞部苏员外过蓝田别业不见留之作》,五律)

（3）夕照红于烧，晴空碧胜蓝。（白居易《秋思》，五律）
（4）古道黄花落，平芜赤烧生。（李端《茂陵山行陪韦金部》，五律）

前两例"烧"都是动词，不过例（1）"烧"字表示一般性的燃烧义，平声；例（2）"烧"字表示放火烧山野，读去声。后二例"烧"字都是名词义，例（3）"烧"指野火，去声，例（4）"赤烧"表示比喻义，指晚霞，去声。

6. 行₂

A. xíng，广韵户庚切，平庚匣。常用义是：行走，运行，做，施行，动词；将要，副词。B. 旧读 xìng，广韵下更切，去映匣。常用义是：行为，品行、德行，名词；唐诗中常用"儒行""文行""僧行""密行"等词语。又巡视、巡狩，动词。现今仍有此类意义，只是并入平声读。例如：

（1）国须行战伐，人忆止戈铤。（杜甫《秋日夔府咏怀奉寄郑监李宾客一百韵》）
（2）素业行已矣，浮名安在哉。（杜甫《秋日荆南述怀三十韵》，五排）
（3）可怜行春守，立马看斜桑。（刘禹锡《春日寄杨八唐州二首》之一，五言小律）
（4）久聆推行实，然后佐聪明。（刘得仁《上翰林丁学士》，五排）
（5）盛业推儒行，高科独少年。（李嘉祐《送严二擢第东归》，五律）
（6）密行传人少，禅心对虎闲。（刘长卿《宿北山禅寺兰若》，五律）

"行"字在例（1）中义为施行，例（2）中义为将要，平声。后四例"行"字表示去声义。例（3）为巡视（"行春"，春日巡视），例（4）指行为（"行实"，行为朴厚），例（5）为德行（"儒行"，儒家的道德规范和行为准则），例（6）"密行"指佛教的修行准则。大词典将"儒行""僧行""密行"等词语中的"行"字都注为平声，不准确。

7. 娑

A. suō，广韵素何切，平歌心。用作叠韵联绵词，"婆娑"，舞貌，又枝叶扶疏分披貌，表状态，属形容词。B. suò，洪武正韵苏箇切，去箇心。叠韵联绵词"逻娑"，唐代地名，即吐蕃都城（今西藏拉萨），名词，此义中的"娑"又写作"逤"。此项音义后来不用。下举二例，"娑"字一平一去：

（1）方知不材者，生长漫婆娑。（杜甫《恶树》，五律）
（2）滹沱河冻军回探，逻娑城孤雁著行。（周繇《送入蕃使》，七律）

8. 阗

A. tián，广韵徒年切，平先定。义为：充满、填塞；"喧阗"，喧闹，喧哗；动词。B. diàn，广韵堂练切，去霰定。用作译音词"于阗"，古西域国名，在今新疆和阗一带。"阗"字中古平去义别，今天依旧表示动词、名词义，只是名词"于阗"的"阗"也转读平声，取消了去声读。下举三例，前二例"阗"字平声，义为填塞，喧哗，后一例读去声：

（1）满席宾常侍，阗街烛夜归。（韦应物《送开封卢少府》，五律）
（2）喧阗众狙怒，容易八蛮惊。（李商隐《送千牛李将军赴阙五十韵》，五排）
（3）翼簴高悬于阗钟，黄昏发地殷龙宫。（刘复《禅门寺暮钟》，七律）

（二）中古平去义别，现代变为去声一读者，10字，即：纵、尚、浪、判、令、傍、干、趣、梦、皱。

这10个常用字的音义特点与前20字同中有异。它们不仅平去义别，又大多能在义项上体现名与动、动与形的词性区别（"皱""令""判"三字例外）。还有，延续到现代，它们也只保留一读；不过保留的是去声读。其原因有的是由于平声音义消失，有的是由于原平声义并入去声读。下面以"尚""纵""浪""判""令"五字为例分析说明。如下：

1. 尚

A. shàng，广韵时亮切，去漾禅。常用义是尊重、崇尚，主管，匹配（后专指娶帝王之女为妻），动词；犹、还，副词。B. cháng，广韵市羊切，平阳禅。义为：尚书，官名。最初是在皇帝左右掌管文书奏章，汉以后权位加重，唐朝尚书权位有多种。王力字典在"尚"字注释中指出："唐诗中'尚书'的'尚'都读平声。"这是十分准确，值得重视的，否则就会错判唐诗的平仄。大词典在市羊切的音读中未收"尚书"一词，而在"尚书"词条中把"尚"字注为去声，实误。现代读此义为去声。例如：

（1）此邦今尚武，何处且依仁。（杜甫《寄张十二山人彪三十韵》，五排）

（2）群山万壑赴荆门，生长明妃尚有村。（杜甫《咏怀古迹五首》之三，七律）

（3）唯是名衔人不会，毗耶长者白尚书。（白居易《刑部尚书致仕》，七律）

例（1）"尚"字义为崇尚，例（2）义为犹、还，去声。例（3）"白尚书"是作者自称，武宗会昌二年（842）以刑部尚书告老辞官。后二例"尚"字须读平声。

从平仄律看，例（1）出句是"平平平仄仄"，例（2）对句是"仄仄平平仄仄平"，去声"尚"字分别用在第四字、第五字位置，表示仄声，合律。例（3）对句是"平平仄仄仄平平"，平声"尚"字用在第六字位置，合律。

2. 纵

A. zōng，广韵即容切，平锺精。义为：直，与"横"（衡）相对，形容词；又指地理上的南北向，名词。这类意义本来写作"從"，"纵"（縱）是它的后起分化字。B. zòng，广韵子用切，去用精。义为：放、发，释放，放纵、听任不管，动词；即使，连词。现在"纵"（縱）的平声义也改读去声。下举六例：

（1）譬如浮江木，纵横岂自知。（韩愈《送李翱》，五古）

（2）凉风动万里，群盗尚纵横。（杜甫《悲秋》，五律）

（3）纵横策已弃，寂寞道为家。（陈子昂《卧病家园》，五排）

（4）登山麾武节，背水纵神兵。（李世民《还陕述怀》，五排）

（5）七纵七擒何处在，茅花枥叶盖神坛。（章孝标《诸葛武侯庙》，七绝）

（6）纵被浮云掩，终能永夜清。（杜甫《天河》，七律）

"纵"字在前三例中读平声，后三例中读去声。例（1）"纵"指纵向。例（2）"纵横"是"合纵连横"词语的紧缩，"纵"指地理位置处于由北往南之纵向的东方六国；例（3）"纵横"意指猖狂作乱；大词典把例（2）、例（3）的"纵"字注为去声，不妥。例（4）"纵"字义为发、派出，例（5）"纵"字义为释放，例（6）"纵"字义为纵然，即使。

3. 浪

A. làng，广韵来宕切，去宕来。常用义是：波浪，名词；放荡、放纵，动词；随便、任意，形容词；徒然、白白地，副词。B. láng，广韵鲁当切，平唐来。叠音词"浪浪"，流动的样子。叠韵联绵词"沧浪"，一指古水名，即汉水，二表示水色青绿。又有"苍浪"，须发斑白的样子。现代无"浪"的平声读音和字义。例如：

（1）远水非无浪，他山自有春。（杜甫《城郫西原送李判官兄武判官角赴成都府》，五律）
（2）无复能拘碍，真成浪出游。（杜甫《上牛头寺》，五律）
（3）见酒须相忆，将诗莫浪传。（杜甫《泛江送魏十八仓曹还京……》，五律）
（4）何人作知己，送尔泪浪浪。（严维《赠送崔子向》，五律）
（5）白发沧浪上，全忘是与非。（杜牧《渔父》，五律）
（6）绕鬓沧浪有几茎，珥貂相问夕郎惊。（姚合《奉和前司封苏郎中……》，七律）
（7）老去襟怀常濩落，病来须鬓转苍浪。（白居易《冬至夜》，七律）

"浪"字前三例中读去声，后四例中读平声。例（2）义为纵情，例（3）义为随便；例（5）"沧浪"指青绿色的波浪，是状态词用作名词；例（6）"沧"通"苍"，"沧浪"即"苍浪"，头发斑白的样子。

4. 判

A. pàn，广韵普半切，去换滂。常用义是：剖分、分离，区别、分辨，评判、判决，动词。B. pān，义为：舍得、豁出去，动词。此义是"拌"的通假，"拌"在广韵中为普官切，平桓滂。但唐诗中多用"判"，唐以后常用"拚"或"（拚）"字。现代"判"字已无平声读和意义。下面三例中，第一例"判"为去声义，后二例为平声义：

（1）错判符曹群吏笑，乱书岩石一山憎。（王建《谢田赞善见寄》，七律）
（2）把酒直须判酩酊，逢花莫惜暂淹留。（杜牧《寓题》，七律）
（3）渐遥犹顾首，帆去意难判。（张祜《送琼贞发述怀》，五律）

5. 令

A. lìng，广韵力政切，去劲来。常用义有：发出命令，动词；命令，又官名（如县令、中书令），名词；善、好，形容词。B. líng，广韵吕贞切，平清来。常用义是：使，动词；假使、如果，连词。现代无"使"字平声读和词义。例如：

（1）中天悬明月，令严夜寂寥。（杜甫《后出塞五首》之二，五古）
（2）前席命才彦，举朝推令名。（钱起《送蒋尚书居守东都》，五排）
（3）当令外国惧，不敢觅和亲。（王维《送刘司直赴安西》，五绝）

前二例中"令"字去声，词义分别是命令、美好的；后例中"令"字平声，义为"使"。

从以上的分析中，我们获得了以下几点认识：第一，唐诗中有 89 个常用字具有平去两读而义别的特点，对它们在不同诗句中的意义和音读必须予以准确的判定和解释。一般说来，字音决定于字义。如果一字的诸义项不属于同一来源，不具有相关的发展脉络（如本义、引申义同假借义），或者虽有引申发展的关系，但重要义项又显示词性方面系列的不同（如名与动、名与形、动与形等），往往就要用不同的音读（如平声与去声）来加以区别。我们可以据此推知某类义项读平声，另一类义项读去声。第二，这 89 个字到现代绝大多数仍属常用，其中 59 字仍具有平去两读（占 66%），尽管义项已有消长，但主要义项大多未变，我们仍旧可以据此来判定它们在唐诗中的平去两读。第三，其中 30 个字今天只有平声或去声一读。这是由于该字原有义项中的一类到今天已经消失，表示那一类义项的读音也随之废弃；或者一类义项虽然今天仍旧部分沿用，但已属少见，于是并入占优势的常用义项的音读（平或去）中。我们应该知道这些字的音义变化的原委，不可仅凭它们今天的一种音读来误判它们在唐诗中也只用于一种音义，不能犯以今律古的差错。这是值得注意的。

主要参考文献：

全唐诗（二十五册），1960 中华书局。
全唐诗补编（三册），陈尚君辑校，1992 中华书局。
宋本广韵，陈彭年、邱雍等修订，1982 北京市中国书店。
宋刻集韵，丁度等编，1989 中华书局。
宋诗话全编（十册），吴文治主编，1998 江苏古籍出版社。
明诗话全编（十册），吴文治主编，1997 江苏古籍出版社。
诗谱详说（八卷）（线装本），许印芳，民国三年（1914），云南图书馆。
中文大辞典（四十册），林尹、高明主编，1968 台湾中国文化学院出版部。
辞源（修订本，四册），吴泽炎等编纂，1983 商务印书馆。
汉语大字典（缩印本），徐中舒主编，1992 湖北辞书出版社、四川辞书出版社。
汉语大词典（缩印本，三册），罗竹风主编，1997 汉语大词典出版社。
王力古汉语词典，王力主编，2000 中华书局。
诗词曲语辞汇释（上下册），张相著，1953 中华书局。
现代汉语词典（修订第三版），中国社科院语言所词典编辑室编，1996 商务印书馆。
汉字古音手册（增订本），郭锡良编著，2010 商务印书馆。
汉语诗律学，王力著，1 月，1958 新知識第 1 版。
汉语语音史，王力著，2008 商务印书馆。

脂微分部问题研究
——兼论古韵再分类

商务印书馆有限公司　徐从权

摘　要　上古韵部划分，至清代已臻完善，之后最重要的当数脂微分部，然脂微分部的一些问题，如发明权、缘起等，学界有争议，我们围绕这些问题展开讨论。"新派"对上古韵部进行了再分类，我们通过剖析其脂微再分类，对再分类提出了质疑。

关键词　韵部　脂微分部　再分类

○　引　言

古韵学可以追溯到宋代，但真正的古韵分部始于清代，顾炎武《音学五书》拉开了有清一代韵部划分的大幕，继之者有江永、段玉裁、戴震、孔广森、王念孙、江有诰等。前修未密，后出转精，经过清代学者几代人的努力，韵部划分至江有诰已基本告一段落，所以夏炘说："《廿二部集说》者，集昆山顾氏亭林、婺源江氏慎修、金坛段氏茂堂、高邮王氏怀祖、歙江君晋三五先生之说也。自宋郑庠分唐韵为诗六部，粗具梗概而已，顾氏博考群编，厘正《唐韵》，撰《音学五书》，遂为言韵者之大宗，嗣后，江氏、段氏精益求精，并补顾说之所未备，至王、江两先生出，集韵学之大成矣。王氏与江君未相见而持论往往不谋而合，故分部皆二十有一，王氏不分东中，未为无见，然细绎经文，终以分之之说为是，而至部之分则王氏之所独见而江君未之能从者也。今王氏已归道山而江君与炘凤契，爰斟酌两先生之说定为二十二部。窃意增之无可复增，减之亦不能复减，凡自别乎五先生之说者皆异说也。"[1] 夏炘对清代学者古韵分部作了充分肯定，但古韵分部也并非"凡自别乎五先生之说者皆异说也"，继清代学者之后章炳麟分出队部，王力先生分出微部，才最终划定了古韵部居。

从整个韵部划分史来看，脂微分部是清代之后韵部划分取得的最大成果。对于脂微分部的发明权、缘起，学术界存在一定的分歧，我们拟就这两个方面问题进行讨论。在此基础上，我们进一步探讨"新派"的再分类。

一　脂微分部的发明权问题

1937年，王力先生发表了《上古韵母系统研究》一文，王先生于此文中提出了著名的

---

[1] 夏炘《诗古韵表廿二部集说》，《续修四库全书》248册，313页，上海古籍出版社2002年。

"脂微分部"学说,王先生以中古音为参照系,在江有诰脂部的基础上进行了脂微分部。[1]

1944 年,董同龢先生在李庄发表了《上古音韵表稿》,用谐声材料检验了王力先生脂微分部的三个标准,认为"王力先生的甲乙两项标准就可以完全成立",[2]"丙项标准须要稍微改正一下。我们不能说脂皆的开口字全属脂部而合口字全属微部。事实上脂皆两韵的确是上古脂微两部的杂居之地,他们的开口音与合口音之中同时兼有脂微两部之字。"[3]董同龢先生在脂微分部方面的贡献有两点,第一,用谐声系统证明了脂微分部学说的正确性,第二,用脂微分部学说解释了中古的一些重纽现象,换句话说,他也用中古的重纽证明了脂微分部学说。董同龢先生证明脂微分部学说,主要是为自己构拟脂微两部主元音服务的,所以他说:"脂微分部说是值得而且必须采纳的。这项学说的价值在确定古代 -n-t-d-r 之前 e 与 ə 两个元音的一致区分。"[4]脂微分部本身并没有到董同龢先生这就画上了句号,直至王力先生《古韵脂微质物月五部分野》才基本上划定脂微两部。

在脂微分部史上,曾运乾也是有贡献的。对于曾运乾的古韵学,杨树达曾评说过:"君(曾运乾)谓段氏知真谆之当分为二,而不悟脂微齐皆灰当分,非也;戴氏因脂微齐皆灰之未分,而取真谆之应分为二者合之,尤非也。齐与先对转,故陆韵以屑配先;灰与痕魂对转,故以没配痕。《三百篇》虽间有出入,然其条理自在也。君既析齐于微,与屑先相配,又参稽江段孔王朱章诸家之成说,定为阴声九部,入声十一部,阳声十部,合之为三十部,于是古韵分部臻于最密,无可复分矣。"[5]杨氏的评价突出了曾氏的脂微分部,也就是说曾氏的脂微分部至少得到了杨氏的肯定,那么曾氏的脂微分部是否与王先生的完全一致呢?答案是否定的。先来看看王力先生与曾氏脂微两部的范围。

表 1

古韵家\韵部	脂(衣)	微(威)
王力	脂皆齐之半	微,灰三分之二,脂皆之半
曾运乾	齐脂皆微之半	灰全,脂皆微之半

从范围来看,王力先生的脂部比曾氏衣摄小,因为曾氏比王力先生多出微韵一半的字,王先生微部与曾氏威摄大小差不多。从脂微齐皆灰五韵在上古的分布来看,曾氏将微韵分成两半,一半归衣摄,一半归威摄,王先生全归微部;王先生将灰韵分成两部分,三分之二归微部,三分之一归之部,而曾氏将灰全归威摄。

下面再通过王、曾两位的"谐声表"来比较脂微二部的异同。王先生的谐声表,取自于《诗经韵读》,曾氏的取自于《音韵学讲义》。

---

[1] 王力《龙虫并雕斋文集》,142—143 页,中华书局 1980 年。
[2] 董同龢《上古音韵表稿》,《历史语言研究所集刊》18 本,69 页,商务印书馆,1948 年。
[3] 董同龢《上古音韵表稿》,《历史语言研究所集刊》18 本,70 页,商务印书馆,1948 年。
[4] 董同龢《上古音韵表稿》,《历史语言研究所集刊》18 本,72 页,商务印书馆,1948 年。
[5] 杨树达《积微居小学述林》,309 页,中华书局 1983 年。

表2

王部	脂		微	
曾部	衣		威	
异同	同	异		同	异	
数	32	曾有王无	王有曾无	10	曾有王无	王有曾无
		20	17		10	25

说明：1. "王部"指王力先生的韵部名，"曾部"指曾运乾的韵部名。

2. "曾有王无"指曾运乾有，王力先生无，余类推。

　　从表中，我们可以看到，王脂部与曾衣摄相同为 32 个，不同的声旁曾有王无的有 20 个，王有曾无的有 17 个；王微部与曾威摄相同的 10 个，不同的声旁曾有王无的有 10 个，王有曾无的有 25 个。同者不论，异者为何异呢？我们认为王、曾脂微的谐声偏旁差异是由于以下几点原因造成的：1. 对声首的认定不一，王认为声首，曾却不列，曾认为声首，王却不列。例如厶与私、梨与尔、颖与追。2. 中古音韵地位相同，只是字不同。例如毇与毁。3. 同一声首归部不同。例如口毇利声王归质部，曾归脂部。

　　"衣岂尾几希火眉"为曾、王脂微均有的谐声偏旁，但曾、王归部有分歧，具体来说，"衣岂尾几希火"等字，王力先生归微部，曾归衣摄，"眉"王归脂部，曾归威摄。

　　脂微分部学说史上也存在审音与考古二途，我们在后面还要谈到这个问题。曾氏的脂微分部走的是审音之路，并且其脂微分部学说没有进一步修正发展；王力先生脂微分部走的是考古之路，其脂微分部学说呈现不断发展的态势。曾氏坚持阴阳入三分体系，"阴阳二声，音本相同，惟有无鼻音为异，对转之故，即由于此。此其论发于江氏，至章君而大成。实则陆法言作《切韵》时，阴阳对转之理，已寓其中。盖《切韵》之例，大率阴阳对转，以入声为相配之枢纽"，[1] 曾氏将 206 韵按照阴（平上去）、入、阳（平上去）的顺序排列，由此可见曾氏的脂微两部包括平上去声字。王力先生早期坚持阴阳二分体系，中晚期转为阴阳入三分体系，王力先生所坚持的阴阳入三分体系与曾氏的也不完全相同，曾氏的阴声阳声包括平上去，入声无中古去声，也就是说曾氏没有接受段玉裁的"平上为一类，去入为一类"的学说；王力先生早期的脂微部包括平上去声字，中晚期脂微部只包括平上声字。

　　邹汉勋《五均论》将古韵分为十五类。邹氏的十五类是演绎式的，他先把韵分为五大类：宫、商、角、徵、羽，然后每个大类下再分三小类，脂微齐皆灰实际上他分了三类，即脂皆类、蒸登灰微类、之咍齐类，这与真正的脂微分部不是一回事，若不把脂微齐皆灰分为三处，则徵大类三个空将无法填满，从其所举角大类来看，他对脂微齐皆灰合为一部也并不反对，邹氏的目的不在分部，而在于建立一种分部模式。此外，邹氏将"蒸登灰微"归为一类，"之咍齐"作为一类，甚为不类。因此，李葆嘉（1998：146）说"邹汉勋首倡脂皆、灰微分立"，[2] 不可信。

　　我们认为，王力先生的脂微分部是独立发现，曾运乾虽提出脂微划分，但王力先生与他的分部是有区别的，这主要体现在如下几个方面：1. 脂微分部之路不同。曾运乾走审音

---

[1] 曾运乾《音韵学讲义》172 页，中华书局 1996 年。

[2] 《当代中国音韵学》146 页，广东教育出版社 1998 年。

之路,王力先生主要偏重《诗经》用韵,走的是考古之路。2.脂微分部所处的古音体系不完全相同。3.脂微两部归字不完全相同。至于邹汉勋的分部,由于是在十五个大类的框架下进行的,与真正的脂微分部不是一回事。此外,脂微分部学说最终为学界所认可,在很大程度上得力于王力先生。因此,我们认为将脂微分部学说的发明权归为王力先生并不为过,王力先生自己也不无自豪地说:"脂微分立是王力的发现。"[1]

二 脂微分部的缘起问题

脂微分部的缘起,王力先生最早于《上古韵母系统研究》中提到,并且说得很清楚,[2]王先生除了于《上古韵母系统研究》中提到这个问题外,在其他论著中也屡次提到,如《古韵脂微质物月五部的分野》[3]、《中国语言学史》[4]、《汉语语音史》[5]等。

陈新雄先生认为王力先生的脂微分部一定受到戴震《答段若膺论韵书》的启发,陈先生说:"我认为王力的脂微分部,除受章太炎的《文始》及他自己研究南北朝诗人用韵的影响外,戴震的答段若膺论韵书也应该给了他莫大的启示"。[6]陈新雄先生的观点得到王金芳(2002:40)赞同:"事实上,在具体韵部的分合归属上,王力也是深受戴震影响的。例如,王力著名的脂微分部,就是受了戴震影响的。"[7]

陈新雄先生肯定地说戴震"一定对王力的脂微分部有所启示",其根据就是 1. 戴氏《答段若膺论韵书》对脂微分部有指示作用;2. 王力先生在写脂微分部时读过戴氏《答段若膺论韵书》。

首先,我们来分析一下戴震《答段若膺论韵书》的那段话:

> 昔人以质、术、栉、物、迄、月、没、曷、末、黠、辖、屑、薛隶真、谆、臻、文、殷、元、魂、痕、寒、桓、删、山、先、仙,今独质、栉、屑仍其旧,余以隶脂、微、齐、皆、灰,而谓谆、文至山、仙同入。是谆、文至山、仙与脂、微、齐、皆、灰相配亦得矣,特彼分二部,此仅一部,分合未当。又六术韵字,不足配脂,合质、栉与术始足相配,其平声亦合真、臻、谆始足相配,屑配齐者也,其平声则先、齐相配。今不能别出六脂韵字配真、臻、质、栉者合齐配先、屑为一部,且别出脂韵字配谆、术者,合微配文、殷、物、迄、灰配魂、痕、没为一部。废配元、月,泰配寒、桓、曷、末,皆配删、黠,夬配山、辖,祭配仙、薛为一部。而以质、栉、屑隶旧有入之韵,或分或合,或隶彼,或隶此,尚宜详审。

我们将这段话中的各韵配合关系整理列表如下:

---

1 王力《汉语语音史》41页,中国社会科学出版社1985年。
2 王力《龙虫并雕斋文集》141—142页,中华书局1980年。
3 王力《古韵脂微质物月五部的分野》,《王力文集》第17卷,山东教育出版社1989年。
4 王力《中国语言学史》153页,山西人民出版社1981年。
5 王力《汉语语音史》41页,中国社会科学出版社1985年。
6 陈新雄《戴震答段若膺论韵书对王力脂微分部的启示》,《历史语言研究所集刊》(台湾)第五十九本第一分1988年。
7 王金芳《戴震古音学成就略评》,《江汉大学学报》(人文社会科学版)2002年第2期。

表3

一			二				三					
脂	脂	齐	脂	微	微	灰	废	泰	泰	皆	夬	祭
质	栉	屑	术	物	迄	没	月	曷	末	黠	辖	薛
真	臻	先	谆	文	殷	魂痕	元	寒	桓	删	山	仙

戴氏的这段话主要是从审音角度批评段氏的真文分部,具体来说就是从阴、阳、入三声相配来评判真文分部,若按戴氏"别出六脂韵字配真、臻、质、栉者合齐配先、屑为一部,且别出脂韵字配谆、术者,合微配文、殷、物、迄、灰配魂、痕、没为一部",则脂微分为二部,然而戴氏却由脂微不分得出真文不分的结论。戴氏这段话只是为脂微分部提供了审音的暗示,隐含着脂微分部可走审音之路。正如李开先生 (1996:71)所说:"有理由认为,戴震已为脂、微分部奠定了初步的基础,但如同合真谆文、合尤侯幽那样,已指明了审音相异处,却未能走到分立为二部的地步。"[1]那么现在问题是王力先生脂微分部走的是什么路,考古抑或审音?当然,简单地回答考古或审音都是不太确切的,因为考古和审音都贯穿于王力先生脂微分部发展史。唯物辩证法有一条规则:看问题要看主流。王力先生脂微分部发展史虽包含考古、审音两种因素,但从整体来看,考古占主导地位,是主流。王力先生在写脂微分部时明确认定了自己属于考古派,那么他的脂微分部走考古之路是理所当然的。《古韵脂微质物月五部的分野》又从审音角度对脂微分部及相关问题作了进一步修正。王力先生脂微分部的早期基本走的是考古之路,后来虽然走上审音之路,却是在考古基础上的审音。因此,我们认为王力先生脂微分部走的是考古之路,而戴震《答段若膺论韵书》却暗示着脂微分部可走审音之路,从学理上来说,戴书不会给王力先生以启发。

其次,戴震与段玉裁关于真文分部的争论,其实质是清代审音派与考古派在具体韵部划分问题上的交锋,戴氏合并真文固然不确,但审音派的原则并没错,并且真文分部问题的最终解决还是靠审音来完成的。从考古角度看,真文分部是事实,但真文分部的确带来了音系的不平衡。在真文分部的问题上段氏是对的,戴氏是不正确的,但他们在对待与真文分部相关问题上所犯的错误是一致的,即都据守着"脂微齐皆灰"为一部,试想,段氏若不把它们据守为一部,其真文分部将更有说服力,也不会引起戴氏的质疑,戴氏若把它们分为两部,很可能不会主张真文合并。戴段真文分部之争的意义不仅体现在真文分部本身,还体现在它暗示着脂微分部有两条路可走,一条路着眼于审音,从审音角度将"脂微齐皆灰"分开,一条路是从考古出发,将"脂微齐皆灰"分开。我们知道,清代古音学史上,考古与审音是相互推动发展的,但具体到个人来说,都有所偏向,也就是说考古派往往侧重事实的归纳,审音多以音系齐整为依归。脂微分部之所以在戴段时代没有完成,在很大程度上是因为审音与考古在具体分部上并未真正达到统一的高度。戴氏若以考古派得出的结论去审音,脂微自然会分开,段氏若将真文分部的事实按审音的思路一直贯彻到与之相配的阴声,脂微也会划然分开。戴段真文分部之争暗示着脂微分部有两条路线是一回事,而后人能否从中得到启发又是另一回事。

再次,我们来看看王力先生脂微分部从哪开始的。关于这个问题,王力先生自己也提到过。《上古韵母系统研究》:"因为受了《文始》与《南北朝诗人用韵考》的启示,我就

---

[1]《戴震〈声类表〉考踪》,《语言研究》1996 第1期。

试着把脂微分部。先是把章氏归队而黄氏归脂的字，如'追归推谁雷衰隤虺'等，都认为当另立一部",[1]"直到我写《南北朝诗人用韵考》（1936），才提出了微部独立。"[2]由此可见，王力先生脂微分部是从微部着手的。假如王力先生受到戴氏《答段若膺论韵书》的影响，那么王力先生应该会从脂部入手，即陈先生所说的"照戴震阴阳入三分的办法，把真部与质部独立，同时把与真质相配的脂开三、皆开二、齐诸韵也独立为脂部"。

三　从脂微再分类看"新派"的再分类

近年来，学术界对所谓的"传统韵部"进行了再分类，如白平、沙加尔、郑张尚芳等。在对脂微进行再分类的学者中，郑张先生的分类从时间角度来说最新，所以我们的讨论以郑张先生的脂微再分类为基础进行。

郑张认为自己的脂微分部与王力先生的着眼点不同。"脂、真、质部与微、文、物部如果光从古韵押韵上着眼，它们相叶很普遍，本来完全可以像侵缉、幽觉那样也分别并为一部。其所以分成两类，主要从谐声看来，脂、真、质部有两种韵尾来源：-i、-iŋ、-ig 与 -il、in、id，至上古后期它们才合并为-i/ij、-in、-id。所以我们的'脂微'分部、'真文'分部，着眼点在韵尾分别，跟王力、董同龢两先生的着眼点在元音分别，是有所不同的。"[3] 这在某种程度上等于说郑张从韵尾的角度对脂微进行了分部。实际情况如何呢？郑张在该书 159 页曾这样说过"本书对韵部问题不多纠缠，只采用现在大家较熟悉的王力 30 部稍加修改，当作韵母的大类使用，而把力量用在韵母系统本身上。""稍加修改"的是哪个或哪些地方，郑张未作说明，我们也不敢妄下断语，但从其对古韵部进行再分类的结果来看，改动并不小，拿脂微两部来说，郑张将其分别分为两类。然而，郑张脂微再分类是在王力先生脂微分部的基础上利用谐声和民族语来进行的，而不是他自己先从韵尾角度将脂微分开再进行分类的。即便从郑张所分的韵尾看，也不能将脂微完全分开，因为"脂部的大半也带-l 尾",[4] 与微部韵尾相同。

郑张说"脂、真、质部与微、文、物部如果光从古韵押韵上着眼，它们相叶很普遍"，是脂微、真文、质物两两"相叶很普遍"，还是"脂真质微文物"六部各自"相叶很普遍"呢？从上下文来看，郑张此处"相叶很普遍"当指后者，然其又说"我们的'脂微'分部、'真文'分部，着眼点在韵尾分别，跟王力、董同龢两先生的着眼点在元音分别，是有所不同的"，这似乎在说传统的脂微分部。总之，郑张这段话是把传统的脂微分部与自己的再分类搅到一起了。那么，以郑张为代表的新派对脂微进行再分类到底合理不合理？下面我们以新派的脂微再分类进行分析。

（一）脂部的再分类问题

首先，将脂质真三部分别一分为二，很难解释《诗经》押韵。郑张的脂质真三部再分类情况如下：

---

[1]《上古韵母系统研究》，《龙虫并雕斋文集》142 页，中华书局 1980 年。
[2]《古韵脂微质物月五部的分野》，《王力文集》第 17 卷，山东教育出版社 1989 年。
[3]《上古音系》167—168 页，上海教育出版社 2003 年。
[4]《上古音系》165 页，上海教育出版社 2003 年。

表 4

韵部	再分类	拟音（主元音＋韵尾）
脂	脂 1	il
	脂 2	i
质	质 1	id
	质 2	ig
真	真 1	in
	真 2	iŋ

《诗经》中，郑张所分的-il 与 i、-id 与-ig、-in 与-iŋ 分别可以系联为一组，这已是数代人归纳的客观结果，现在郑张将每组的韵尾构拟为不同的音素，根据不同的韵尾对每组重新分类。这样一来，在《诗经》中，-l 与-Ø（-Ø 表示零韵尾），-d 与-g，-n 与-ŋ 分别可以相当自由地押韵，也就是说，脂系在《诗经》中可以自由地异尾相叶。我们再来看看与脂系相似的微系是如何押韵的。从郑张系统看，微系全是同韵尾（-l 尾）相押，这与传统的观点是一致的，被章炳麟称为"同门异户"的脂微在《诗经》押韵上出现如此不同的现象，很难解释。此外，《诗经》押韵或主元音相同，或韵尾相同，或主元音、韵尾均不同，这恐怕不是《诗经》押韵的实际，是不符合中国诗歌韵律特点的，甚至也不符合世界诗歌押韵规律。[1]

下面我们用"拟音代入验证法"来检验郑张脂部再分类。所谓"拟音代入验证法"，是指将某家拟音代入《诗经》韵脚，加以观察研究，看其拟音合理不合理。在没有检验之前，我们先将有关情况作个说明。（1）《诗经》韵脚的确认以王力先生的《诗经韵读》为主，必要时参以其他几家。（2）个别字我们作了适当处理。如《大田》三章"祈"字，王先生《诗经韵读》正文作"祈"，《〈诗经〉入韵字音表》脂部未收"祈"，段玉裁《六书音均表》作"祁"[2]，我们取"祁"字。《杕杜》四章"迩"字，郑张将其拟为"njelʔ"，即为歌部 2，段玉裁《六书音均表》："迩，尔声在此部[3]，《诗经》（《汝坟》《小雅•杕杜》）二见。今入纸。"[4]郑张将其处理为歌部，与传统不符，应归脂部，王力先生将其放在"脂质真"类，按郑张系统拟音为"njilʔ"。《载驱》二章"沵"，郑张将其处理为歌 2，亦不妥，《广韵》"沵"与"弥"同在一个小韵，《集韵》奴礼切，我们取《集韵》反切。《泉水》二章"泲"，郑张《古音字表》未收，《集韵》子礼切，按郑张系统拟音为 ʔsliiʔ。

《诗经韵读》脂部独用 35 例，我们将郑张的拟音代入这 35 例中。从韵尾来看，有三种情况：同押"-l"尾、同押"-Ø"尾、"-l"尾与"-Ø"尾互押。

1. 同押"-l"尾的又分为 il、iil、il-iil 三种形式。il 形式指押韵的字均为 il；iil 形式指押韵的字均为 iil；il-iil 形式指押韵的字既有 il 又有 iil。例如：

（1）《七月》二章：迟 il 祁 il
（2）《鼓钟》二章：喈 iil 湝 iil

---

[1] 参梁守涛《英诗格律浅说》，商务印书馆，1979 年；吴翔林《英诗格律及自由诗》商务印书馆 1993 年。
[2] 《说文解字注》854 页，上海古籍出版社 1988 年。
[3] 指十五部，即脂部。
[4] 《说文解字注》855 页，上海古籍出版社 1988 年。

（3）《瞻卬》三章：鸱 il 阶 iil
2. 同押"-Ø"尾的，又分为 i、i-ii 两种形式。例如：
（1）《瞻彼洛矣》一章：茨 i 师 i
（2）《吉日》四章：矢 i 兕 i 醴 ii
3. 异尾相押分为：i-ii-iil、i-iil、i-il-iil、i-ii-il-iil 等四种形式。例如：
（1）《丰年》：秭 i 醴 ii 妣 i 礼 ii 皆 iil
（2）《宾之初筵》一章：旨 i 偕 iil
（3）《大东》一章：匕 il 砥 il 矢 i 履 i 视 il 涕 iil
（4）《板》五章：懠 iil 毗 i 迷 ii 尸 i 屎 i 葵 il 资 i 师 i

现把统计的结果列表如下：

表 5

韵尾	-l			-Ø		-l -Ø			
形式	il	iil	il-iil	i	i-ii	i ii iil	i iil	i-il-iil	i-ii-il-iil
韵例	3	6	8	3	4	3	5	2	1

脂部独用的 35 例中，有 11 例是异尾相押，在同尾相押的 24 例中，同押"-l"尾的为 17 例，同押"-Ø"尾的为 7 例，也就是说严格意义上的同尾相押，脂部独用的 35 例最多只有 17 例。如果把元音长短[1]、韵尾等均考虑进去，脂部独用的 35 例，可以分为 9 种形式。如果再把声调考虑进去，形式将更多，《诗经》押韵能这样不谐和吗？用"拟音代入验证法"来检验郑张的脂部再分类，使我们更加怀疑再分类的正确性。

其次，脂质真一分为二的根据不充分。

郑张脂部再分类主要根据有二：（1）据中古-t、-k 组有谐声、通假、转注关系，分出-ig、-iŋ，即质2、真2。[2]（2）据民族语分出脂部大半。[3] 另外，郑张还认为"其所以分成两类，主要从谐声看来，脂、真、质部有两种韵尾来源：-i、-iŋ、-ig 与-il、in、id，至上古后期它们才合并为-i/ij、-in、-id"。

我们先来分析郑张脂部再分类的第一个证据。

（甲）-t 昵 实 乙 鸷 密 血 节 戛 溢
（乙）-k 匿 寔 肊 陟 窒 洫 即 棘 益

郑张先通过各种方式证明乙组一定收-k，再由甲组与乙组存在谐声、通假、转注的关系，推出甲组在上古也收喉。我们看两个例子就知道这种推理合理不合理了。"匿从若声，作慝的声符，其收-k 无可疑"。首先，段玉裁主张"匿"收-t，"昵"收-k。匿，《说文》："匿，亡也。从匸若声。"段注："匿读若槷，即读若质也，古亦读尼质切，在十二部，不在一部也。" 昵，《说文》："日近也。从日匿声。或从尼声。"段注："古音在一部，鱼力切。"其次，这种推理不太合理。如獩从粦，然粦收-n 獩收-ŋ，弇作韽声符，然弇收-m 韽收-ŋ。"洫"，《诗·文王有声》写作"淢"，从"或"声。昵，《左传》："私降暱燕"，今本"暱"

---

[1] 关于这一点，李方桂先生在《上古音研究》中有一段很好的说明：有些人假定上古元音有长短、松紧之别，但是可以相互押韵。这种办法的困难是我们不知道上古元音是否实有长短、松紧之别，就是有的话，也不敢说它应该互相押韵。

[2]《上古音系》160—161 页，上海教育出版社 2003 年。

[3]《上古音系》165 页，上海教育出版社 2003 年。

作"昵",从尼声。从"匿洫"两个例子来看,郑张的质部再分类的依据不充分。

我们认为既然"昵匿"分别收喉、收舌,那么上古"匿"就可能有收喉、收舌两种情况。"昵"《诗经》中仅入韵一次,即《菀柳》一章:息昵极,仅凭这一例很难断定"昵"收喉,即使此例"昵"收喉,也不能说上古"昵"只有收喉一读。此外,"昵"在中古并非仅有收舌一读,收喉一读也是存在的,我们不能完全排除中古"昵"收喉一读与上古收喉一读无关。郑张的思路是:"匿"声字在中古有收喉、收舌两读,其中收喉一读一定为上古音,而上古音"匿"声字应只有一读,所以中古收舌那部分字在上古为收喉。这个推理过程有这样几点可疑之处:(1)上古音"匿"声字一定只有一读吗?(2)中古收喉一读一定为上古音吗?

我们再来看看这几组谐声字的发生关系:

(1) 匿——昵　即——节　陟——骘　益——溢
(2) 乙——肊　血——洫

从郑张先生的系统看,第(1)组被谐字变成了收-t尾,(2)组主谐字变成收-t尾。也就是说,主、被谐字都有变成中古-t的可能,同样的音变现象,为什么会在谐声字中呈现不同的分布?

通过上述分析,新派质部再分类证据不足,故很难成立。

郑张的第二个证据也是举例性的,仅凭几个破读字的例子和民族语的例子就把真、脂分别一分为二,其证据是不充分的,因而其结论也是值得怀疑的。

(二)微部再分类问题

首先,我们仍然用"拟音代入验证法"来检验郑张的微部再分类。郑张微部再分类的情况如下:

表6

再分类	拟音（主元音＋韵尾）
微1	ɯl
微2	ul

王力先生《诗经韵读》微部独用45例,我们将郑张的拟音代入这45例中,按主元音排列的形式,大体可分为两种情况:相同主元音押韵和不同主元音押韵,具体可分为9种形式,其中相同主元音押韵的有5种形式:u、uu、ɯ、u-uu、ɯ-ɯɯ,不同主元音押韵的有4种形式:u-ɯ、ɯ-uu、u-ɯɯ-uu、u-ɯ-ɯɯ。此外还有两种形式 aa-ɯ、i。

1. 相同主元音押韵5种形式:u、uu、ɯ、u-uu、ɯ-ɯɯ。u 形式表示韵例中的字主元音均为 u,uu、ɯ 两形式类推。u-uu 形式表示韵例中的字主元音既有 u 又有 uu,ɯ-ɯɯ 形式类推。例如:

(1)《樛木》一章:累 u 绥 u
(2)《卷耳》二章:嵬 uu 隤 uu 罍 uu 怀 uu
(3)《柏舟》(邶风) 五章:微 ɯ 衣 ɯ 飞 ɯ
(4)《南山》一章:崔 uu 绥 u 归 u 归 u 怀 uu
(5)《采薇》六章:悲 ɯ 哀 ɯɯ

2. 不同主元音押韵 4 种形式：u-ɯ、ɯ-uu、u-ɯɯ-uu、u-ɯ-ɯɯ。u-ɯ 形式表示韵例中的字主元音既有 u 又有 ɯ，ɯ-uu、u-ɯɯ-uu、u-ɯ-ɯɯ 等形式以此类推。例如：

（1）《葛覃》三章：归 u 衣 ɯ
（2）《鼓钟》二章：悲 ɯ 回 uu
（3）《旱麓》五章：蘖 u 枚 ɯɯ 回 uu
（4）《东山》一章：归 u 悲 ɯ 衣 ɯ 枚 ɯɯ

我们将统计的结果列表如下：

表 7

主元音	u 或 ɯ					u 与 ɯ				其他	
形式	u	uu	ɯ	u-uu	ɯ-ɯɯ	u-ɯ	ɯ-uu	u-ɯɯ-uu	u-ɯ-ɯɯ	aa-ɯ	i
韵例	2	2	12	10	2	11	1	1	1	2	1

将郑张的拟音代入微部独用 45 例中，有两种形式比较特殊，即 aa-ɯ 与 i。这两种形式是有问题的，它们涉及的《诗经》用例为：

（1）《七月》一二章：火 aa 衣 ɯ 火 aa 衣 ɯ
（2）《七月》三章：火 aa 苇 ɯ
（3）《敝笱》三章：唯 i 水 i

段玉裁说："火声在此部[1]。《诗》（《七月》《大田》）四见。今入果。"[2] 在《汉字谐声声符分部表》中，郑张将火声分别归为歌部 3（郑张将此火声称为火 2）和微部 2（郑张将此火声称为火 1），然郑张《古音字表》中，火 2 拟音却为歌部 1 类，火 1 未见。水，《广韵》旨韵：式轨切。为合口字，应归微部。唯，《广韵》旨韵：以水切。为合口字，也应归微部。

将郑张的拟音代入微部独用 45 例中，从主元音（长短也考虑进去）角度看，有 11 种形式，除去两种特殊的韵例，还有 9 种，再将声调考虑进去，形式会更多。我们知道，这些形式在王力先生《诗经韵读》中只有一种形式，由此可见，微部再分类使得《诗经》押韵相当不谐和，是值得怀疑的。

其次，微物文各部一分为二的标准与实际操作不一致。

郑张将微物文各部一分为二，那么其分类的标准是什么呢？郑张说："微、文、物各部应依开合分别 ɯ、u 元音。"[3] 也就是说，郑张将微物文各部一分为二的标准是"开合"，"开"的为一类，即主元音为 ɯ 的微 1、物 1、文 1，"合"的为一类，即主元音为 u 的微 2、物 2、文 2。郑张《上古音系》的"附表"第四表是《古音字表》，此表收了一万八千字，并标出了这些字的古音音韵地位及所属声符系统。我们将《古音字表》中"微物文"三部字作了统计，现将统计的结果列表如下：

---

1 指十五部，即脂部。
2 《说文解字注》855 页，上海古籍出版社 1988 年。
3 《上古音系》167 页，上海教育出版社 2003 年。

表8：微部

开合	微1		微2	
	开	合	开	合
声符数	22	17	1	36
中古韵	咍皆微脂齐	灰微脂	齐	灰皆脂微支
声符	妃非肶几冀斤开麻闵奇岂气妥微尾西希先衣矣意疹	奔豙妃妃肥飞肶卉斤麻闵微口唯尾文辠自	仑	罘敦非骨鬼贵果裹回卷槶军夔畾厽耒磊頪免岂气犥衰夊妥危威委畏兀豖允隹追卒罪

表9：物部

开合	物1（队1）		物2（队2）	
	开	合	开	合
声符数	19	12	3	30
中古韵	咍皆齐脂微黠屑质迄	灰微没术物	没质	灰皆脂微没术黠物
声符	弼辥睹弗隶念戾戾由旡乞气肶鼇疹出豖勿未	孛弗由頪没配未勿欻焱曰戉	出乞聿	出盾肶市骨鬼贵欸蒯由戾率内乞圣术帅遂突胃尉畾兀聿郁夗月允叕卒

表10：文部

开合	文1		文2	
	开	合	开	合
声符数	36	11	0	47
中古韵	痕真欣山先谆臻	魂文		魂文谆山
声符	彬斌豩辰尘奻丞典殿分艮昏巾今斤筋堇至门闵念刃文西希先辥奞言因殷隐曾疹朕	奔犇本存分昏门民文勿辠		辰川舜寸罘殿敦盾焚艮官毌楎丨鯀圂卷军君坤昆壼困仑巿免内嫩麋困闰孙飧退屯豚尉畾兀熏巽寅元员云允尊

说明：1."开合"为《古音字表》所标的开合。

2."中古韵"是指声符所辖字涉及的中古韵。

3."声符"为《古音字表》所标的声符。

从以上三张表我们可以看出：微1、微2、物1、物2、文1均有开合口，只有文2全为合口。根据郑张167页所定的标准，微1、物1、文1均应为开口，微2、物2、文2均应为合口，然而统计结果却只有文2符合标准，这是为什么呢？我们暂不下结论，先来分析一下与标准不符的情况。

与标准不符的为合口微1、开口微2、合口物1（队1）、开口物2、合口文1，现将它们列表如下：

表11：微部

五音	合微1											开微2
	唇						喉					半舌
声母	滂	明	非	敷	奉	微	微	晓	晓	晓	匣	云	来
等	1	1	3	3	3	1	3	1	3	3b	1	3	4
声符	妃朏	麻文	肥飞	妃朏	奔	微尾	微𦏆	岗	卉微	豙	斤唯自	口	仑

表12：物部

五音	合物1（队1）													开物2			
	唇								牙喉					唇	牙喉		
声母	帮	帮	滂	并	明	明	非	敷	奉	微	见	影	晓	晓	晓	云	帮	见	溪	匣
等	1	3b	1	1	1	3b	3	3	3	3	1	1	1	3b	3	3	3b	1	1	1
声符	孛	弗	孛配	孛配	没未	未	孛弗由	配弗	弗	勿未	曰	勿	頯未勿	戉	烛欶	曰	聿	乞	乞	出乞

表13：文部

五音	合文1								
	唇						齿	喉	
声母	帮	并	滂	明	非	微	从	晓	晓
等	1	1	1	1	3	3	1	1	3
声符	奔𠦚本	奔本分	奔本分	门民	奔	门民文勿	存	昏	奔𦏆

从以上三张表可见：那些与标准不符的字，除了"䚄"外，全为一三等，除了"䚄"和以"存"得声的字，全为唇牙喉音。页412䚄的"郎计切"为齐韵，微部中没有齐韵字，恐误。页297以"存"为声符的合口文1字，拟音为文2类，也有问题。这样看来，那些与标准不符的字，分布很有规律，即全为唇牙喉的一三等字。唇音本身有合口因素，"无所谓开合"，[1] 牙喉音合口用垫音-w体现。但是"䚄"和"存"却无法解释，这与"微、文、物各部应依开合分别ɯ、u元音"[2]是矛盾的。

按照郑张的声母系统，微2、物2、文2的合口应该没有唇牙喉音，然而《古音字表》

---

1 《上古音系》169页，上海教育出版社2003年。
2 《上古音系》167页，上海教育出版社2003年。

微 2、物 2、文 2 的合口却有唇牙喉音,这是理论与实践不一致。我们把《古音字表》中微 2、物 2、文 2 的合口唇牙喉音列表如下:

表 14:合微 2

五音	唇		牙							
声母	并	明	见	见	见	溪	溪	群	疑	疑
等	1	1	1	3b	3	1	3b	3b	1	3
声符	非	免	鬼贵裹气	鬼	鬼贵	骨鬼	卷危	鬼	鬼岂危豪	鬼

五音	喉							
声母	影	影	影	晓	晓	晓	匣	匣
等	1	2	3	1	2	3	1	2
声符	畏	鬼威畏	鬼威畏	兀	兀	军兀	鬼贵回	鬼

表 15:合物 2

五音	唇		牙								
声母	滂	非	见	见	见	溪	溪	溪	群	疑	疑
等	1	3	1	2	3	1	2	3b	3b	1	2
声符	胐	市	骨贵乞	圣	欮	出乞	鬼贵蒯胃	贵胃	贵	兀月	贵

五音	喉						
声母	影	影	影	晓	匣	匣	云
等	1	2	3	1	1	2	3
声符	昷	骨昷	尉郁夗	贵	骨贵乞	骨	胃

表 16:合文 2

五音	牙							
声母	见	见	见	见	溪	溪	群	群
等	1	2	3b	3	1	3b	3b	3
声符	官田丨鯀军昆	仑	君困	军君困	艮坤壸困兀	君昆困	卷军困	君

五音	唇			牙		喉					
声母	明	敷	奉	微	疑	疑	影	影	影	晓	匣	云
等	1	3	3	3	1	3	1	3b	3	3	1	3
声符	帗	仑	焚	免	军困	军	昷	昷	军尉昷	军君熏员	圂军昆仑元	军员

《上古音系》的正文只将微部、物部分为微 1、微 2、物 1(队 1)、物 2(队 2),然而"附表"的第四表《古音字表》却出现了微 3、队 3 的字。这些字都是脂韵合口三等字,现将其列表如下:

表 17

声母	澄	生	昌	日	日	精	心	心	心	心	心	以	以
声符	垂	衰	頪	委	需	檇	妥	靃	允	出	遂	蔿	貴
拟音	du	srul	ruds	njul	njul	ʔslul ʔsluls	snul	sul	slul	sqhluds	sluds ljuds l`uds	ɢʷiʔ	lul
页码	293	470	398	488	507	387	482	510	549	291	474	343	345

其中 293 页 "錘"字拟音 du 可能为 dul 之误。因为脂韵合口三等字("癸"声字除外)应归微部,所以 343 页"嬀"字 ɢʷiʔ 可能为 ɢʷuʔ 或 ɢʷɯʔ 之误。其余的从拟音来看,应该为微 2 或对 2。

"微物文"三部的各小类还有些具体错误,我们将其罗列于下。

296 页从崔的两音标为微 1 类,拟音却为微 2 类,微 1 恐为微 2 之误。

316 页从非的灰韵字共 6 个:辈裴徘靟啡痱,它们的拟音的主元音均为合口 u,应为微 2 类,然而 6 个字中只有靟标为微 2 类,其余 5 个字均标为微 1 类。

527 页豙声的皆韵字有一个,但有两个音,拟音均为合口,应为微 2 类,然而两个音均标为微 1 类。

486 页从韦声的开口字为"鄣",标为微 2 类,拟音为 qʷɯl,应为微 1。

486—487 页从韦声的合口字共 22 个,有 24 个音,这些字均标为微 2 类,其主元音为 ɯ,这些字声类为影晓云,它们的合口体现在上古声母上,用垫音-w 表示(湋可能漏标了-w),现在问题是同从韦声的开合口字在上古主元音一点没有区别了,这与郑张的"微、文、物各部应依开合分别 ɯ、u 元音"是不符的。

346 页㙔拟音 kloonʔ 当为 khluuls 之误。

438 页㪍标为物 1 类,拟音却为 guud。

392 页鱖只标了队,应该为队 1。

320 页从市的物 1 类字有两个:茇市,拟的主元音却是 u。

526 页从屑的字有 5 个:滒偕屑楣糏,其中有两个质 1 类字,拟的主元音与物 1 类相同,均为 ɯ,恐误,"屑"字的物 1 类拟音为 sluud,"物 1"恐为"物 2"之误。

320—321 页从弗的物 1 类字共 16 个,有 19 个音,其中只有一个是开口,其他均为合口,应标为物 2。

291 页聉标的是物 2 类,拟音却为 ŋruud。

320 页弗声的队 2 字有三个:狒怫费,它们的中古音韵地位完全相同,但其上古拟音却不同,狒为 buds,怫费为 bɯds。

489 页卫声队 2 类字,拟音为 qhrɯɯds。

395 页 "文"字后漏标了 "1"。

395 页鼼其拟音为 ruulʔ,但却标为"之"部。

277 页从弁文 1 有两字:奔拚,标为文 1 类,但它们拟音却为文 2 类,分别为:puunʔ、puns。

509 页爈标为文 1 类,但拟音却为文 2 类:qhuns。

530 页稳影母魂韵，标为文 2，拟音为 qʷɯun?。

通过以上一番分析，我们可以知道，郑张的微部再分类标准与实际操作不一致，在《古音字表》里还多处出现微 3、队 3 类字，再加上些琐碎的错误，这些都让我们对微部再分类产生怀疑。

四　检验"新派"再分类的一条重要原则

上面我们用《诗经》验证了"新派"的脂微再分类，现在我们再用民族语、方言验证"新派"古韵再分类的一条重要原则：主元音与韵尾都能结合，将格子填的满满的。郑张（2003：166）说："六元音原则上应能与所有韵尾结合，各兄弟语都是这样，没有限制。"又（2003：167）："有人怀疑上古汉语 6 个元音都能与韵尾结合没有空格的格局，说太匀称太整齐反而不可信。那他不妨去看一下《傣语简志》中 10 个元音都和韵尾结合的韵母表，那可是活的事实。"让我们来看一下《傣语简志》里的情况。

1.《傣语简志》主元音与韵尾结合的真实情况

我们将《傣语简志》中的主元音与韵尾结合的情况进行了整理，现将整理的结果列表如下：

表 18

主元音 韵尾	a:	a	i	e	ɛ	u	o	ɔ	ɯ	ə
-ø	a:	a	i	e	ɛ	u	o	ɔ	ɯ	ə
-k	a:k	ak	ik	ek	ɛk	uk	ok	ɔk	ɯk	ək
-ŋ	a:ŋ	aŋ	iŋ	eŋ	ɛŋ	uŋ	oŋ	ɔŋ	ɯŋ	əŋ
-ʔ		aʔ	iʔ	eʔ	ɛʔ	uʔ	oʔ	ɔʔ	ɯʔ	əʔ
-u	a:u	au	iu	eu	ɛu					əu
-p	a:p	ap	ip	ep	ɛp	up	op	ɔp	ɯp	əp
-m	a:m	am	im	em	ɛm	um	om	ɔm	ɯm	əm
-n	a:n	an	in	en	ɛn	un	on	ɔn	ɯn	ən
-t	a:t	at	it	et	ɛt	ut	ot	ɔt	ɯt	ət
-i	a:i	ai				ui	oi	ɔi	ɯi	əi

《傣语简志》将傣语分为西傣、德傣两大方言，ua、aɯ 两韵母西傣没有，我们没有把它们列入表中，带-ʔ 的韵母德傣没有。从表中我们可以看到，-i、-u 行并没有完全填满，至少可以补上 ei、ɛi、ou、ɔu、ɯu 五个韵母，然而傣语两个方言均没有。-ʔ 行要填满的话，也应补上 a:ʔ。由此可见，即使以《傣语简志》来看，韵尾与元音也并非把格子填的满满的。

也许有人会说，郑张的意思可能是指元音与-m、-n、-ŋ、-p、-t、-k 等结合把格子全填满。首先，我们承认《傣语简志》中元音与-m、-n、-ŋ、-p、-t、-k 结合没有空当，然而郑张明明说的是"10 个元音都和韵尾结合"，并没有圈定与-m、-n、-ŋ、-p、-t、-k 六个韵尾结合。其次，退一步来说，即使我们承认郑张的意思是指元音与-m、-n、-ŋ、-p、-t、-k

结合没有空当，事实情况也并非如此简单。我们知道，《傣语简志》出版于1980年，该书第3页"方言"那段内容的第一句话是"根据我们现在已经掌握的材料，已确定了的有西双版纳和德宏两方言"，此话该页底下有个注释"还有约占傣族人口总数三分之一的散居地区的傣话，尚待调查研究。"二十一年后，周耀文、罗美珍的《傣语方言研究》问世，此书《前言》说"由于傣族分布较广，有聚居又有杂居，所以存在方言、土语的差别。但方言差别究竟有多大，有几个方言，自50年代至70年代，由于种种原因，傣语一直未能进行全面调查，所以对傣语方言分布和差别情况还很不清楚。过去说傣语分两个主要方言——德宏方言和西双版纳方言，只是一个笼统的说法，还缺少全面的科学依据。"[1] 又"我国傣语，根据各地的语音和词汇的异同情况分为四个方言：德宏方言、西双版纳方言、红金方言、金平方言。"[2] 由此可见，《傣语简志》只研究了约占傣族人口总数三分之二的傣话，"未能进行全面调查"，《傣语方言研究》调查较全面，我们将《傣语方言研究》中的九个方言点元音与韵尾结合情况列表如下：

表19

方言点 参数	德宏		西双版纳	金平	红金				
	芒市	孟连	景洪	金平	南沙	武定	红河	马关	绿春
主元音数	10	10	10	10	10	10	10	9	9
韵尾数	10	9	10	10	10	7	9	10	5
理论结合数	100	90	100	100	100	70	90	90	45
实际结合数	84	83	91	83	57	51	62	53	26
空格数	16	7	9	17	43	19	28	37	19
空格率（%）	16.0	7.8	9.0	17.0	43.0	27.1	31.1	41.1	42.2

从表上我们可以看出：傣语主元音数多在10个，它们与韵尾结合都出现空当，空当数从7到43不等，空格率最低7.8%，最高43%，平均24.1%。

我们再来看看-m、-n、-ŋ、-p、-t、-k六个韵尾与元音结合情况。九个方言点中，芒市、孟连、景洪、金平、南沙、马关六个点-m、-n、-ŋ、-p、-t、-k全有，武定有-n、-ŋ、-t、-k，红河有-m、-n、-ŋ、-p、-t，绿春只有-ŋ。芒市、孟连、景洪、金平-m、-n、-ŋ、-p、-t、-k全与元音结合，其余四点都不完全与元音结合，南沙-m、-n、-ŋ、-p、-t、-k不与e、o、ɯ结合；武定-n不与o结合，-ŋ全与元音结合，-t不与ɐ结合，-k不与ɐ、e结合；红河-m不与ɔ、ɯ、ə结合，-n不与ə结合，-ŋ不与ə结合，-p不与aː、e、ɯ、ə结合，-t不与aː、e、o、ə结合；马关-m、-n个与e、u、o结合，-ŋ不与aː、e、u结合，-p不与aː、e、u、o结合，-t不与aː、e、o结合，-k不与aː、e、u结合；绿春-ŋ不与ɒ、ɛ、u、ɯ结合。由此可见，即使圈定与-m、-n、-ŋ、-p、-t、-k六个韵尾结合，《傣语方言研究》中的九个点也有一半以上是有限制的。

《傣语简志》《傣语方言研究》都表明傣语元音与韵尾的结合是有限制的，不能把格

---

1 《傣语方言研究》3页，民族出版社2001年。
2 《傣语方言研究》10页，民族出版社2001年。

子填得满满的。即使圈定到-m、-n、-ŋ、-p、-t、-k 六个韵尾，它们与元音的结合，在芒市、孟连、景洪、金平等四个傣语方言中虽无限制，然在南沙、武定、红河、马关、绿春等五个方言中却有限制。

2. 其他民族语元音与韵尾结合情况

我们统计了藏语拉萨话、日喀则话、拉卜楞话、噶尔话、夏河话等五处方言，发现藏语元音与韵尾结合，除了噶尔话ʔ与元音结合无限制外，其他韵尾与元音结合均有限制。现将统计的结果列表如下：

表20

藏语方言点 结合数	拉萨	日喀则	拉卜楞	噶尔	夏河
理论结合数	54	56	42	56	42
实际结合数	35	37	25	38	26
空格数	19	19	17	18	16
空格率（%）	35.2	33.9	40.5	32.1	38.1

据孙宏开先生（1982），独龙语有辅音韵尾 p、t、k、ʔ、m、n、ŋ、ɹ、l、mʔ、nʔ、ŋʔ，元音有 i、e、a、ɔ、u、ɯ，若考虑元音长短，并且 mʔ、nʔ、ŋʔ 也作韵尾统计，则元音与辅音结合出现 29 个空格，若不考虑元音长短，mʔ、nʔ、ŋʔ 不作韵尾统计，元音与辅音结合限制较少，然仍有 5 个空格。总之。独龙语元音与辅音结合也是有限制的。

我们再来看看新近发现的民族语元音与韵尾结合情况。我们统计的新近发现的民族语有：布赓语、义都语、克蔑语、阿侬语、拉基语、莫语、浪速语。现把统计结果列表如下：

表21

民族语 结合数	布赓语	义都语	克蔑语	阿侬语	拉基语	莫语	浪速语
理论结合数	18	21	72	60	35	48	49
实际结合数	12	17	67	47	12	39	32
空格数	6	4	5	13	23	9	17
空格率（%）	33.3	19.0	6.9	21.7	65.7	18.8	34.7

新近发现的民族语，有的空格数虽较少，如克蔑语只有 5 个空格，然没有出现格子全填满的情况，并且我们统计的韵尾仅为辅音韵尾，若将元音韵尾算进去，空格数将更多。

3. 方言中元音与韵尾的结合情况

傣语与其他民族语中元音与韵尾结合并非没有空格，那么现代汉语方言中元音与韵尾结合的情况如何呢？我们将《汉语方音字汇》（第二版重排本）中的 20 个方言点作了统计，没有发现主元音与韵尾结合能把格子全填满的。我们将统计的结果列表如下：

表 22

方言点	元音数	韵尾数	理论结合数	实际结合数	空格数	空格率（%）
北京	11	2	22	9	13	59.0
济南	13	2	26	6	20	76.9
西安	13	2	26	6	20	76.9
太原	11	3	33	8	25	75.8
武汉	10	2	20	7	13	65.0
成都	10	2	20	7	13	65.0
合肥	14	4	56	11	45	80.4
扬州	11	4	44	12	32	72.7
苏州	13	3	39	10	29	74.4
温州	11	1	11	3	8	72.7
长沙	9	2	18	7	11	61.1
双峰	12	3	36	5	31	86.1
南昌	8	4	32	19	13	40.6
梅县	7	6	42	26	16	38.1
广州	11	6	66	34	32	48.5
阳江	9	6	54	30	24	44.4
厦门	9	8	72	28	44	61.1
潮州	8	6	48	26	22	45.8
福州	8	2	16	13	3	18.8
建瓯	10	1	10	5	5	50.0

　　我们在此基础上进一步扩大方言调查统计的范围，先后统计了《现代汉语方言大词典》42 个方言点、《山西方言调查研究报告》101 个方言点，此外还抽查了安徽、江苏、广东、福建、浙江等一些方言点，均未发现元音与韵尾结合完全无限制的情况。现代汉语方言元音与韵尾结合有空格，但却想其祖先没有空格，都填得满满的，于理难通，是我们以汉语为母语的人很难接受的。

　　孙玉文先生（2005）说："从语言的普遍规律来说，世界上没有完全对称的、能把所有空档都填满的音系，各种语言的音系都处在对称与不对称的对立统一之中。"[1]在我们的统计范围内，傣语及其他民族语均未发现元音与韵尾结合无限制的情况，现代汉语方言元音与韵尾结合也是有限制的，故新派"填满格子"的思想与实际不符，在此基础上再分类

---

1 《上古音构拟的检验标准问题》，《语言学论丛》第 31 辑。

也是值得怀疑的。

参考文献

《音学五书》，[清]顾炎武，1982，中华书局。

《六书音均表》，[清]段玉裁，1983，中华书局。

《说文解字注》，1988，上海古籍出版社。

夏　炘《诗古韵表廿二部集说》，[清]夏炘，2002，《续修四库全书》248 册，上海古籍出版社。

《五均论》，[清]邹汉勋，2002，《续修四库全书》248 册，上海古籍出版社。

北京大学中国语言文学系语言学教研室编　2003　《汉语方音字汇》（第二版重排本），语文出版社。

陈新雄　1983　《古音学发微》，台北：文史哲。

——　1988　《戴震答段若膺论韵书对王力脂微分部的启示》，《历史语言研究所集刊》（台湾）第五十九本第一分。

——　2000　《曾运乾之古音学》，《中国语文》第 5 期。

董同龢　1948　《上古音韵表稿》，《历史语言研究所集刊》18 本，商务印书馆。

郭锡良　2002　《历史音韵学中的几个问题——驳梅祖麟在香港语言学年会上的讲话》，《古汉语研究》第 3 期。

郭锡良　鲁国尧　2006　《一代语言学宗师》，《古汉语研究》第 4 期。

侯精一　温端政主编　1993《山西方言调查研究报告》，山西高校联合出版社。

李葆嘉　1998　《当代中国音韵学》，广东教育出版社。

李方桂　1980　《上古音研究》，商务印书馆。

李　开　1996　《戴震〈声类表〉考踪》，《语言研究》1996 第 1 期。

李　荣　2002　《现代汉语方言大词典》，江苏教育出版社。

梁守涛　1979　《英诗格律浅说》，商务印书馆。

沙加尔　2004　《上古汉语词根》，上海教育出版社。

孙玉文　2005　《上古音构拟的检验标准问题》，北京大学汉语语言学研究中心《语言学论丛》编委会，《语言学论丛》第三十一辑，商务印书馆。

王　力　1980a　《诗经韵读》，上海古籍出版社。

——　1980b　《汉语史稿》中华书局。

——　1980c　《龙虫并雕斋文集》，中华书局。

——　1981　《中国语言学史》，山西人民出版社。

——　1985　《汉语语音史》，中国社会科学出版社。

——　1989　《古韵脂微质物月五部的分野》，《王力文集》第 17 卷，山东教育出版社。

王　宁　黄易青　2001　《论清儒古音研究中考古与审音二者的相互推动》，《古汉语研究》第 4 期。

王金芳　2002　《戴震古音学成就略评》，《江汉大学学报》（人文社会科学版）第 2 期。

吴翔林　1993　《英诗格律及自由诗》，商务印书馆。

杨树达　1983　《积微居小学述林》，中华书局。

喻翠容　罗美珍　1980　《傣语简志》，民族出版社。

曾运乾　1996　《音韵学讲义》，中华书局。

郑张尚芳 1981 《汉语上古音系表解》，刘利民 周建设主编 2003《语言》第四卷，首都师范大学出版社。
郑张尚芳 1987 《上古韵母系统和四等、介音、声调的发源问题》，《温州师范学院学报》第 4 期。
郑张尚芳 2003 《上古音系》，上海教育出版社。
周耀文 罗美珍 2001 《傣语方言研究》，民族出版社。
周祖谟 2004 《广韵校本》，中华书局。
William H.Baxter 1992 *A Handbook of Old Chinese Phonology*, Berlin.NewYork:Mouton de Gruyter .

读《道行般若经校注》数则

湖南师范大学中文系　李维琦

摘　要　《道行般若经校注》据现在所见到的巴利文改《道行般若经》中的"邠祁文陀弗"为"邠那文陀弗"，这样修改典籍中的文字或有不当。解"云何作其相"为"相如何定位"，"作"的意义是"为"，不是"定位"。因与梵本文字比对不当，改"无所著"为"护念"，考虑欠周。改"故使"为"故便"，在古汉语语感方面有所不足。对"安隐于世间护"的语法结构的理解，本文作者与校注者不同。

关键词　邠祁文陀弗　作　比对异译　故使　语法结构

辛岛静志教授作《道行般若经校注》（2011），旁搜广引，多所剖发，厥功甚伟。但因其博大，难免偶失。今抉拾数则，以就正于大方之家。所引经文后注T，《大正藏》卷数；n，《大正藏》佛经编号；p，页码；abc分别表示上栏中栏下栏。其后数字为所在页行数。《道行般若经》异译6种，用A（吴《大明度经》），B（苻秦《钞经》），C（姚秦《小品经》），D（唐《大般若波罗蜜多经》第四会），E（唐《大般若波罗蜜多经》第五会），F（宋《佛母出生三法藏般若波罗蜜多经》）表示。

邠祁文陀弗

菩萨名，《道行经》凡6见。《校注》据巴利文 *Puṇṇamantānīputta* 校"祁"为"那"。（《校注》23页）

据俞敏先生《后汉三国梵汉对音谱》[1]，na的对音有那、耨、迺、提、祁五字，前三个字以n为声母，可以理解，而提、祁两字何以能对应na？提、祁皆"那"之误吗？

唐释慧琳《一切经音义》云："邠祁文陀弗（彼贫反，下巨梨反，或言富楼那弥多尼子是也）。"（T54n2128p0361c09）慧琳，疏勒国人，梵汉兼通，他何以为"祁"注音，而不言其误？

中国学者对文献中译音与原文对不上号时如何处理？有没有先例？有的。

比如"印度"，古代译名众多，直到唐代玄奘定名之后才沿用下来。《史记·大宛列传》称为"身毒"，《汉书·西域传》称为"天笃"，《后汉书·西域传》称为"天竺"，《三国志》裴注引《魏略·西戎传》作"贤督"，《史记》裴骃《集解》或作"身竺"，或作"乾毒"，《广弘明集》引道宣《驳荀济佛教表》作"贤豆"，《大慈恩寺三藏法师

---

[1]《俞敏语言学论文集》313 页，商务印书馆 1999 年。

传》作"印特伽"。假若请人来校书,能把它们改成一律吗?如果要改,根据什么改呢?据梵文原文Sindhu,或据波斯语("印度"一词传入中国是经过波斯语中介的)hinduka,或据英语Hindustan, India,以哪个为准呢?就算有一个标准了,那你又如何知道古时候汉字的读音是怎样的呢?

就如"天竺"那个"天",你能搞清楚它古代究竟是怎么读的吗?现在的音韵学知识告诉我们,自古及今它的声母是t的送气音。但刘熙《释名》说"天,显也",那就是腭擦音了。很有意思的是,梵文Maharddhika,汉译"摩天提伽",与"天"对应的hard首辅音正好是h(据Plleyblank, 1962)[1],与"显"的声母一致。

这样,就解释了古代用"天笃""天竺""贤督""乾毒""贤豆"译"印度"国名的缘故。原来这些都是波斯语hinduka的译音(后缀例可不译)。可是"身毒""身竺"呢?至今尚无令人信服的可靠的解释,可不可以将"身"改成"天"或"贤"呢?不用回答,这是不可以的。

由此知前辈学者对于译音对不上号的地方,加以研究,力求得出合理的解释,其不能解释者,也不擅改,留待后人继续研究。

作其相

《道行般若经》原文:

"天中天,所說法者甚深,云何作其相?"

佛语诸天子言:"且听作相著,已无想,无愿,无生死、所生,无所有,无所住,是者作其相。(T08n0224p0450a20—23)

校点:

"天中天,所說法者甚深,云何作其相?"

佛语诸天子言:"且听。作相著已。无想、无愿、无生死、无(←所)生,无所有,无所住,是者作其相。(《校注》263页)

译"云何作其相":

How are the marks fixed?(页同上)

(这相如何定位?)

《校注》这样译,有其梵本依据:

How··· are the marks fixed onto them? (同上)

有点小的区别,校译缺"其",梵本有"onto them"。

梵本有梵本的道理,我们现在是讨论汉译。汉文的"作",究应如何讲呢?除开仍沿用"作相"字者,异译中的D译作"(如來所說諸甚深法,)以何为相?"

(T07n0220p0817a07—08)E译同(T07n0220p0894b29)。就是说,异译与"作"相对应的是"为"。作,为也。古书中常训。下面逐录《经籍籑诂》所举的例:

《经籍籑诂》卷九九《入声·十药》:《书·舜典》:"汝作司徒",《史记·五帝纪》作"汝为司徒"。"伯禹作司空",作"伯禹为司空"。"命汝作纳言",作"命汝为纳言"。《益稷》"万邦作乂"《夏本纪》作"万国为治"。"率作兴事",作"率为兴事"。

---

1 The Consonantal System of Old Chinese, AM. new series, P.117

《禹贡》"大陆既作",《夏本纪》作"大陆既为"。"莱夷作牧",作"莱夷为牧"。……《洪范》"立时人作卜筮",《宋微子世家》作"立时人为卜筮"。

这样说来,"云何作其相",即以何为法之相。

《校注》断句,"且听,作相著已。""作相著已",未作注解,不知何意。我断句为"且听作相著","已"字下属。"著"当从金刚寺钞本作"者",且听作相者,请听关于为相的话。已无想,无愿,无生死,无所生,无所有,无所住,这些便是法的相。

校注者又欲改"所生"之"所"为"无"。按我的标点,就不必改了,读"无生死所生"为"无生死、所生",那个"无"字,贯到"所生"上去,这就无义理上的窒碍了。

无所著/护念

原文:

何谓是怛萨阿竭之所报恩者?怛萨阿竭,为从是衍,得阿耨多罗三耶三菩,成阿惟三佛;皆从是衍,为无所著;以是故现于报恩。(T08n0224p0450b9—12)

校注者以为,此处"无所著"与C译之"护念"相当。C译相关的话,如下:

云何佛是知恩、知报恩者?如来所行道,所行法,得阿耨多罗三藐三菩提,即护念是道是法。以是事故,当知佛是知恩、知报恩者。(T08n0227p0558c19—22)

仔细审察,"无所著"与"护念"并不相当。所引《道行经》文只说了知恩一面。说得阿耨多罗三菩提,成阿惟三佛,为"从是衍",无所著,"皆从是衍"。因而表现出报恩的意愿来。至于"报恩",则在下文:

怛萨阿竭知识法无有作者,以是故得阿惟三佛,亦不无作,故成阿惟三佛,是为怛萨阿竭报恩,故示现般若波罗蜜。(T08n0224p0450b13—15)

法无有作者,亦不无作,如来以此显示般若波罗蜜,这便是报恩。

C译将知恩、报恩放在一起说。"如来所行道,所行法,得阿耨多罗三藐三菩提"是知恩;"护念是道是法",是报恩。现在将知恩的第二点"从是衍,无所著",与C译的报恩比同起来,说是支娄迦谶误会了梵文词的意思,错把"护念"当成"无所著"。这就显得不合实际了。

校注者的话是这样的:

I assume that Lokaksema somehow took the word *anuparipālayati* incorrectly for an-(not) +upa– √ *lip* (to stain, smear) and translated thux.(《校注》264页)

(我揣度,支娄迦谶不知何故将*anuparipālayati* [珍视,护念]误当成*an*-(not) +upa– √ *lip* [变污,弄脏],故有是译。)

这种情形很能叫人迷惑。以为有梵本作为铁证,他就肯定不会错了,错在我们,在我们不懂梵文之过。固然,不识梵字,为读经者之不足。有些地方,如果不以梵文对勘,简直莫知所云。但也不是一听说梵文,就要匍匐在地。第一,梵本后出,并非支娄迦谶所用原本。第二,比对也非常要紧,万一比对错了呢?

自从C译把知恩报恩放在一起说,其后的异译都照做。为什么呢?因为《道行经》关于报恩的意思拖在后面,而且篇幅不大,话的分量也轻,故而有此改动。C译在此后,就是说了报恩的话以后,再未出现"报恩"的字样。而此后各译却还明确保有《道行经》中报恩的话,如D译:

具寿善现便白佛言:"云何如来、应、正等觉知恩、报恩?"佛告善现:"一切如来、应、正等觉,乘如是乘、行如是道,来至无上正等菩提。得菩提已,于一切时供养恭敬、尊重赞叹、摄受、护持是乘是道曾无暂废,此乘此道当知即是甚深般若波罗蜜多。是名如来、应、正等觉知恩、报恩。"(T07n0220p0817b17—23)

经文如此说,同于C译,先讲知恩,随后便讲报恩。

复次,善现!一切如来、应、正等觉无不皆依甚深般若波罗蜜多,觉一切法无实作用,以能作者无所有故。一切如来、应、正等觉无不皆依甚深般若波罗蜜多,觉一切法无所成办,以诸形质不可得故。善现当知!以诸如来、应、正等觉知依如是甚深般若波罗蜜多,觉一切法皆无作用、无所成办,于一切时供养恭敬、尊重赞叹、摄受、护持曾无间断,故名真实知恩、报恩。(T07n0220p0817b24—c03)

这一段再讲报恩,是继承首译而来。

我这里说译本如何如何,其实是说译本所据梵本如何如何。我说译本,只是为了说的方便,二者本是不可混淆的。

使/便

原文:

是辈人适学未发,故使少信。(T08n0224p0451c02—03)

《校注》改"使"为"便"。作:

是辈人适学未发,故便少信。

校者说: Although all editions and manuscripts read 使 instead of 便, I emend thus on the basis of the context.(《校注》279页)

(虽然各种版本和手钞本以"使"代"便",我据经文上下语境如此校订。)

那就是没有别的理由,只是觉得这里用"使"不便通读,故作是改。但无论中土文献或佛典文献,都有用"故使"表示致使、导致这一类的意义的。"故"表示原因,凡言导致或致使,其主语位置上的词语本有表原因的作用。而"使"与"致",意义有相通处。所以"故使"可有导致或致使义。这句经文是说,这一类的人,他们才学大乘,还没有从大乘出发,这种初学的情形,导致对般若智慧少有信仰。语句通顺可读。无需改字。

说"故使"可有导致或致使义,本不用再作论证了。对汉语的语感告诉人们,这不成问题。但对于那些汉语语感较差的读者,还不能遽信,有论证的必要。

中土文献例:

因道全法,君子乐而大奸止。淡然闲静,因天命,持大体,故使人无离法之罪,鱼无失水之祸,如此,故天下少不治。(《韩非子•大体》)

忠言未卒于口而身为戮没矣,故使天下之士,倾耳而听,重足而立,拑口而不言,是以三主失道,忠臣不敢谏,智士不敢谋。(《史记•秦始皇本纪》)

《诗•狡童》笺云:狂童之人,日为狂行,故使我言此也。

官之师旅不胜其富,吾能无筚门闺窦乎?(《左传•襄公十年》)晋杜预注"言王叔之属富,故使吾贫。"

佛典文献例:

其树高四千里,周匝二千里,围五百六十里,根深八百四十里。其影照现月中,<u>故使</u>

月大,城郭现乳色不明。(西晋法立共法炬《大楼炭经》;T01n0023p0307c12—14)

色性常自无生,非今智慧力<u>故使无生</u>。(姚秦鸠摩罗什《大智度论》;T25n1509p0437a08—09)

御者复白言:"是必世间胜,<u>故使天王释</u>,恭敬而合掌,东向稽首礼。我今亦当礼,天王所礼者。(刘宋求那跋陀罗《杂阿含经》;T02n0099p0293a28—b02)

复次,于中何因缘故,其月宫殿,圆淨满足,如是显现?诸比丘!此亦三缘,<u>故使如是</u>(隋达摩笈多《起世因本经》;T01n0025p0416a17—18)

品之为言分也,分有长短,故有大品小品焉。道行即分中之初品,译者取以别经;明度乃智度之异言,即就总目为号。寔由残缺未具,<u>故使名题亦差</u>。(唐玄则《大般若经第四会·序》;T07n0220p0763a19—28)

安隐于世间护

原文:

菩萨谦苦,安隐于世间护,为世间自归,为世间舍,为世间度,为世间台,为世间道。(何等为菩萨为世间护?死生勤苦悉护教度脱,是为世间护。)(T08n0224p0452b13—16)

注译:

Budhisattvas ——who make the world peaceful, protect it, become refuges for the world, house for the world, deliverances from the world, platforms for the world and leaders of the world——, are doers of what is hard.

(菩萨是艰难困苦的践行者——他使世界太平,捍卫它,作它的庇护所,它的房舍,解脱于它,成为世界的平台和导师。)

我们把注意力放在"安隐于世间护"上面,想弄清楚它的句法结构是怎样的。照译者之意,这里是两句,"使世界太平",和"捍卫它"。仿佛是说安隐世间而护之。而照后面括弧里的话(即此长句之后续句,括号是引者所加),只提"为世间护",好像只是一项。"护"与其并列句(世间"舍"、世间"度",世间"台")等一样,是名词性的,是说菩萨是世间的护卫者,不是护卫它,把"护"看成动词,与后文不般配。

看看异译,能不能给我们以启发:

A译:

如是谦苦,安靖于世,为十方护、为自归、为舍、为度、为台、为道。何等为护?生死勤苦悉护,教度脱,是为护。(T08n0225p0493b05—07)

好像注者参考了此译,此译与"谦苦于世间护"相对应的也是两句:"安靖于世"和"为十方护"。不同的,他这个"护"也作名词看,不视为动词。再则他添了"为十方"字。但《道行经》没有"为十方",理解起来也可以照样增词为训吗?再看他译:

C译:

如诸菩萨发阿耨多罗三藐三菩提心,欲得阿耨多罗三藐三菩提,所为甚难。是人为安隐世间故发心,为安乐世间故发心,我当得阿耨多罗三藐三菩提。为世间作救,为世间作归,为世间作舍,为世间作究竟道,为世间作洲,为世间作道师,为世间作趣。须菩提!云何菩萨得阿耨多罗三藐三菩提时,为世间作救?菩萨为断生死中诸苦恼故说法。救眾生于苦恼。须菩提!是名菩萨得阿耨多罗三藐三菩提时,为世间作救。(T08n0227p0561a22—b03)

此译将"菩萨谦苦,安隐于世"演绎成两个长句,剩下一个"护"字,另成一句,"为世间作救"。对于理解首译我们所引的那一句,参考意义不大,其他两译也大致如此。梵本约同于F译,从中也理不出一个头绪,来诠释我们的疑问。

没有办法,只能自己动脑筋。我想这样来理解"安隐于世间护"这个句子:

<u>安隐</u> <u>于世间</u> <u>护</u>
宾语　补　语　述语

将词语归于原位,将宾动还原成动宾,得:

护　安稳　于世间

译成现代汉语,将补语替换成状语:

在世间保平安

这样一来,"护"仍是动词,与后面几个排比单位,还是参差错落。但在结构上就舒服多了,比较地能说得过去了。前面说在世间保平安,后面重提时,说为世间作保护者,避免了处处重沓,修辞上叫做避复,应该也是行文常有的事。

《论语》词语考释六则

上海大学中文系 杨逢彬

摘 要 《八佾》"揖让而升,下而饮"又断作"揖让而升下,而饮",但先秦典籍中罕见"……而……,而……",故以前一断法为妥。《公冶长》"未知焉得仁"读作"未智,焉得仁",是个因果复句,由"未知"常带宾语以及"焉得"总是处于因果、条件复句的后一分句之首可知。《子罕》"君子居之何陋之有"的"陋"为鄙陋、僻陋义,《左传》相关文字可以为证。《颜渊》"在邦无怨,在家无怨"的"无怨"是指我不抱怨,而非别人怨我,《左传》《国语》中含有"无怨"的文字可证。俞樾说《宪问》"'奚而'犹'奚为'也",即"何为",实际上"奚"就等于"何为","而"依然是连词。《子张》"门人小子"当连读,用法与"志士仁人""凶年饥岁""祖袒裸裎""弟子后生"相同。

关键词 《论语》 而 未知 陋 无怨 奚而 不蔽

揖让而升下而饮

见于《八佾》:"子曰:'君子無所争。必也射乎!揖让而升下而饮。其争也君子。'""揖让而升下而饮"七字断句有歧异,一为何晏《集解》引王肃说:"射于堂,升及下皆揖让而相饮",则当断为"揖让而升下,而饮",皇侃《义疏》以及《经典释文》皆从之(程树德,1990:155);一为郑玄之注《诗经·小雅·宾之初筵》:"故《论语》曰:'下而饮,其争也君子'"(程树德,1990:153-154)。按《礼记·少仪》:"仆于君子,君子升下则授绥",似可证成王说;但《祭统》:"夫大尝禘,升歌《清庙》,下而管《象》"(《明堂位》《仲尼燕居》有类似文字),又可证成郑注。持上述两说者正是用以上《礼记》文字互相辩难的(程树德,1990:153-155)。其实,"君子升下则授绥"是说君子"升"和"下",仆者都要"授绥"(郑玄、孔颖达,1999:1032),《少仪》的所谓"'升''下'连文"实在不能证明本章势必如此。我们从郑玄说。因为,遍搜《左传》(3104)《论语》(354)《国语》(1506)《孟子》(772)中5795个"而",未见其有"揖让而升下,而饮"这种"……而……,而……"的用法;如果要表达如此标点后这句话的意思,通常应作"揖让而升下,且饮"。类似句子如:"若使大子主曲沃,而重耳、夷吾主蒲与屈,则可以威民而惧戎,且旌君伐。"(《左传·庄公二十八年》,又见《国语·晋语一》)"宫之奇之为人也,懦而不能强谏,且少长于君。"(《左传·僖公二年》)"好勇而狂,且恶夷驸之佐上军也。"(《文公十二年》)"师老而劳,且有归志,必大克之。"(《襄公九年》)"使圉人驾,寺人御而出,且曰:'崔氏有福,止余犹可。'"(《襄公二十七年》)"士皆释甲束马而饮酒,且观优。"(《襄公二十八年》)

"不义而富且贵,于我如浮云。"(《论语·述而》)以上句子可以归纳为"……而……,且……"这一格式。而如果从郑玄说断作"揖让而升,下而饮",则类似例子不胜枚举,仅举《论语》中数例:"道千乘之国,敬事而信,节用而爱人。"(《学而》)"述而不作,信而好古,窃比于我老彭。"(《述而》)"说而不绎,从而不改,吾末如之何也已矣。"(《子罕》)"博学而笃志,切问而近思,仁在其中矣。"(《子张》)两相比较,结论已不待言。

未知焉得仁

见于《公冶长》:"子张问曰:'令尹子文三仕为令尹,无喜色;三已之,无愠色。旧令尹之政,必以告新令尹。何如?'子曰:'忠矣。'曰:'仁矣乎?'曰:'未知,焉得仁?''崔子弑齐君,陈文子有马十乘,弃而违之。至于他邦,则曰:"犹吾大夫崔子也。"违之。之一邦,则又曰:"犹吾大夫崔子也。"违之。何如?'子曰:'清矣。'曰:'仁矣乎?'曰:'未知,焉得仁?'"杨伯峻先生《译注》说:"未知,和上文第五章'不知其仁',第八章'不知也'的'不知'相同,不是真的'不知',只是否定的另一方式;孔子停了一下,又说'焉得仁',因此用破折号表示。"(杨伯峻,1980:50)按,杨伯峻先生标点为"未知;——焉得仁?"当今诸家中,李泽厚《论语今读》标点同杨伯峻先生(李泽厚,1998:136),其他各家如钱穆《论语新解》(钱穆,2002:128)、孙钦善《论语本解》等(孙钦善,2009:54-55),标点或有不同,理解也大致如此。何晏《集解》引孔安国说:"但闻其忠事,未知其仁也。"(程树德,1990:334)此或为《论语译注》等书所本。但《经典释文·论语音义》此章"未知"下注以"如字,郑音'智'"(陆德明,1983:347),即读作"知",但郑玄读作"智"。唐写本《论语郑氏注》此章也作"未智焉得仁"(王素,1991:44)。另外,《论衡·问孔篇》:"'子张问:"令尹子文三仕为令尹,无喜色;三已之,无愠色;旧令尹之政,必以告新令尹。何如?"子曰:"忠矣。"曰:"仁矣乎?"曰:"未知,焉得仁?"'子文曾举楚子玉代己位而伐宋,以百乘败而丧其众,不知如此,安得为仁?问曰:子文举子玉,不知人也。智与仁,不相干也。有不知之性,何妨为仁之行?五常之道,仁、义、礼、智、信也。五者各别,不相须而成。故有智人、有仁人者,有礼人、有义人者。人有信者未必智,智者未必仁,仁者未必礼,礼者未必义。子文智蔽于子玉,其仁何毁?谓仁,焉得不可?"王充认为"仁"与"智"是不相干的两码事,是否仁或是否智都不以另一方为先决条件。可见王充和郑玄一样,将"知"读为"智"。这里的事实依据是,子文举子玉自代,结果"败而丧其众",是为不智。又《里仁篇》第一章:"择不处仁,焉得知?" 意谓选择居所,没有仁德,怎么能算聪明智慧呢?彼处不仁则不智,此处不智则不仁,适相对照。读"未知"为"未智"的更为坚强的证据是:1. 当回答他人"我不知道"时,从《论语》时代直到战国末年,一般都作"不知也"或"不知",除本例外待论证外,从未见答以"未知"的。如:"或问禘之说。子曰:'不知也。'"(《论语·八佾》)"孟武伯问子路仁乎?子曰:'不知也。'"(《公冶长》)"克、伐、怨、欲不行焉,可以为仁矣?'子曰:'可以为难矣,仁则吾不知也。'"(《宪问》)"越王句践问焉,曰:'……请问战奚以而可?'包胥辞曰:'不知。'"(《国语·吴语》)"曰:'周公知其将畔而使之与?'曰:'不知也。'"(《孟子·公孙丑下》)"于是泰清问乎无穷曰:'子知道乎?'无穷曰:'吾不知。'"(《庄子·外篇·知北游》)"汤曰:'孰可?'曰:'吾不知也。'"(《杂篇·让王》)"子路问于孔子曰:'鲁大夫练而床,礼邪?'孔子曰:'吾不知也。'"(《荀子·子道》)

2.我们全面调查了《论语》(1 例)《左传》(14 例)《国语》(2 例)《孟子》(2 例)《老子》(1 例)《庄子》(12 例)《墨子》(10 例)《管子》(5 例)《荀子》(3 例)《吕氏春秋》(8 例)《韩非子》(8 例) 11 部古籍中的全部 66 例"未知";这 66 例中,除了《荀子》中的 2 例外,其余 64 例"未知"全都带有宾语。例如:"未知生,焉知死?"(《论语·先进》)"寡人有子,未知其谁立焉。"(《左传·闵公二年》)"今乘舆已驾矣,有司未知所之,敢请!"(《孟子·梁惠王上》)"若无所济,余未知死所,谁能与豺狼争食?"(《国语·晋语四》)。其中较为特别的是《吕氏春秋·似顺论》的一例:"以凡人之知,不昏乎其所已知,而昏乎其所未知,则人之易欺矣,可惶矣,可恐矣,可喜矣。"可以理解"所"是"已知""未知"前置的宾语。《荀子》中未带宾语的两例:"养一之微,荣矣而未知。"(《解蔽》)"子贡问于孔子曰:'赐为人下而未知也。'"(《尧问》)但这两例较《论语》时代为后,且与本章"未知"二字专作一句不同。3."焉得"经常处于因果、条件复句的后一从句。我们在《论语》(2 例)《左传》(13 例)《国语》(3 例)《孟子》(2 例)《管子》(2 例)《吕氏春秋》(1 例)《韩非子》(10 例) 7 部古籍中找到 33 例"焉得",除《孟子·滕文公下》(孟子曰:"是焉得为大丈夫乎?子未学礼乎?") 1 例外,其余 32 例"焉得"全部处于因果、条件复句的后一从句之首。例如:".管仲有三归,官事不摄,焉得俭?"(《论语·八佾》——因果)"里仁为美。择不处仁,焉得知?"(《里仁》——条件)"晋、楚无信,我焉得有信?"(《左传·宣公十一年》——条件)"犹有晋在,焉得定功?"(《宣公十二年》——因果)".书退!国有大任,焉得专之?"(《成公十六年》——因果)"若弗弃,则主焉得之?"(《国语·晋语九》——条件)"君子平其政,行辟人可也,焉得人人而济之?"(《孟子·离娄下》——条件) 综上,由于未见"未知"表示"我不知道",故这种理解值得怀疑;而"知"是及物感知动词,"未知"通常要带宾语;"智"是性质形容词+抽象名词的兼类词,不带宾语,而两字既是古今字关系,又是通假字关系,经典中常通用,所以此章的"知"应读作"智";又由于"焉得"往往处于因果、条件复句的后一从句,所以,我们认为"未知,焉得仁"应读为"未智,焉得仁",是个因果复句(因为"子文曾举楚子玉代己位而伐宋,以百乘败而丧其众")。结合《里仁》第一章"择不处仁,焉得知",可以初步得出结论,孔子认为"仁"与"智"是互为先决条件的,这在中国哲学史研究上是有较大意义的。

君子居之何陋之有

见于《子罕》:"子欲居九夷。或曰:'陋,如之何?'子曰:'君子居之,何陋之有?'"马融注:"君子所居则化。"(程树德,1990:605)皇《疏》引孙绰云:"九夷所以为'陋'者,以无礼仪也。"(程树德,1990:606)朱熹《集注》:"君子所居则化,何陋之有?"(朱熹,1983:113) 如马、皇、孙、朱所解为确诂,则"陋"为僻陋、鄙陋,闭塞,偏远而少文可知。而杨伯峻先生释此章之"陋"为"简陋"(杨伯峻,1980:91),孙钦善先生释之为"粗陋"(孙钦善,2009:111),故有辨析的必要。我们穷尽考察了《左传》(5)《国语》(1)《逸周书》(1)《晏子春秋》(2)《管子》(2)《荀子》(17)《吕氏春秋》(4)《韩非子》(6) 等 8 部先秦古籍中的 38 例"陋"(《论语》6.11、9.14 的 3 例"陋"、《孟子·离娄下》例"陋巷"待考证,不算),只见到"僻陋""愚陋"两义,未见一例用为"简陋"义者。因此我们认为上引马、皇、孙、朱所解是正确的。《左传·文公十二年》:"不有君子,其能国乎?国无陋矣。"意谓没有君子,能叫做国家吗?秦国有了君子,所以不鄙陋。大意与本章同。《左传·成公八年》记载,晋侯的使者经过莒国,对莒君说:"城墙已经败坏了。"莒君却说:"辟陋在夷,其孰以我为虞?"意谓我国僻陋,处在蛮夷之地,谁会打我们的主意呢?第二年果然被楚国攻下。《成公九年》:"莒恃其陋,而不修城郭,浃辰之间(十二天之内),而楚克其三都,无备也夫!""恃陋"意谓仗着自己处在边远之地。彼言"辟陋在夷",此言"子欲居九夷。或曰:'陋,如之何?'"可见此章之"陋"也是鄙陋、僻陋之意。又《昭公十九年》:"晋之伯也,迩于诸夏,而楚辟陋,故弗能与争。"楚国被各国视为蛮夷,故而僻陋;而九夷亦远在楚国。《左传·昭公四年》的一段文字亦可与成公九年之"莒恃其陋"互相发明:"(晋侯)曰:'晋有三不殆,其何敌之有?国险而多马,齐、楚多难。有是三者,何乡而不济?'(司马侯)对曰:'恃险与马,而虞邻国之难,是三殆也。四岳、三涂、阳城、大室、荆山、中南,九州之险也,是不一姓。冀之北土,马之所生,无兴国焉。恃险与马,不可以为固也,从古以然。'""恃险与马"与"莒恃其陋"适相互证,可见后者的"陋"是边远僻陋的意思,因为如果是"简陋",便不足"恃",一击则破;这也可间接证明"君子居之,何陋之有"的"陋"也是"边远僻陋"之意。

无 怨

见于《颜渊》:"仲弓问仁。子曰:'出门如见大宾,使民如承大祭。己所不欲,勿施于人。在邦无怨,在家无怨。'"朱熹《集注》说:"内外无怨,亦以其效言之,使以自考也。"(朱熹,1983:133)照朱熹的说法,是他人无怨于我,不是我不抱怨于人。孙钦善先生从之,译"在邦无怨,在家无怨"为"在诸侯之国做官不招致怨恨,在大夫之家做官不招致怨恨"(孙钦善,2009:146)。但从《论语》时代典籍中"无怨"的用法来看,一般都表示我无怨于他人他事,而不是他人怨于我,即所谓"招致怨恨"。《宪问篇》:"问管仲。曰:'人也。夺伯氏骈邑三百,饭疏食,没齿无怨言。'""贫而无怨难,富而无骄易。"《左传·昭公元年》:"子相晋国以为盟主,……宁东夏,平秦乱,城淳于,师徒不顿,国家不罢,民无谤讟,诸侯无怨,天无大灾,子之力也。"《昭公十三年》:"有楚国者,其弃疾乎!君陈、蔡,城外属焉。苟慝不作,盗贼伏隐,私欲不违,民无怨心。"昭公二十年:"若有德之君,外内不废,上下无怨,动无违事,其祝史荐信,无愧心矣。"《国语·周语上》:"神飨而民听,民神无怨,故明神降之。"《周语中》:"上作政,而下行之不逆,故上下无怨。"《晋语六》:"过由大,而怨由细,故以惠诛怨,以忍去过。细无怨而大不过,而后可以武,刑外之不服者。"都是这种用法。如他人无怨于我,则用下面这种形式:"夷吾之少也,不好弄戏,不过所复,怒不及色,及其长也弗改。故出亡无怨于国,而众安之。"(《国语·晋语二》)根据语言的社会性原则,这一章的"无怨",也宜理解为我无怨于他人他事为妥。杨伯峻先生《译注》译为"在工作岗位上不对工作有怨恨,就是不在工作岗位上也没有怨恨"(杨伯峻,1980:124),大致得之。

奚 而

见于《宪问》:"子言卫灵公之无道也,康子曰:'夫如是,奚而不丧?'"孔安国解释"奚而不丧"为:"何为当亡乎?"(程树德,1990:998)俞樾《群经平议·论语平议》云:"'奚而'犹'奚为'也。言奚为不丧也。襄十四年《左传》'射为礼乎',《太平御览·工艺部》引作'射而礼乎';《孟子·滕文公篇》'方里而井',《论语颜渊篇正义》引作'方里为井',并其证也。"（俞樾,1994:506-507）俞说诸家多从之,如孙钦善先生《论语本解》云:"'奚为'即'何为',亦即'为何'。"（孙钦善,2009:181）俞说其实不确。"奚"可译为"为何",与"而"无关。《论语》中"奚"11见,除此例外,10例中有6例可译为"为何":"子奚不为政？……奚其为为政？"（《为政》）"女奚不曰,其为人也,发愤忘食,乐以忘忧,不知老之将至云尔。"（《述而》）"由之瑟,奚为于丘之门？"（《先进》）"有是哉,子之迂也！奚其正？"（《子路》）"夫如是,奚其丧？"（《宪问》）《左传》中也不乏其例:"费曰:'我奚御哉！'袒而示之背,信之。"（《庄公八年》）"国,皆其国也。奚独赂焉？"（《襄公三十年》）至于"而",在此仍为连词,用以加强反诘语气,类似"人而无信"（2.22）"人而不仁"（3.3）"管氏而知礼"（3.22）的"而"。

门人小子

见于《子张》:"子夏之门人小子,当洒扫应对进退,则可矣,抑末也。本之则无如之何？"此四字古来连读。清代武亿《经读考异》认为当在"门人"后点断（程树德,1990:1318）,清人潘维城《论语古注集笺》云:"'小子'即'门人',经文复出,无谓矣。"（程树德,1990:1318）程树德《论语集释》云:"此小子即门人也。古人无此累坠重复文法。"（程树德,1990:1318）他们都主张在"小子"后点断,而作"子夏之门人,小子当洒扫应对进退"。按,古人有此文法,且并非"累坠重复",而是一种修辞手法,可加强表达效果。如:"志士仁人,无求生以害仁,有杀身以成仁。"（《卫灵公》）"凶年饥岁,君之民老弱转乎沟壑,壮者散而之四方者,几千人矣。"（《孟子·梁惠王下》,又《公孙丑下》）"尔为尔,我为我,虽袒裼裸裎于我侧,尔焉能浼我哉？"（《公孙丑上》）"夫为弟子后生,其师,必修其言,法其行,力不足、知弗及而后已。"（《墨子·非儒下》）。古书中,"志士仁人""凶年饥岁""袒裼裸裎""弟子后生"都是所谓"经文复出"。如赵岐注"言往者遭凶年之陁,民困如是"（阮元,1980:2681）云云,并未言及"饥岁",可知"饥岁"大致同"凶年";焦循《正义》考证"裸裎"也大致同"袒裼"（焦循,1987:244-246）;孙诒让《墨子间诂》云:"后生亦弟子也。"（孙诒让,2009:307）均可证。

附　注

①《汤诰》为《伪古文尚书》之一篇,但并非其所有部分都是空穴来风,故仍引以为证。

参考文献

程树德　1990　《论语集释》,中华书局。
[清]焦　循　1987　《孟子正义》,中华书局。
李泽厚　1998　《论语今读》,安徽文艺出版社。
[唐]陆德明　1983　《经典释文》,中华书局。
钱　穆　2002　《论语新解》,三联书店。
孙钦善　2009　《论语本解》,三联书店。
[清]孙诒让　2009　《墨子间诂》,中华书局。
王　素　1991　《唐写本〈论语〉郑氏注及其研究》,文物出版社。

杨伯峻　　　1980　《论语译注》，中华书局。
[清]俞　樾　1994　《群经评议》，上海古籍出版社。
[汉]郑　玄　[唐]孔颖达　1999　《礼记正义》，北京大学出版社。
[宋]朱　熹　1983　《四书章句集注》，中华书局。
[清]阮　元　1980　《十三经注疏》，中华书局。

东汉佛道文献词汇新质的社团分布分析*

四川大学中国俗文化研究所　俞理明　顾满林

摘　要　东汉佛教文献中出现的词汇新质跟东汉道教文献中出现的词汇新质，既有相同的地方，更有差异，体现了二者各自社团特点。具体表现为：文化背景不同而引起的词汇差异，思想观念和关注焦点不同而引起的词汇差异，认识变化引起的词义差异，表达习惯不同而引起的用语差异，传道说法中涉及非宗教内容而形成的词汇差异，佛经原典语言特征的影响引发差异。

关键词　描写词汇学　词汇新质　社团分布　佛教用语　道教用语

词汇新质是指词汇中出现的新成分，包括词汇的新形式和词汇成分的新意义。道教的产生和传播，以及佛教的传入，在形成不同社会文化背景的宗教群体的同时，也给汉语词汇增添了大量的新成分。东汉时期产生了数量不小的翻译佛经，道教经典也正式形成。我们运用描写词汇学的手段，对目前所存的最早一批汉文佛经和道教文献中的词汇新质作了全面的调查，[1]从中发现了4757条词汇新质（同一形式有不同意义的，按义项计）。在对这些词汇新质的社团分布分析中，可以看到，出现在佛教文献中的词汇新质跟出现在道教文献中的词汇新质，既有相同的地方，更有差异，体现了二者各自社团特点。表现在以下几个方面。

一　文化背景不同而引起的词汇差异

佛经中有大量译词，这些通过音译和意译产生的词汇新质，展现了大量来自异域的事物和概念，比如佛经重视渲染宣教的场景，对信徒敬信佛的行为，也有细致描述，一些表

---

* 本文是教育部人文社会科学研究"十五"规划项目(01JB740010)"汉代佛道典籍语言研究"和四川省哲学社会科学"十五"规划项目"汉语词汇史·东汉佛道文献词汇研究"前期成果，属本项目成果"东汉佛道词汇新质研究"结论的一部分。

1　本文采用的东汉道经有《太平经》《周易参同契》《老子想尔注》。所选佛经篇目据《出三藏记集》记载，并参考 Jan Nattier(2008，最早的汉译佛教文献导论)和其他学者的意见，把它们分为两个部分，以公认时代确凿部分的材料作为主证，据以立山，另一部分(加*号)只作附证，不据以立山，包括安世高所译的《长阿含十报经》(T13)、《人本欲生经》(T14)、《一切流摄守因经》(T31)、《四谛经》(T32)、《本相猗致经》(T36)、《是法非法经》(T48)、《漏分布经》(T57)、《普法义经》(T98)、《八正道经》(T112)、《七处三观经》(T150A)、《九横经》(T150B)、《阴持入经》(T603)、《道地经》(T607)、《阿含口解十二因缘经》(T1508)、《阿毗昙五法行经》(T1557)、*《五十校计经》(T397)；支谶所译《道行般若经》(T224)、*《般舟三昧经（散句部分)》(T418)、*《兜沙经》(T280)、*《遗日摩尼宝经》(T350)、*《文殊师利问菩萨署经》(T458)、*《内藏百宝经》(T807)，安玄所译《法镜经》(T322)，昙果、康孟详所译《中本起经》(T196)，*竺大力、康孟详所译《修行本起经》(T184)。

示礼敬的新方式出现在佛经中：[1]

和南（梵文 vandana 的音译，意译敬礼）、叉手、绕三匝、头面接足（接足、头面礼足、头脑礼足、头首礼足、礼足、头面着足）、五体投地、顶受，等等。

有些行为汉地应该有的，但一般记述中不强调，因此，这类词语也首见于佛经，如：

修敬、礼拜、作礼、拱袖、直揖、头面着地（头面作礼、持头礼）、却、却住、却坐、避坐（避席、退坐），等等。

《太平经》中的礼敬方式比较简单，只有少数几个：

结躯、趋走跪起、昏定晨省、朝夕，等等。

两教的宗教理论差异，也反映在词汇中。比如有关修行果位的词语，佛教中有：

须陀洹（梵文 srotaāpanna 的音译，意译预流、沟港）、斯陀含（梵文 sakrdāgāmin 的音译，意译一来）、阿那含（梵文 anāgāmin 的音译，意译不还）、阿罗汉（梵文 arhat 的音译，意译无学、应仪、应真），辟支佛（梵文 pratyekabuddha 的音译，意译缘觉、独觉）、菩萨（梵文 bodhisattva 的音译，意译开士），俗人通过修行，可以达到其中某一层面。

而《太平经》把人（神）分为儿级：

> 其无形委气之神人，职在理元气；大神人职在理天；真人职在理地；仙人职在理四时；大道人职在理五行；圣人职在理阴阳；贤人职在理文书，皆授语；凡民职在理草木五谷；奴婢职在理财货。（《太平经》卷四二，《太平经正读》，84 页）

这是一个从俗人到仙界的层级：

> 今善师学人也，乃使下愚贱之人成善人；善善而不止，更贤；贤而不止，乃得次圣；圣而不止，乃得深知真道；守道而不止，乃得仙不死；仙而不止，乃得成真；真而不止，乃得成神；神而不止，乃得与天比其德；神神而〔神神而，王明校作天比〕不止，乃得与元气比其德。（《太平经》卷四〇，《太平经正读》，77 页）

二 思想观念和关注焦点不同而引起的词汇差异

对于社会和人生，佛教和道教有不同的关注点。佛教认为人的享受（欲望）是痛苦和烦恼的根源，个人的感知和对待享乐的态度、意愿是关键，一些汉语词被用来表达感知方面的概念，如：阴、著、尩、种、钉、漏、疮、染，等等。

有了这些感知，形成了一些不良思想，如：重担、颠倒、愚痴、疑网、流、尘、垢、秽恶，等等。

这些思想具体体现为：乐欲、欲乐、欲爱、色欲、爱欲、欲念，等等。

由此形成了人的种种烦恼苦痛，如：愁恼、愁易、流热恼忧、流恼热忧、热毒、热恼、热疲苦恼、热疲悔恼、热疲忧恼、热忧疲恼、热恼疲恼忧、恼忧、忧恼、忧悲苦恼、忧愁恼、忧苦恼、忧念想、忧悲恼、悲怜、悲疾、哀悴、哀恸、悲怖、悲啼，等等。

道经中表达这类概念的词汇新质很少，像"愁毒""愁怖"都是佛道兼用的，单见于道经的只有"患忧"和"悃悒"。

与佛教更多地关心个人痛苦不同，《太平经》主要讨论社会问题，重视灾难怪异对社

---

[1] 在本课题的陈述部分，我们对这 4757 条材料逐一举例作了讨论，这里限于篇幅，只举词目，不举书证。

会的警示，有关灾异的名目众多，如：变怪、怪变、灾变怪、灾变异、灾怪变、变怪灾异、灾病、病变、流灾，等等。

在涉及人生不幸时，佛教立足于个人行为谈因果报应，用"根""根栽""栽""殃罪"等等，道教受中国的宗法制度影响，重视群体和环境的影响，有承负(后人承受前人不良行为的恶果)和阴阳变革(环境变化带来的意外伤害)的说法，用"负""厄会""殃枉""殃苦"，各自有别。

死亡是宗教的重要话题，佛道文献中出现了很多新的表达方式，如：佛教文献中出现了"过去、废坏灭、命终、终亡、横尽、横死"。道教文献中出现了"弃、弃世、难生、死倾、终死、年竟、年穷、老去、灭户"。

佛道文献中共同出现的"老终"。

但是，道教追求长寿和永生，短寿是人生的重大失败，东汉道经的讨论中短寿是一个重要概念，有多种表达方式，比如：命少、年少、少命、少年、无数、中死、中夭、夭终。

而佛教则追求超脱生死轮回，只要死得其所，寿命长短无关紧要，同类的词语见于东汉佛经的只有"夭逝"一个。

另外，佛教追求通过修行超脱轮回，所以有"泥洹"(即"涅槃"，梵文 nirvāna 的音译)、"般泥洹"(梵文 pari-nirvāna 的音译)和它的意译形式"灭度"，区别于一般的死亡。

面对死亡，佛道两教应对态度和方式的不同，影响了他们的用词。

三　认识变化引起的词义差异

佛教进入中土，根据表达的需要，采用了一些道教社团使用的汉语词，其中不乏改造的成分，使这些词的含义发生变化，比如：道人，在《太平经》中也称"大道人""道士""道术士""道术"，指修行得道并在世间传教的人，地位在圣人之上，仙人之下。在东汉佛经中，出家修行的都是"道人"，而"道士"与"道人"有别，被用来称异教修行者，不称佛教徒。

大道人，《太平经》中与"道人"同义，而在佛经中，被作为异教徒对佛的尊称，佛教徒称佛应该用"佛日""世雄""世尊""天中天""众佑"，等等。

真人，《太平经》中"真人"位在仙人之上、神人之下，是已经修行升仙、离开尘俗的仙界人物，佛教用来泛指本教或异教修行得道的人，包括如来或罗汉。

圣经，《太平经》提出的解决社会问题的主要措施之一，就是广泛搜集散落在民间的圣贤之言，来指导当时的现实，因此称所纂集的圣人之言为"圣经"，而佛教则把本教的经典称为"圣经"。

四　表达习惯不同而引起的用语差异

东汉佛经在洛阳一带译出，外来的佛经翻译者大多在西域或凉州一带初学了汉语，参与译经的汉人多是洛阳的居士，而《太平经》在黄河下游地区形成。因此，即使排除了文化的差异，因不同的地域、不同的写作者，也会存在不同的用语习惯，造成用语差异。一些词语的分布，可能与此有关。比如有关思虑的词：

表示"内心"的意义，《太平经》用"五内""腹心""心腹""心鬲""胸心"，而佛经则用"五情"。

表示"发自内心",《太平经》用"发中",佛经用"内发""发念"。

表示"有了想法",道经中用的"发""发起""作意"等佛经都有使用,而佛经中还有类似的"发意""发起""起心""起想""起意""感念"等,都未见于道经。

表示"专致",道经中用"倈倈""念心""端心""积精""坚心""专纯""专坚密"等,佛经中用"整心""端意""精勤"等。只有"精进"一词,既见于道经,也见于佛经。

表示"思考",道经用"开心意""用心意""精念""精详""策""复思""惟论""惟论思""投意""思计念""审详""考心""意极"等,佛经用"意计""谛念""寻思""投念""思忆""计挍""校计(挍计)""磋切"等,当然也有一些词是佛道共有的,如"想念""念思惟""思惟念""思想""谛思"等。

《太平经》中有一些对话中的提示语,比如提示听者记住的有:"结""结念""贯结""贯结着"等,谈话中表示应对承接的"平""诺""诺诺""然""行"都很别致,罕见于其他文献。佛经中也有一些特殊的招呼应对语,如"善来""多贺来到""如是""尔""止止"等,显然受原文的影响产生,比如"善来",就对应梵文 svāgata,是一个仿译词。

东汉佛道文献都大量采用对话形式,其中对话的引出方式,道经比较守旧,跟一般文献用词没有明显的差别,而佛经中有不少新形式,比如尊者对卑者用"告",卑者对尊者用"白言""白～言"等等。

表示"说话"行为或所说的话,道经有"用口""道言""讲说""投辞""投说""吐口出辞""陈道""陈数""称载""记""名字"表示各种人表达意见,佛经中则用"演说""敷演"表示佛的铺陈宣讲。

这些同义成分,从词的层面来看,佛道之间的差异比较大,但如果降入语素层面,其中的共同点就明显增加,如上列各例中,分用于佛经和道经的"五情—五内""内发—发中""端意—端心""谛念—精念""投念—投意"等等,异中有同的关系十分明显。

五 传道说法中涉及非宗教内容而形成的词汇差异

文献的内容不同,牵涉对象也不同。在东汉佛道用语新质中,有相当一部分就是牵涉到宗教以外事物而出现的。比如佛教讲人生是苦,安世高《道地经》中描写人受胎到出生的过程来论证这一观点:

> 实时得两根身根心根精已,七日不减;二七日精生,薄如酪上酥肥;三七日精凝,如久酪在器中;四七日精稍坚如酪成;五七日精变化如酪酥;六七日如酪酥变化聚坚;七七日变化聚坚藏,譬如熟乌麸;八七日变化灭乌麸,譬如磨石子;九七日在磨石子上生五睡,两肩相两䑊相一头相;十七日亦在磨石子上生四肘,两手相两足相;十一七日亦在磨石子上生二十四肘,十在手指相十在足指相,四在耳目鼻口止处相;十二七日是肘为正;十三七日为起腹相;十四七日心脾肾肝心生;十五七日大肠生;十六七日小肠生;十七七日胃生;十八七日生处肺处熟处;十九七日髀膝足臂掌节手足跌约;二十七日阴脐乳颈项形;二十一七日为骨髓应分生,九骨着头,两骨着颊,三十二骨着口,七骨着咽,两骨着肩,两骨着臂,四十骨着腕,十二骨着膝,十六骨着胁,十八骨着脊,二骨着喉,二骨着臏,四骨着胫,十四骨着足,百八微骨生肌中,如是三百节,从微着身譬如瓠;二十二七日骨稍坚,譬如龟甲;二十三七日精复坚,譬如

厚皮胡桃，是为三百节连相着，足骨连腨肠，腨肠连䏶骨，䏶骨连背脊，腰骨连肩，肩连颈胫，颈胫连头颐，头颐连齿，如是是骨聚，魂䃺骨城，筋缠血浇，肉涂革覆，福从是受，靡不知痛痒随意随风作俳䚋；二十四七日为七千筋缠身；二十五七日生七千脉尚未具成；二十六七日诸脉悉彻具足成就如莲花根孔；二十七七日三百六十节具；二十八七日肉栽生；二十九七日肉稍坚满；三十七日皮膜成腊；三十一七日皮膜稍坚；三十二七日䏸䏥肌生；三十三七日耳鼻腹脾脂节约诊现；三十四七日身中皮外生九十九万孔；三十五七日九十九万孔稍稍成现；三十六七日爪甲生；三十七七日母腹中若干风起，或风起令目鼻口开已开入，或复风尘起，令发毛爪生端正亦不端正，或复风起盛肌色，或白或黑或黄或赤，好不好，是七日中，脑血肪膏髓热寒涕大小便道开；三十八七日母腹中风起，令得如宿命行好恶，若好行者便香风起，可身意令端正可人，恶行者令臭风起，使身意不安不可人，骨节不端正，或臃脓或倭或骫或魋，人见可是；三十八七日为九月不满四日，骨节皆具足，儿生宿行有二分，一分从父一分从母，或时毛发舌咽脐心肝脾眼尻血从母，或爪甲骨大小便脉精若余骨节从父，宿行从母受生，熟在下生在上，儿在左胁背向前腹向后，女在右胁腹向前背向后，止处臭恶露，一切骨节卷缩在革囊在腹内，血着身在外处大便肥长；九月余有四日，一日二日中，若宿行好，便意生"我在园中"，意计若在天上，若恶行者，意生"我在狱止"。二日意在三日中，即腹中乐，三日意在四日中，一日一夜母腹中上下风起，儿从是风倒头向下，足在上，堕母胞门中。宿行好，于母胞门中意生堕池水、池水中戏，复意生在高床上若香华中。宿命行恶者，意生从山堕树上、堕岸上、堕坑中、堕涧中、堕蒺蔾中、堕网中、堕茅中、堕刀矛栏中，从行忧恼匆匆。亦从喜从乐名闻好恶行，自缚身，在所到，自更得便出，既为胞门所缠裹，产户急笮，堕地中风，复为人温汤所洗，手麤身遍痛如疮，从是便忘宿行、腹中所更。已生从血臭故，便聚为邪鬼魑飞尸各魓魅蛊魅魑行。父亦如是，譬如四街有一脔肉，为鸱鸢乌鹊众鸟所争，各自欲得耶，环绕娆人如是，有宿行好耶，不能得着；宿行恶耶，能得着。(《大正藏》卷一五 234a~c 页)

通过对胎儿在母体内生长和出生过程的叙述，集中谈到人体的各部位，还通过用其他事物作比喻描绘，涉及了大量的名物。另外，这里引入的"七日"(相当于现代的"星期")这么一个时间概念，也是值得注意的。

又如《太平经》卷一一四"大寿诫"中对一个家庭复兴的描写：

是过积祸之人，自致无门户后世，天甚复伤之，故使复有遗腹子，未知男女。儿生未大，母去行嫁。至年长大，问其疎亲："我父母何在？"亲言："汝父少小，父母不能拘止，轻薄相随，不顾于家，劫人强盗，殊不而自休止。县官诛杀，游于他所，财产殚尽，不而来还故乡，久在异郡，不审所至，死生不可得知也。诸家患毒，亲属中外皆远去矣。汝母怀妊时，见汝生有续，心中复喜。家长大人无所依止，贫无自给，使行事人。随夫行客，未有还期。"遗腹子言："人皆父母依仰之生，我独生不见父母。"至年颇大，问父所在。人言："汝父行恶，远弃父母，游荡他方，死生不知，所在无有往来者。闻言已死，不知所在。父母忧之，发病不起，遂不成为人。财产殚尽，外内尽衰，咎在余亲希疎，素无恩分。"不直仰天悲哭，泪下沾衣，父有恶行，自致不还于处，身自过责，无有解已。时以行客，赁作富家，为其奴使。一岁数千，衣出其中,余少可视,积十余岁,可得自用还故乡。招藏我父,晨夜啼吟,更无依止,甚哉痛乎!父时为恶,使子无所依止,泪下如行,自无干时。天大哀伤,常使强健,治生有利,使取妻妇,复有子孙,心乃小安耳。复为其子说之:"我父行恶,远在他乡不还,时往人去者,卜工问之,殊死生,不知所安所在,招藏之有岁数。去行治生,天哀穷人,使有利入,颇有少钱,因求妇相助治生,因有汝耳。我疾我父少小时为恶,故诫汝耳。从今以后,但当善耳,勿效我父远之他所。故复思我过,天哀我耳。汝努力心为善,勿行游荡,治生有次,勿取人财,才可足活耳。各且相事,无妄饮酒,讲议是非,复见失。详思父母言,可无所咎。天上闻知,更为善子,可得久生,竟年之寿。为汝作大,以是为诫。"诸神闻知,上白于天。天令善神随之,治生有进,财复将增,生子遂健,更为有足,是天恩也。(见《太平经正读》457 页)

其中涉及许多日常事物和日常行为的词语,都是此前文献中未能见到的,它们与宗教没有什么关系,如果不是因为举例,它们是不会出现在经文中的。这种带有偶然因素出现的词语,成为汉语历史词汇研究中难得的材料。

另外,对话语境的差异,也造成了佛道文献中词汇新质的不同。道经中对话的参加者主要是天师和真人,很少背景叙述,称呼和描写都比较简单,而佛经中,对话场景复杂多变,参加人员变化很大,因此,有一些不同的对话用语,比如对对方的敬称:尊、国贤、卿。

对对方行为的敬辞:枉屈、屈辱、垂、表见、哀顾、临顾、临眄、临盼、顾下、来顾、垂化。

由于对话环境多变,佛经中这方面的词汇新质比道经丰富。

六 佛经原典语言特征的影响引发差异

除了上文提到的招呼应对语以外,汉语名词单复数同形,虽然在需要的时候,可以在名词或代词后加上一个表复数的词,但这不是必须的。而佛经原典用语在这方面是有差异的,比如梵文的名词有单数、双数、复数。因此,汉译佛经中出现了一些新的表示复数的手段,如:辈、等类、曹辈,等等。相应地,佛经中第一人称有:吾等类、我辈、我曹辈,第二人称有:若曹,其中佛道文献都出现的,只有"汝曹"一词。

汉语动词的时体意义,一般通过副词限定来表示,不用动词后缀。但是,在佛经中,动词后出现了像"竟""竟已"等表示完成意义的成分,如:

如是说竟,学者不学者亦已说。(安世高《道地经》,《大正藏》卷一五,231b 页)
忉利天上诸天人索佛道者往到彼所,问讯听受般若波罗蜜,作礼遶竟已去。(支谶《道行般若经》卷二,《大正藏》卷 8,434c 页)

这方面,还可能有译者在原典用语影响下对汉语的改造,比如佛经中对"所"的使用就很特别,有许多都是汉语所没有的,我们把它归纳为三类四种,其中两种偶见于道经:

所 1:用在主谓词组前,使它成为一个体词性句子成分,"所+名+动"相当于定中关系的"名+所+动"。如:

所上说学者听说法,上说亦净,中说亦净,已竟要说亦净。(安世高《长阿含十报法经》,《大正藏》卷一,241c 页)

便相依者念所我相依者，比丘僧便出不欲见，便爱着意，不欲至比丘聚。（安世高《七处三观经》，《大正藏》卷二，879b 页）

我当恒以强其精进行，所我方便为不唐苦也，若人有见者，莫不以好信。（安玄《法镜经》，《大正藏》卷一二，17b 页）

所2：用在动词前。（1）"所+动词"作定语，相当于"所+动词+之"。如：

利，所得财宝也。（《想尔注》）

不预知当所生处。（安世高《阿含口解十二因缘经》，《大正藏》卷二五，54c 页）

若坐若经行时，县官终不能危害。何以故？般若波罗蜜所拥护故。（支谶《道行般若经》卷二，《大正藏》卷八，433c 页）

所从比丘六万二千人俱。（昙果共康孟详《中本起经》卷下，《大正藏》卷四，163b 页）

（2）"所+动词"作谓语，相当于动词单用。如：

宁身肌筋骨血干坏，但当所应行者发精进。（安世高《长阿含十报法经》，《大正藏》卷一，236c 页）

于是大道当所施行。（安玄《法镜经》，《大正藏》卷一二，19c 页）

所3：用在名词前表示事物。"所+名"相当于名词单用。如：

或欲为吏，及所医巫工师，各令得成，道皆有成，以给民可用。（《太平经》卷一一四，《太平经正读》，458 页）

已不时生熟所谷若人食，若畜生飞鸟，便少色少力多病少命少豪。（安世高《七处三观经》，《大正藏》卷二，878a 页）

色为何等？所色一切在四行，亦从四行。所四行为何等？地种水种火种风种，亦从四行因。（安世高《阿毗昙五行法经》，《大正藏》卷二八，998c 页）

诸法悉为我说，诸所疑难，皆为解之，悉为解狐疑，皆过度矣。（*支谶《兜沙经》，《大正藏》卷一〇，445b 页）

通过以上分析，可以看出，佛教和道教的流行所触发的汉语词汇创新，往往不是全民性，其中语言接触中的外来因素、不同宗教思想的因素、地域方言的因素，甚至使用者个人用语偏好的因素，都可能在词汇的使用中呈现出差异，换言之，通过词汇分布可以看到，出现在东汉佛道文献中的词汇新质，不少在使用范围上是有限制的。

参考文献

《正统道藏》

《大正大藏经》

饶宗颐　1991《老子想尔注校证》，上海古籍出版社。

俞理明　2002《太平经正读》，巴蜀书社。

Jan Nattier,2008 *A Guide to the Earliest Chinese Buddhist Translations——Texts from the Eastern Han and Three Kingdoms Periods*(最早的汉译佛教文献导论——东汉三国时期的文献),[日本]创价大学国际佛教学高等研究所。

试说汉语语篇的连贯与接应

中央民族大学　史有为

摘　要　汉语语篇研究必须以汉语自身材料为根据。汉语语篇的构成基本单位是小句。这是汉语语篇的特点之一。除命题小句外，还必须重视其他西方理论所忽略的小句。汉语语篇内部的组合机制有连贯与接应两大方面。汉语语篇存在特有的晦逻辑接应，重视以意义为手段的贯通性接应；存在流水句所表现的接应和连贯；存在书面语的韵律接应。这些都是汉语语篇连贯—接应的特有手段。

关键词　汉语语篇　小句　连贯　晦逻辑接应　贯通性接应

1 小引

1.1 汉语语篇的语法位置

中国历来有文章之学，也有"文法"一语，较早元刘壎《隐居通议·文章四》："公为文斩截峻刻，得左氏文法。"已见文法，此后清俞樾《古书疑义举例·错综成文例》："古人之文，有错综其辞以见文法之变者。"再见文法。而文章之法的阐说，更早在刘勰的《文心雕龙》已有精美论述。姜望琪（2012）在这方面有很好的阐释。他认为"在学科分类不细，'文章'被用于广义的古代，特别是在形式研究不发达的中国，文论、修辞、文章学这三者是很难截然分开的"（见该文注1，馀见该文第4节"中国的文章学传统"）。该文认为"跟西方不同的是，中国的传统语言研究是以整体论为指导的，其基本单位是具有较高独立性的'篇章'，而不是西方那样在分化论指导下的，只有相对完整性的'句子'。换言之，中国的传统'语法'是'章法'，而不是'句法'。中国有研究作文法的文章学传统。成于公元500年左右的刘勰的《文心雕龙》就是中国第一部文章学专著。"整体论是中国篇章法则的第一特征。《文心雕龙》也谈到文章的具体结构。该文认为《文心雕龙》要求"文章的各部分（特别是首尾）之间要互相联系，要围绕同一个主题展开"。并指出："重视'主题'是以《文心雕龙》为代表的我国文章学传统的另一个重要特征。起承转合结构说是从形式、从结构角度对文章规律性的总结，主题论则是从意义、从内容角度对文章规律性的总结。""在《情采》这章，刘勰也强调了设定情理的重要，把这看作写作的根本。"[1]

---

[1] 刘勰《文心雕龙》对文章之法论述曰："若筑室之须基构，裁衣之待缝缉"，作文要"总文理，统首尾，定与夺，合涯际，弥纶一篇，使杂而不越。……附辞会义，务总纲领，驱万涂于同归，贞百虑于一致，使众理虽繁，而无倒置之乖，群言虽多，而无棼丝之乱。""启行之辞，逆萌中篇之意；绝笔之言，追媵前句之旨；故能外文绮交，内义脉注，跗萼相衔，首尾一体。……搜句忌于颠倒，裁章贵于顺序。"

姜文还把"主题"明确为传统的"意"。唐代的杜牧曰:"凡为文以意为主,气为辅,以辞藻、章句为之兵卫。"(同上,2012)明末清初戏剧家李渔在戏曲第一章"结构"更指出:"古人作文一篇,定有一篇之主脑。主脑非他,即作者立言之本意也"(李渔 1996: 17),进一步提出了"主脑"和"结构"这两个概念。姜望琪认为"讨论戏曲创作一般都'首重音律',而他却'独先结构'。为什么?因为他认为,结构是比音律先要考虑的因素"(同上,2012)。可见中国的文人学者对篇章结构的觉悟并不晚于西方。只是对篇章内部的形式关联少有分析,只是主张用朗读或诵读来感觉是否"文通字顺",也即用感性代替理性研究。这是中国近代学术落后的根源之一。

笔者认为,文章或篇章是语篇中最重要、最基本的一种形式。汉语重文章之法是有深层缘由的。汉语的句子与语篇具有明显的相关性。汉语句子结构实际上是话题与说明的关系。赵元任(吕叔湘译本,1979)指出:"我们得出一个令人惊异然而明明白白的结论:一个证据是一个由两个零句组成的复杂句。"(51页)"零句"是 minor sentence 的汉译(丁邦新译为"小型句"),是赵元任为解释汉语特点的创设术语。而"所有表示让步、原因、条件、时间、处所的小句,说来说去不外乎是主语"。(吕叔湘译本,69页)这就是说,汉语的主语与谓语都是一种"零句",彼此间是一种复合句关系。汉语复句中的从句也可以看成是主语(即话题),而主句则是说明部分。如此汉语的句子也就都可以看成一种主题(话题)与论述(说明)的关系,主题贯穿了整个句子。而文章的主脑就是"主题",就是所谓"意",其具体行文则是对"意"的论述、阐述和铺陈。在汉人深层意识中,句子、文章二者是同构的。而句子只是语篇的构件,只有在语篇中才有意义,才是活的。语篇重于句子。因此之故,汉人历来重视语篇、文章,而只将句子视为文章的一个结构点而已。文章构筑好了,语句也就比较容易顺流而通。也许正因如此,所以汉语古来一直是文章学发达而句法学、构词学不振。如此看来,以"文法"或"语法"对译英语的 Grammar(句法和词法)实际上是大材小用。从应用角度看,恢复对语篇或文章的关注,或语篇与句法并重,才是汉语"文法"或"语法"的正道。

1.2 中国现时的语篇研究概观

现在国内流行的语篇理论和架构大抵都源自西方,论述的核心也是文章,而且多是介绍或将西语用例换上汉语,就算了结。其中虽也有学者从汉语角度深入研究语篇的连贯、接应,但整个框架依然是西方的。我们承认各个语言有其共性,但在没有弄清楚自己的家底就投入西方架构,就很有可能把真正共性的东西掩盖下去。没有个性研究,就没有共性的提取。没有初步共性或他种语言个性的启发、借鉴,也就不能有深刻的汉语个性研究。因此,以此为前提,借鉴国外理论,来一次彻底地根据纯汉语语篇材料的分析以及以此为基础建立相应的体系,就十分必要。

语篇分析或话语语言学是一门年轻的学科。国外自从上世纪 50 年代开始酝酿,60 年代采用符号学观点对话语进行分析,70 年代开始会话分析和言语行为分析,相继提出礼貌原则和合作原则,并出现心理语言学的记忆模式、图式、框架等概念;80 年代以后出现"话轮"概念,到当代的信息性功能和互动性功能,以及话语结构、信息结构和连贯、衔接的分析,理论已经大大发展。近来姜望琪提出"中国的传统语言研究是整体论为指导",此说对眼下的汉语语篇研究极有启发价值。分析或分化,中国传统并非全无,只是沉淀于深层,被长期隐没。如今,已经开始显现其分析,但更应该强调根据汉语自身的显现,不盲目模仿或套用。

笔者近 15 年来专注对外汉语教学,深知外国学生最难以把握的是使用最多的语篇。而现在的对外汉语教学研究,最缺乏的也正是语篇。因此出于方便就采用对外汉语教学的课文与文学作品作为分析对象,一来比较单纯,语境、语用较属典型,二来也可便于思考如何应对教学。

2 语篇的连贯法则概说

2.1 语篇的连贯性问题

中国的外语学界现在通行的语篇理论在连贯性上几乎都主张分成两个互相关联的方面:

一是形式上或表层的接应或连接,英语称为 cohesion,有衔接、接应、黏合、黏着、黏着性、内黏性、连贯、词语联结等多种意思,一般翻译为衔接或接应,并被认为是客观性的。一种说明是:"指将句子或话语较大单位的不同部分联系起来的话段或篇章的表层结构特征,例如代名词、冠词和某些副词的相互参照功能(如 *The* man went to town. *However, he* did not stay long……"*那*个人去镇上了,*但是他*没在那儿久留……")。"(戴维·克里斯特尔:《现代语言学词典》,商务,2000)其中的 the, however, he 即分别起"相互参照功能"的冠词、副词和代名词。

一是内容上或底层的逻辑性和连贯性,英语称为 coherence,有黏合、黏着、连贯性、意思连贯、相关性等意思,一般翻译为连贯,并被认为是主观性的。一种说明是:"指话语组织的一条主要的假设原则,用来解释一席口头或书面语言(篇章,话语)底层的功能联系或一致性。它牵涉到研究这样一些因素:语言使用者对世界的知识,作出的推理,持有的假设,以及利用言语行为进行信息传递的方式。"(引文出处同上)

2.2 通行的接应/衔接分析框架

在通常所说的语篇分析/篇章语言学中,一般把语篇连贯问题称为接应/衔接(cohesion),其中又分为几个部分。西方的代表性观点(Halliday 和 Hansan)是:

1) 指称(reference)(按:以代词涉及或指称某个语境或背景中的人、物、社会、时间处所、语篇等)

2) 替代(substitution)(按:以另一种代词外的词语替代名词或其他词语)

3) 省略(ellipsis)(按:以后语省略的方式衔接前言,被认为是零形式替代。以后韩礼德就把二者合并为一,统称替代)

4) 连接(conjunction)。(按:相当于复句性连接)

5) 词汇衔接(lexical cohesion)(按:除以上方式之外的利用词汇来衔接的方式,认为是最高级和最大量的方式,重要的有重述和搭配)

这种学说的基础是关于过程和及物性的理论。前者即物质、心理、关系、行为、言语、存在等六种过程在语言中的反映;后者的及物性即语言涉及实体(参与者)、时间、空间和方式(环境因子)等的性质。

中国国内也基本上遵循这样的理论,许多不同论述只是在个别地方略有调整[1]。问题是:这些理论大都是从西方语言出发并为西方语言研究者所采用,而对汉语却很少涉及。如果有那也只是把这些理论套到汉语的身上,只是按照西方语篇理论的框架对号入座和举例而已。这就有可能存在某些不完全适合的问题。汉语是一种大不同于印欧语系的语言。虽然,各种语言的语篇有一部分都可能是建基于逻辑和认知的基础之上,应该有大致相通之共性,但是它们还毕竟有各自的个性,有在历史的使用和传统文化的影响下形成的特点。其次,现在的西方语篇分析历史还很短,还是不够成熟的,必须要有不同的体系、不同的声音和诠释,要互相参校和辩驳,以使之完善。因此现在重要的是需要根据汉语的事实来求得理论,把西方理论[2]仅仅作为一种参照和借鉴,而不是作为根据,更不是理论的全部。因此本文决定完全以汉语为出发点和基础,重新审视并尝试建构语篇理论。

2.3 汉语语篇的参与因素

2.3.0 参与因素及其分类

本文结合本体、意义、功能、社会等作用方面,采用宏观——微观结合的参与因素关系分析法。以此观之,语篇的参与构成因素可以有:

A. 语段类因素(6):

A1. 命题(小)句;A2. 视角小句;A3. 称呼小句;A4. 叹词小句;A5. 插入语;A6. 关联语。

B. 意义类因素(2):

B1. 相关性因素;B2. 条理性因素。

C. 接应类因素(2):

C1. 逻辑性接应(接应关系和手段);C2. 贯通性接应(接应方面和手段)。

---

1 例如:1. 黄国文的《语篇分析概要》(湖南外语教育出版社,1988)分为:

(1) 连句成篇的语法手段(时间关联、地点关联、照应(即前后指代)、替代、省略、时体配合、排比结构等)

(2) 衔接的词汇手段(复现、同现)

(3) 逻辑联系的句际关系(并列或列举、增补、对应、顺序、分解、分指、重复、转折或对比、解释、等同、因果或结果、推论、总结、替换、转题)

(4) 会话和合作原则:话轮替换、会话应对(毗邻应对、选择等级、插入、分岔、提问和回答)

2. 胡壮麟的《语篇的衔接与连贯》(上海外语教育出版社,1994)分为:

(1) 指称(分:人称、指示、比较、词语等指称方式)

(2) 结构衔接(分:替代、省略、同构关系等)

(3) 逻辑连接(分:添加、转折、因果、时空;详述、延伸、增强等范畴。按:相当于复句性连接)

(4) 词汇衔接(分:重复、泛指词、相似性、分类关系、组合搭配等)

3. 刘辰诞的《教学篇章语言学》(上海外语教育出版社,1999)把衔接分为:

(1)指称(分:人称指称;指示指称;比较指称)

(2)省略和省代(分:名词类型;动词类型;小句类型)

(3)连接(分:增补类型;转折类型;原因类型;时间类型。按:相当于复句性连接。)

(4)词汇衔接(分:重述;搭配)

2 当然西方理论也不完全千篇一律的,例如 Langacker 的观点就是有另外的特点。他在语篇分析中使用了"象征单位(意义和表达的"配对结合体",pairing)的双极性(概念极和表达极)""语言单位的连续体(continuum)""语篇期望(discourse expectations)""突显(salience prominence)"。人们所"解读"的语篇基于"意象",并由关系构成,每一分句突显一种关系,各分句提供的新信息逐步形成一完整的认知世界,分句序列中主语具有特殊地位是内容的切入点和附着点。人们也常用某些特殊的句法位置了引入新的语篇参与者。(参见王寅,2003)

D. 背景类因素（5）：

语境：D1. 上下文；D2.情景。
背景：D3. 语言社群的时代和文化背景；D4. 发话人和受话人的知识和文化背景。
功用：D5. 发话人的言语目的或使用目的。

以上共计 15 类概念或范畴，可以基本概括语篇中的语言学因素，我们拟在以下一般性通盘分析的基础上重点讨论 C 类的接应类因素中的贯通性接应（详见 3.2 节）。[1]

2.3.1 语篇的语段类因素分析

A1.命题（小）句

由于汉语句子的特殊性——句子的标准和标识不清，导致句子的界限不清，因此也导致复句归属的两可性：复句既可以属于句子范畴，也可以属于超句子/语篇范畴。复句关系也是如此，既是句子内部的关系，也是最小超句子/语篇内部的关系。据此，本文将复句也纳入超句子/语篇范畴来处理，把小句作为构成语篇的最小的基本语段单位，即**以小句作为构成语篇的最小语段单位，同时也就是语篇连贯的基干单位**。这正是汉语不同于西方语言的特点。

句子/小句有两种：一种是抽象掉背景和语境（包括情景和上下文）的句子/小句，只孤立研究其形式关系和功能；一种是处于使用中或语篇中的句子/小句，需要结合语篇和语境来研究。

一般的句子/小句都是命题（小）句，包括（以及带有感叹语气的）陈述句，疑问句，命令句。感叹句只有一部分具备命题，而称呼句完全是非命题（小）句。将命题句与非命题句分开，目的是为了更好地分析和解释语篇的连贯性。

命题（小）句的类型有 4 种：陈述（小）句；疑问（小）句；命令（小）句；感叹（小）句。

A2.视角小句

所有现实中出现的句子都有一个在意义和形式上都高于句子、目的在于表述言述者认识视角的述谓结构，可称为（高位）视角小句。它可以概括为相当于"言述者+认识/言述（到）"这样的意义。具体的形式如：

[2-1] 我觉得 ｜ 我感到 ｜ 我以为 ｜ 我认为 ｜
我想 ｜ 我说 ｜ 我看 ｜ （我）听说 ｜ 依我看

主语部分一般都是第一人称单数，也可以是多数，还可以是第二人称、第三人称。例如：

[2-2] 我们认为 ｜ 你以为 ｜ 你说 ｜ 他想 ｜ 他觉得 ｜
据说 ｜ 大家都知道 ｜ 依你看 ｜ 按照他的看法 ｜ 有人问

这种结构一般在表达主要意思的句子之前，也可以在句后。一般都把它作为句子的一部分来分析。实际上，它并不仅仅属于句子，可能更多的是超句子甚至语篇。它们对后面（一般情况下是"后面"）的句子或语篇具有视角上的控制作用或提示作用，也可能会起

---

[1] 中国国内有些对汉语语篇的分析（如吴为章、田小琳，2000）可能不同于我们。本文着眼于对外汉语教学，而非一般的语篇语言学分析。我们以为不同的体系对汉语语篇分析将是必要的，是可以互相补充的。

着话语的某些起承转合作用，既可启下，又能承上或转接。而整个语篇也可以有这样的高位主谓语，这在整个语篇中是一种开篇成分。而作为句子或段落的高位主谓语，这又可以起到某种接应作用。在句法分析时不参与句子结构的分析更为合适。例如（例子中的变体文字或附加符号的文字即所分析的焦点或例证。下同）：

[2-3] **我看**，这事情就这样吧，别再讨论了。| **我说**，你还是去吧。| **依你看**，他应该什么时候出发？| **他们认为**，我们不应该插手这件案子。

[2-4] **有人问**：你给小说选集作序，怎么不提"小说"二字？**我答道**：我说的"文学作品"，指的正是小说，我认为在新文学的各个部门中成绩最大的就是小说。（巴金《为〈新文学大系作序〉》）

A3. 称呼小句

称呼小句虽然一般起着招呼的作用，但也具有话语始发的作用，提醒对方注意，某人的话语接下去就将开始。正因为如此，称呼小句，也就常有着预示新话题或话轮开始的作用，意味着和以前不同的话题，这样就具有了关联作用。比如下面的例子。

[2-5]（甲：你的家乡怎么样？……乙：村子中间有一条小河，……）

甲：你常常去小河边吗？

乙：我常常去，小河里有许多鱼，我常常去钓鱼。**李南**，你的家乡怎么样呢？

甲：我的家乡在城里，……（明海大学一年级《中国语》教材第15课。以下简称"明海××课"）

[2-6] 把行李整理了一半，那日本妇人上楼来对伊人说：

"**伊先生**！现在是祈祷的时候了！请先生下来到祈祷室里来罢。"（郁达夫《南迁》）

呼语"李南"和"伊先生"，使对话或下面的话更顺、更合理。

A4. 叹词小句

叹词性小句包括完全用叹词构成的小句（如"哎呀！"）和功能同于叹词的小句（如"天哪！""妈呀！"）。叹词性小句同称呼小句相似，可以理解为在句子之中，也可以理解为在句子之外。对它们的标点常常因人而异，有人作句号或叹号，也有的人作逗号，这也说明其特殊性。其实，它们中的一部分除了担负传达感叹信息外，还可以承担某种接应作用。

[2-7] "谁？**哟**，你！可吓死我了！"高妈捂着心口，定了定神，坐在床上。"祥子，怎么回事呀？"（老舍《骆驼祥子》十二）

[2-8] "上哪儿啦？你！"她一边去盛白菜，一边问。

"洗澡去了。"他把长袍脱下来。

"**啊**！以后出去，言语一声！别这么大大咧咧甩手一走！"（老舍《骆驼祥子》十五）

A5. 插入语

插入语一般是一种断续性成分，大部分有中断语气的副作用，因此它一般很少有接应作用，相反大多都有破坏语气连贯的作用。这是本文特意提出的主要原因，也是另一角度观察的结果。插入语有多种多样，有的是注解性插入语，有的是旁生枝节的插入语，有的是表示个性或情态的骂人插入语，有的是口头禅插入语，等等。

[2-9] 这位物理老师——**对了，最近我还常常想起和他相处的情景**——已经九十高龄了，可还是每天孜孜不倦地从事研究。【说明：插入另一命题，对连贯有较大的损伤】

[2-10] 关于这个问题…**嗯**…**啊**…可能会过一段时间再提出来讨论，现在么，**这个这**

个……我也不便多说。【说明：插入感叹或语气类成分，对连贯稍有影响】

[2-11] 等她放好了花，频频回顾的出去之后，望着那"母爱"的后影，我潸然泪下——**这是第二次**。（冰心《寄小读者·通讯九》）【说明：插入延续性补充成分】

A6. 关联语

关联语是大家都比较熟悉的传统连贯手段，包括（小）句间连词和关联性短语。它与以上五种分离型语段不同，是一种非完全分离的类型。由于命题小句的分离，又由于许多连词以及所有关联性短语都具有超句子连接功能，加于整个段落或句组之上。因此就把这一类语段分离出来就非常必需。这类成分如：因为、所以、虽然、但是、总而言之、综上所述、如前所论，等等。

2.3.2 意义类因素分析

语篇本身就是一种语用的结果，是语言在具体背景或具体情境和一定目的下的使用产物。对语篇的理解实际上就是对语用意义的理解。当然还可以有更高的语用，即把整个语篇使用于不同的场合，从而导致不同的解读。但是就一般处理和教学来说，语篇中的语义已经包括了语用导致的意义问题。

语篇语义因素涉及的是彼此发生相关性和条理性关系的内容，研究的是这些内容之间的关系，是语言而非文化或文学上的研究课题。语篇语义指的是形式接应所服务的对象，所赖以建立的基础。因此，就有语义相关性和语义条理性的问题，就必然会有上文（2.3.0）中 B 类"**相关性因素**"和"**条理性因素**"的存在。

B1.相关性因素

相关性，又称关联性，是个比较宽松的概念。有特别紧密的相关，即"**强相关性**"。也有特别宽松的相关，即"**弱相关性**"。有的关系可以直接通过命题句子本身就可以发生联系，无需接应或关联成分，有的则需要特别的接应成分，否则相关性就很难体现，接下去的条理性也会落空。

[2-12] 我的**故乡**不止一个，凡我**住过**的地方都是**故乡**。**故乡**对于我并没有什么特别的情形，只因**钓于斯游于斯**的关系，朝夕会面，遂成相识，正如乡村里的**邻舍**一样，虽然不是亲属，别后有时也要想念到他。我在浙东**住过**十几年，南京东京都**住过**六年，这都是我的**故乡**；**现在住在**北京，于是北京就成了我的**家乡**了。（周作人《故乡的野菜》首段）【说明：以上"**故乡、住过、邻舍、钓、游**"与所涉及语句间有较密切的相关性，尤其是"**故乡**"更是该语篇贯穿始终的基础】

B2.条理性因素

条理性是体现相关性并保证相关性和语篇成立的重要因素，但它又是建立在相关性基础之上的。条理性包括各种内容合乎逻辑的前后关系，比如：始末、顺序、转折、因果、条件等等。

例 1：（以 p 表示该段落各文句之间所贯穿的同一义类相关性，以 a、b、c、d 表示文句各自更紧密的下位相关性。黑体字下画线部分表示重点或突显部分。空白括号表示此处有省略或蕴含，即意义承接。以下各例同此）

[2-13] 打开**世界** pa 地图，你可以看到：**中华人民共和国** pb 在**亚洲** pa 东部，**太平洋** pa 的西岸。**她** pb 是一个有**几千年历史的文明古国** pb，( )**面积** pb 跟**欧洲** pa 差不多。在**这**

么大的一个国家 pb 里，( )到处 pb 都有美丽的山水 pc，迷人的景色 pc。它(她)pb 深深地吸引着世界各国的旅游者 pd。(《实用汉语课本》第三册第一课课文（二）"中国概况"，商务，1986。以下简称"实用三"）【说明：上面的文章，以 pa(世界)做出发点，导出 pb(中国)，其次以 pa(世界)和 pb(中国)的地理关系给中国定位，再次介绍 pb(中国)的 pc(历史和景色)，最后又从 pc(历史和景色)导出 pd(旅游和旅游者)。一层层逐渐展开，有条有理，具有内在的条理性。其中的 p 则是表示其相关性。这里的相关性也是连环套似的，由世界和中国的相关，中国和山水景色的相关，山水景色和旅游的相关。如果没有这 p 的相关性（其中又以中国概况作为其相关的核心，环环相套）没有围绕"中国"的相关性，那条理性也就成了无根之木，根本无法建立或实现】

我们还可以从综合相关性和条理性二者去分析。请看：

[2-14] 北京大学是中国最著名的高等学府之一，又是国内历史最久的自办大学。这所大学成立于 1898 年，当时称"京师大学堂"，1912 年才改称现名。1952 年，由北京城内的沙滩"红楼"迁至西郊海淀前燕京大学的校址，因此北大校园也称"燕园"。那里曾是同圆明园息息相关的著名园林区，至今仍是湖光塔影，秀色可餐。课余漫步未名湖畔，或倚石小坐，顿觉心旷神怡，疲惫尽去。(明海大学《中国语》（中级教材·试用本）《北大简介》一文。以下简称"明海"）【说明：围绕"北大·燕园"的相关性和条理性】

由上可知，意义类因素是语篇及其连贯赖以建立和存在的基础。

2.3.3 语篇的接应类因素分析

C1.逻辑性接应（接应关系和接应手段）

一切小句/句子之间都具有逻辑联系，甚或有的述谓之间也可能存在这种联系。但是语言不同于逻辑，逻辑只是映射在语言之中，而不是逻辑本身。语言可以对逻辑关系作出种种强弱明暗显晦的选择处理。映射在语言中的我们称为"逻辑性联系"，大致可以分为两种："**显逻辑联系**"和"**晦逻辑联系**"。由显逻辑联系到晦逻辑联系，它们之间是一种连续统，这之间的划分也是相对的，只是为了说明的方便。（详见3.1 和 3.2 节）

C2.贯通性接应（接应方面和接应手段）

这是除了逻辑性联系及其接应手段之外的另一种接应方面及其手段。它们并不表示所连接句段之间的关系是何种逻辑联系，而仅仅表示两个语段之间赖以贯通的非逻辑关系及其接应手段，比如流水样的句子之间的贯通，它们之间的接应只是为了前后的连贯衔接，起到文字或语气贯通的作用。如果说逻辑联系及其接应手段如同使用胶水或糨糊（关联词语）粘合或勾连在一起的话，那么贯通联系就只是利用句子本身的必要成分接合或融接在一起。接合的二者是何种成分何种关系并不明确也并不重要。贯通接合的手段，可以是词语，也可以是句式，甚至还可以使用背景。所谓的"**意合法**"基本上指的是这种情况（另外也可指缺乏关联词语的晦逻辑关系的句子）。这个项目应该是汉语语篇研究的重点。

[2-15] 甲：*汉字很难*，( ) *真不容易学好*。

乙：*是吗*？*简化字不是比较简单吗*？

甲：*简化字*笔画是少了，可是很多 ( ) *字*跟*日本的汉字不大一样*，( ) *很容易混*。（明海 29 课）

【说明：上例中的 ( ) 是承接前词的，一般称为省略，本文称语义承接。上例中所有相同字体或字形的部分都具有相关性，于是也就具有接应能力。这是利用语义承接的接应，

也就是贯通性接应】

由此看来,贯通性接应远比逻辑性接应来得复杂。因此这可能是一种更有意义的接应。但是这两种接应也不是截然分别的,它们之间还是有一些交叉或模糊地带,有互相融入的情况。它们之间是相对待却又相促成的。因此,不必也不应该把它们当作绝对的类别,而应该视为一种分析方便的相对分化,以柔性的观点去看待它们,看待整个语篇。(详见 3.3 节)

2.3.4 语篇的背景类因素分析

语言一旦成为言语行为和言语成果(话语或语篇),言语所对应的就是客观的"所指"以及客观的环境。而言语一旦成为现实,也就将成为后续言语的一个客观环境。背景所影响的大部分是理解或表达的内容。但也会有影响连贯的问题,大概主要存在于口语或对话中。话语如果不能理解,话语就是无效或负效果的。因此语篇和客观因素之间就有了目的是为了理解的**情景指向**。

D1. 上下文

这是一种狭义语境,也是和语篇成立最有关系的背景因素。上下文包括先发句子因素,先发词语因素,也可以从相邻上下文和非相邻上下文去认识。例如:

[2-16] A 段.<u>a</u>布朗夫妇一直希望能有机会去中国旅游,<u>b</u>也想看看正在北京学习的帕兰卡和古波。<u>c</u>他们原来打算明年到中国度假,<u>d</u>可是今年八月北京有一个学术会议,<u>e</u>请布朗先生参加,<u>f</u>他们就决定改变计划,<u>g</u>把出发的时间提前了。

B 段.<u>h</u>八月十号,布朗夫妇一起来到了中国。<u>i</u>学术会议开完以后,他们要在中国旅游三个星期。

C 段.<u>j</u>为准备这次旅行,布朗太太看了不少旅游介绍。<u>k</u>她觉得中国的名胜古迹真是太多了,<u>l</u>三个星期的时间是远远不够的。<u>m</u>这次应该先去哪些地方呢?<u>n</u>为这个问题她跟布朗先生争论了很长时间,<u>o</u>一直决定不下来。<u>p</u>她说应该先去上海、苏州、杭州,<u>q</u>欣赏美丽的江南景色,<u>r</u>然后坐飞机到南方最大的城市广州,<u>s</u>最后游览一下桂林山水。 <u>t</u>布朗先生是研究中国古代文化的,<u>u</u>他希望先去新疆看看,<u>v</u>再到古城西安,<u>w</u>然后从西安坐火车去成都、重庆,<u>x</u>再坐船游览有名的长江三峡。<u>y</u>两个人谁也说服不了谁。<u>z</u>①但是,最后他们俩还是作出了决定——<u>z</u>②跟往常一样,让女儿帕兰卡给他们当裁判。(实用三,第一课课文"去中国旅游"(一),商务,1986)

【说明:上例为连续的三段,其中大写字母为段落的记号;小写字母是小句的记号。上下文可以依照所划分的语篇单位来观察。最小的单位是小句,以小句观察,第一段中的 a,b,c,d,e,f,g 七个小句,每个相邻小句都是相邻上下文关系,他们各自隔开的小句则是非相邻上下文关系。如果以句号为标志划分的句子做单位,则 ab 句、cdefg 句、h 句、i 句之间也是如此。以段落为单位,那么以上的 A 段和 B 段是相邻的,而 A 段和 C 段则是非相邻的。无论哪种单位设定,它们中的几乎每个词语都可能与上下文中另一个词语发生某种关系。】

D2. 情景

情景是一个十分复杂的因素组合。它是由言语参与角色(发话人、受话人、其他言语涉及对象)、事件、处所、场景、时间、气候等因素等组合起来的。有的情景已经在语篇中表现出来,有的是在说话现场显现,有的则需要通过其他说明介绍(如话剧剧本的场景、角色说明)。上面 D1 的例子就是一例,其中显现的角色是"布朗夫妇、帕兰卡、古波",地点为"本国/祖国、中国",时间是"今年 8 月 10 日前以及之后",事件是"旅游计划的确定"。最后一项其实是话题,也是语篇本身。

情景对言语的理解最为重要。例如夫妻二人对话,妻子说:"去哪儿?坐下!要不就别回来!"如果不知道发话人与受话人的身份,不了解之前发生的事,那么就不能正确理解这段话的意思,也无法认可这段话的连贯性。再例如:

[2-17] 口内不通/呐不通

【说明:北京有些胡同的入口处所设牌子上的文字。也常常写成"呐不通",结合情景中的处所,就可以理解,这是"胡同口内不通"的意思,是说"本胡同是个死胡同,没有另外的出口",而且整个语篇的语用义就是"各位想穿行的人请勿入内尝试穿行"】[1]

D3.语言社群的传统文化背景

一般的语篇分析只讨论语境,根据自然语言处理的经验,实际上言语涉及的还有言述者(发话人和受话人)的知识背景,我们还发现传统文化背景也是语言处理的一个参与项。

[2-18] 旧历的年底毕竟最像年底,村镇上不必说,就在天空中也显出将到的新年的气象来。灰白色的沉重的晚云中间时时发出闪光,接着一声钝响,是送灶的爆竹;近处燃放的可就更强烈了,震耳的大音还没有息,空气里已经散满了幽微的火药香。我是正在这一夜回到我的故乡鲁镇的。(鲁迅《祝福》)

【说明:汉族过年充满浓郁的民族文化,不但在"村镇"的街市上,有热闹的人流和门上的春联等等新年的景色,而且在空气中也充满鞭炮的声响和气味。没有这层背景,第一小句和下面的两个小句就不连贯了。】

D4. 发话人或受话人的知识和文化背景

知识背景一般只是内容表达和理解的因素,很少具有使语句连贯的作用。但是也可能会有某些时候因为知识背景的关系使人觉得某些非常情况下的语句仍然具有连贯性。

[2-19] 也有的时候是家里的哪位爷从南边或是从外边回来了,带回来一点稀罕物什,各房里去送,怕彼此有猜疑,你多了,我少了,你厚了我薄了,送东西反而落不是,倒不如把各房各院的奶奶们一齐请过来,大家心明眼亮,人有人份,瓜子不饱是人心吧,谁也不会有挑剔。(林希《小的儿》第"5"节第 1 段)

【说明:其中的"厚、薄"和"瓜子不饱是人心"应该是汉族的一种比喻,如果不具有这方面的知识,那么就不可能理解相关语段的连贯性。】

D5. 发话人的言语目的或使用目的

这个因素也主要是关涉内容的表达和理解的,一般不影响语篇的通顺连贯问题。前面的例子:"口内不通",字面的意思是"胡同里面是不通的,死的。",但实际的语用义可能是"各位想穿行的人请勿入内尝试穿行",但真正的目的却是"希望不要进来影响本胡同住户的(宁静)生活,避免不安全等麻烦事发生"。

---

[1] 浙江宁波藏书楼"天一阁"楼梯旁的告示牌:"烟酒切勿登楼"中的登字是词汇"语境线索"(contextualization cues),被认为是一种框架手段。激活作为词汇语境线索的词语所提供的框架/图式可以帮助理解单句语篇的实际语义,其中"烟酒"又以隐喻指代携带烟酒之人。因此,这六个字实际的意思就是:禁止在楼上抽烟喝酒。

3 接应类因素再分析

3.1 显逻辑接应及其接应手段

"**显逻辑接应**",表示明确无误并区分细致的前后逻辑联系,由专用的关联词语担负接应。复句以及超句子中使用专门表示逻辑关系手段的所谓的选择、递进、进逼、转折、让步条件、假设、因果、推断、目的,等等,都是这种逻辑接应的反映。所用的接应手段一般称为关联词语,大部分是连词。比如,或者,而且,因为……所以,虽然……但是,等等。这一类关系,一般的语法书已经在复句部分讨论了很多,语篇中的情况也和复句基本一致,因此并非本文的重点。

[3-1] 甲:欧美人学汉字要从零开始,**可**你们不需要,还是比较容易吧。

乙:**但是**,日本人现在学的汉字只有一千九百多个,**可**中国的常用字有三千五百个。(明海 29 课)

【说明:"可"是复句内接应手段,表示轻转折;"但是"是超句子接应手段,表示一般转折关系】

3.2 晦逻辑联系及其接应手段

"**晦逻辑接应**",是指这类语句前后的逻辑联系是隐晦不明的,或者只是一种大略的微弱的逻辑联系,至于具体、确定而且区分细致的逻辑联系却没有,或是很难指出,常常只能表示个大致或笼统的关系,需要根据语境和语用来确定。一般复句中的并列、承接、解补、连贯以及缺乏专用关联词语时的偏正关系,它们的逻辑联系的性质比较弱,而且缺少逻辑性强而明确的专用连接/关联词语,或者很难使用连词等关联词语。例如"累了,在这儿休息一下吧。"不能添加连词说成"因为累了,所以在这儿休息一下吧。"这里既有因果的联系,也有承接的意思,介于两种逻辑关系之间,可以说是一种边缘性的逻辑联系。晦逻辑接应也许是汉语语篇的特点之一。一般在没有关联词语时就称这种关联手段为"**意合法**"。其实"意合法"是个很笼统的说法,除了涉及晦逻辑联系外,还涉及贯通联系及其接应手段(参看 3.3 节 C_2)。请看:

[3-2] 这部电影放完了,大家都没有站起来,大厅里只听见呼吸的声音。【说明:也可作为三个单句处理。可以理解为:并列;连贯;时间相承;条件—结果;等等】

[3-3] 下雨了,我回去了。你们自己收拾一下。大家可以自由安排。明天我带个人来让大家认识认识。【说明:可以理解为:连贯;承接。前四个小句还可作为条件——结果关系理解】

晦逻辑联系在传统语言形式中有着广泛的存在,如口号、标语、成语、熟语以及诗句。请看:

[3-4] 练好身体,保卫祖国。| 发展体育运动,增强人民体质。【说明:以上既可理解为并列,也可理解为条件或目的等偏正关系】

[3-5] 姑苏城外寒山寺,夜半钟声到客船。【说明:形式上无关,实际上有关,但关系却又很复杂】

此外,还有些熟语,如歇后语,含有相当复杂的多层次逻辑关系。例如:

[3-6] 二两棉花,没法弹。【说明:第一层是因果,第二层"没法弹"和"没法谈"之间是解释补充关系】| 骑驴看唱本,走着瞧。【说明:第一层是解释补充,第二层一般短

语"走着瞧"和熟语"走着瞧"之间又是解释补充关系】| 和尚打伞，无发无天。【说明：第一层是因果或解释补充，是晦逻辑联系，第二层"无发（头发）无天（天空）"和"无法（王法）无天（皇帝，即政府）"之间为解释补充关系】

有些语篇段落也可添出专门的关联词语，但增加关联词语以后，逻辑关系就会因为过于明确而不够口语化，而且逻辑关系的种类也会大大超出以前的可能理解。例如（以下的"真""假"分别指事实为真值和事实为假值；此外的"并列""选择"等则是逻辑关系）：

[3-7] 真——真并列：他来了，我走了，各不相关。
真——真承接：他来了，我<u>也</u>走了。
因果：　　<u>因为</u>他来了，<u>所以</u>我走了。
假设：　　<u>如果</u>他来了，<u>那我就</u>走了。

我们还可以前句（小句）作为中心，接上各种可能的后句（小句），做一次不带关联词语的"实验"。那么就会出现各种可能的晦逻辑联系，这些缺少关联词语的句子之间大都很难用现在明确的逻辑关系来定性（见下面各组 a 例）。这些句子如果增加一些晦逻辑关联词语（见下面各组 b 例），那情况会有所改善，但逻辑关系依然不很清晰和具体。下例中的 a、b 两类句子都大致徘徊在承接关系、条件关系和因果关系之间，或摇摆于承接关系和转折关系之间，逻辑关系不大确定，含糊不清。这些就是汉语特有的晦逻辑关系很好的证明。有趣的是，有的句子还不能接受这类晦逻辑关联词语。只有加上显逻辑专用关联词语（见下面各组 c 例），才能使逻辑关系确定。请看下例：

[3-8] a. 天留，我不留（关系不太明确：并列？条件？）
b. 天留，我<u>就</u>不留（关系稍明确：条件）
c₁. 天留，<u>但是</u>我不留（转折关系）
c₂. <u>因为</u>天留，<u>所以</u>我<u>就</u>不留（因果关系）
c₃. <u>只要</u>天留，我<u>就</u>不留（充足条件）
c₄. <u>如果</u>天留，我<u>就</u>不留（假设关系）

【说明：与前面 a,b 两组例句对比，c 例有了明确的显逻辑关联词语，但有些话的意思变了，有些话反而别扭了。可见这不仅仅是个关联词语多少的问题，而是汉语特点的问题。关联词语只是一种表层的表现，其底层应该也是有某种区别的。只有这样才能解释全部语言事实】

3.3 贯通性接应再分析（接应方面和接应手段）

3.3.0 概说

贯通性接应和逻辑性接应其实是一种相对的分类。它们之间是相对待却又相促成的。逻辑性接应需要依靠贯通性接应，贯通性接应也常常依靠逻辑性接应而使之更为贯通。就贯通性接应而言，大致包括内容的延续、扩展、转换、交换、结束等等。几乎每一组通顺或不通顺的句子都会涉及这个方面。而几乎每篇精彩的文章或话语也都透露着这方面的成功。

贯通接应主要有以下四个接应方面：
i. 命题内涵接应；ii. 情态－语气接应；iii. 背景接应； iv. 风格接应。

贯通性接应主要有如下四类十种接应手段,其中一部分手段和上述 4 类接应直接对应：
1) 形式手段：①指代手段；②结构呼应手段；③情态－语气呼应手段；④韵律呼应

手段。

  2）意义手段：⑤语义呼应手段；⑥语义承接手段。
  3）背景手段：⑦情景手段；⑧文化背景手段。
  4）风格手段：⑨语体呼应手段；⑩文体呼应手段。[1]

  这些接应方面和接应手段并非都是对立的，有许多是可以共存于一个超句语段的。接应方面和接应手段至少有两类，即背景和风格，是一致的，几乎可以合而为一处。而最复杂的部分在接应方面是命题内涵类，在手段方面则是形式类。下面分别论述之。（参见本文2.3.3 之 C2）

3.3.1 命题内涵接应

  命题内涵接应在形式上有部分接应和全句接应两种，前者可以是同一句法成分或非同一句法成分的接应。从功能上还可以分为话题/主语接应、述题/谓语接应、焦点接应、全句接应等，其中较为人注意而又较容易把握的可能是话题/主语接应和焦点接应。它们可以是同一句法成分的接应，也可以是非同一句法成分的接应。

  这一类接应一般使用以下手段：①指代手段；②结构呼应手段；⑤语义呼应手段；⑥语义承接手段。分别说明如下：

  ① 指代手段。这是使用指代词替代原有形式的一种手段。指代手段只应用于语句/句法成分这一类贯通性联系上。

  ② 结构呼应手段。这种手段使用句式或结构之间的配合，是一种抽象形式的接应，书面语中常常与韵律手段结合。

  ⑤ 语义呼应手段。这是利用词或短语在语义之间相关性的一种手段。其中有：同形呼应；同义/近义呼应；上下位呼应；等等。

  ⑥ 语义承接手段。这类手段基本上是利用上文中已经出现的词语，并在下文中承接而不再出现，即通常所说的"省略"。省略在现今一般的语篇分析中被认为是一种零形式指代。其实从教学角度看，"省略"一词可能更容易为人理解和使用。然而从更周严的角度看，"语义承接"似乎更能说明功能之所在。因为，这种手段可以使"话题贯通"，造成两个部分的连接，只有语义承接才能较好的解释这一现象；因为，省略和指代都需要充分的确定性，如果"恢复"的成分有多个选择，那就很难有理由称之为省略或指代，而语义承接可以有更大的回旋空间，可以解释更多的现象。至于句法中的省略问题，吕叔湘先生在句法学中已经有过论述，这里的情况应该与此类同。也许这就是一般所谓**"意合"**中的一种。

3.3.1 a.话题/主语接应

  这里的话题是广义的，只要是在谓语动词或形容词之前的名词性成分以至话题/主语前用介词引导的词语（一般认为状语）都可视为广义的话题。这类接应包括话题/主语的

---

[1] 语体——文体因素可以相当于西方的"语类/文类"。他们从语言学角度将语篇作为一个整体加以研究，并称为"语类"或"文类"（genre），相当于汉语中传统的"体裁"。而体裁是涉及语体和文体的一个范畴性概括，在汉语中一向是文章学或写作、文学方面的课题。这方面的语言学性质研究在西方早已盛行，而且有多个语类研究理论框架，著名的有七个。这些框架所涉及的有语篇的意义和语义结构，文化，情景/语境等。其中一种理论(Haliday & Hasan)认为：由一个刻度的话语范围、话语基调和话语方式的综合成为一个语境构型，并决定一个语类的结构潜势，也就是一个"语类"。(参见张德禄 2002)但是，我们认为在教学中，语体和文体这样的提法更容易为人接受和理解。越是语言学味道重的，其实际的教学效果可能越不理想。

延续和转换。句子之间和复句内的相同话题/主语接应稍微有些不同。句子间的话题/主语多不省略;复句内各小句间的话题/主语以省略为常见。(以下例句中字体、符号或形式相同者即为呼应双方)

[3-9] 甲:田中,A1 *你的家乡*在哪儿?

乙:B1 *我的家乡*在*千叶县*。【说明:A1 主—B1 主接应:用语义呼应】

甲:A2 *千叶县*在哪儿?【说明:B1 宾—A2 主接应:用语义呼应】

乙:B2()在东京都的东边。【说明:A2 主—B2 主接应:用语义呼应】

甲:A3 *你的家乡*怎么样?()风景很美吗?【说明:A1 主—A3 主接应:用语义呼应】

乙:B3 *我的家乡*是*一个不大的村子*,【说明:A3 主—B3 主接应:用语义呼应】*那儿*风景很美。【说明:B3 前宾—B3 后主接应:用语义呼应】

甲:A4 *村子*周围怎么样?【说明:B3 宾/主—A4 主接应:用语义呼应】

乙:B4 *村子*中间有一条小河,()周围都是*山*,*山上*有一座古老的寺庙。【说明:A4 主—B4 主接应:用语义呼应】(明海 15 课)

[3-9] A1 **钓鱼**是一种特殊的运动,A2()也是一种很好的休息。B1 **钓完鱼**,B2 晚上睡觉特别香,B3 第二天精神也格外好。C1 **钓鱼**对健康这么好 C2 你不去试一试吗?

【说明:A1—A2 话题/主语接应:使用语义承接。A 主—B1 全句接应:使用语义呼应。A 主/B1 全句—C 主接应:用语义呼应】

[3-10] A 沿着*荷塘*,是一条曲折的*小煤屑路*。 B1 这是一条*幽僻的路*;B2()*白天*也少人*走*, B3 *夜晚*更加寂寞。C1 *荷塘*四面, *长着许多树*, C2 *蓊蓊郁郁的*。D *路*的一旁,是些*杨柳*,和一些不知道名字的*树*。E 没有*月光*的晚上, *这路上*阴森森的有些怕人。F1 今晚却很好, F2 虽然*月光*也还是淡淡的。(朱自清《荷塘月色》,第二段)

【说明:全篇话题/段落话题—A 处所/主:语义呼应。A 宾-B1 主:用指代呼应。B1 宾—B2 话题接应:用语义承接。B2—B3 话题/主语接应:用语义呼应(白天—夜晚)和语义承接(路)。A 宾—C1 主接应:C1—C2 述题/谓语接应:用语义呼应。A 宾—D 主语的定语接应:用语义呼应。D 主—E 话题接应:使用语义呼应;D 主定—E 主/处所接应:用语义呼应。E 话题—F1 主,F1 主—F2 主接应:用语义呼应。全篇话题/段落话题和句子话题存在接应】

3.3.1 b.述题/谓语接应

述题一般就是谓语,不过是从不同方面所作的表述。其范围较大,大都包括焦点部分。我们把焦点除开,另作一个类型来分析说明。

[3-11] 甲:A1 已经*七月了*。A2 天气*很热了*。

乙:B1 *真是*。B2 天气*这么热*,B3 我*不想学习了*。

甲:A3 你*放心*。A4 我们*快要放暑假了*。

乙:B4 我们*什么时候放假*?

甲:A5 *七月二十号放假*。

乙:B5 *放假了*,B6 你*回家乡*吗?(《中国语》20 课)

【说明:除 A2—B1 和 B5—B6 都是全句接应外,以上其他各相邻小句均为述题/谓语接应:用语义呼应】

[3-12] A 许多日本人都**喜欢钓鱼**。B1 我**也喜欢钓鱼**，B2 这是受*父亲*的影响。C1 *我父亲*特别**喜欢钓鱼**，C2 *（他）自己*还会做**生鱼片**。（明海 39 课）
【说明：A－B1， A/B1－C1，述题/谓语接应：用语义呼应（重复）。其他参例[36]的说明】

3.3.1 c.焦点接应

实际上焦点和主语、谓语并非在同一系统内，因此主语和谓语都可以成为焦点，而且大多数的焦点都是谓语。焦点又有层次和范围宽窄的不同，比如谓语是最高层次的焦点，如果其中有定语的话，定语可能是低层次的焦点，是最窄的焦点。因此本节所举的某些例子也可能作上面两类解释。另外，这类接应还可以再分为：焦点问答接应；焦点延续接应；焦点的转移或延伸；等等。

[3-13] 甲：A 这东西你是**哪儿**买的？
乙：B **北海公园**买的。【说明：A 状－B 状，焦点接应：使用语义呼应和结构呼应】

[3-14] 甲：A1 我**喜欢京剧**。
乙：B1 是吗？B2 我也**喜欢**。B3 可是我**听不大懂**。【说明：A1 谓－B1 全句，焦点接应：用语义呼应。A1 谓－B2 谓，焦点接应：用语义呼应和结构呼应。B2 谓－B3 谓，焦点接应：用语义呼应】

甲：A2 我也**听不懂**，A3 **没关系**，A4 **可以欣赏京剧的舞蹈和音乐**。【说明：B3 谓－A2 谓，焦点接应：用语义呼应和结构呼应。A2 谓语－A3 全句，焦点接应：用语义呼应。A3 谓－A4 谓，焦点接应：用语义呼应】

乙：B4 **对**，B5 我特别**喜欢那里的音乐**，B6 还有**武打**。【说明：A4 谓－B4 全句，B4 全句－B5 谓，焦点接应：用语义呼应。B4 谓－B5 谓语，焦点接应：用语义呼应】（明海 39 课）

3.3.1 d.全句接应

以上都是部分接应，包括主语、谓语和修饰语之间的接应。这是最多的一种接应。以下是包含有全（小）句接应的例子。这里说的全句是指命题内涵的"全句"，即全命题部分。除去以上三种外，还有一种是整个句子/小句之间的接应，而并非句子局部之间的接应。这种情况比较起来要少一些，尤其在论说文中。

[3-15] 甲：A 你常去图书馆吗？
乙：B1 是的，B2 那里安安静静的，B3 有学习的气氛。【说明：A－B1，B1－B2/B3，B2－B3，全句接应：用语义呼应】
甲：C1 对，C2 我也有这样的感觉。【说明：B2/B3－C1/C2 全句接应，用语义呼应】
乙：D1 在图书馆里可以慢慢儿地看书，D2 仔仔细细地做练习。【说明：C2－D1/D2 全句接应，用语义呼应】（明海 27 课）

以上各例中，句子之间有的有语气的呼应，但这并非命题内涵本身的联系，而只是句子和句子的联系。这方面我们将在下面 3.3.2 节情态－语气接应中讨论。

3.3.2 情态－语气接应

这里的情态是一种广义的概念，包括平时所说的大多为主观性的能愿、语气、肯定否定态度等。这一项可以分成两个部分，一部分是最基本的情态，一部分是语气的接应，最常见的就是问答接应，这可能是语篇法则中的高级层次，在基础汉语阶段不宜过多涉及，甚至不必涉及。

这种联系一般使用：②结构呼应手段；③情态—语气接应手段；⑤语义呼应手段；⑥语义承接手段。其中②⑤⑥的说明已见 3.3.1 节，第③项只使用于本类联系，说明如下：

③**情态—语气接应手段**。这里的情态—语气手段包括一般所认为的能愿情态，一种围绕命题的主体性成分（可以，应该，必须，可能，等等），以及直陈、疑问、命令之类的语气，也包括能愿之类表示主观意向的情态。它们表现在词语、结构和语调等方面。主要有：最常见的是问答形式；情态方面的主要是包括也许、打算、可能、应该、必须等的拟想或能愿。

[3-16] 木村：昨天晚上睡得好吗？今天的早饭怎么样？
刘　：睡得还好，早饭也不错，就是纳豆，有好几位吃不惯。
木村：**是吗？**别说外国人，就是日本人，也吃不惯的。对了，今天上午想和各位商量一下日程。（《通译入门》第 4 课）
【说明：连续同型句问答接应；答—回问—自答接应】

[3-17] 工老师：你打算去哪儿（留学）？
田中：　我也拿不准主意，您看去哪儿好？（王占华等《中国留学会话百科》，13 页，骏河台出版社，2002，东京）
【说明：问—答/回问接应】

[3-18] 这儿太危险，赶紧离开吧。【说明：直陈—命令接应,谓语内容接应】

[3-19] 甲：暑假你**准备去哪儿？**
乙：我**打算先去苏州、杭州，再去广州**。（实用三，第一课会话（一））
【说明：该对话是谓语接应，同时也是拟想性的情态接应】

3.3.3 背景接应

可以分为：时间接应；场所接应；视角接应，等等。

这种联系一般使用：⑦情景手段；⑥语义承接手段；⑧文化背景手段。其中⑥语义承接的讨论已见 3.3.1，其他两项只使用于本类联系，分别说明如下：

⑦ **情景手段**。通常西方语篇分析中所说的"情景称代/指向"就是本文的"情景手段"，这本是语篇赖以存在的基础，当然也是影响语篇发展的因素。当指向不明时，语篇就无法正常发展和进行下去，就需要调整。而且情景手段常常具有该语言某种特点，不符合这种特点，语篇就显得别扭，不自然。就此而言，也可以是广义文通字顺中的一个因素。我们认为，从连贯性角度看，称之为"情景手段"比较合适。情景指的是时间、地点、环境、言语涉及的人和物，也包括指向涉及的事件。从理解角度看，情景无疑是很重要的；但从语篇连贯性角度看，则是较难利用的手段，常见的多是在对话中，理解时添加上情景意义，就可以使得语篇话语不突兀，对话时就能感觉有连贯性。

情景影响到连贯的较少。一般在只听到单方面的话语时（比如电话），有可能产生不连贯的问题。有关的例子如：

[3-20] 木村：A1 请大家先**在这里休息**一下，A2 **人都齐了**吧。
　　　………（《通译入门》第 1 课）
【说明：A2 话题突然转换，旅行刚到该处的情景使然。添加这样的情景理解，仍可认为具有连贯性】

⑧ **文化背景手段**。这是更高更广的一种背景手段。文化背景含义广泛，主要指的是文化传统的手段，包括语言文化，言谈交际习惯，以及影响言语行为的礼仪习俗，甚至作为背景的历史。文化背景对语篇的理解显然是有很大影响，但目前对语篇的连贯性的研究和了解则几乎还是个空白。这只能有待于今后的努力。

[3-21] 山本：这是我们的一点儿心意，送给大家做个纪念，请各位一定收下。
陈：**这可真不敢当**，受到那么多关照，还送我们礼品……。**盛情难却**，那我们就收下了。(《通译入门》第 14 课）

【说明："不敢当"和"盛情难却"都是汉语特有的表达，以及汉族的习惯。它们在这里起到了接应作用。如果没有这两句话，整个话语在汉族看来就是不连贯的】

3.3.4 风格接应

即语体文体的贯通联系。这是更为高级的一种贯通联系。可以在高级阶段通过阅读和模仿学习。不同风格并非绝对的区隔。高层次的说话/写作也可以融汇或交替不同的语体文体风格从而形成个人独特的风格。

这种联系一般使用：⑨语体呼应手段；⑩文体呼应手段；②结构呼应手段；④韵律呼应手段。其中结构呼应和韵律呼应都是一般所谓的修辞格。当然还可以使用更多的修辞格，但对于基础汉语来说，这里两种手段也已大致足够。其中②的说明已见 1)，此外三项都只使用于风格联系，可分别说明如下：

④ **韵律呼应手段**。这是一种利用语句长短、节奏、平仄等配合的高层次接应手段，一般在书面文章中使用，在基础口语阶段一般不必学习。其中又可分为三种：长短接应；节拍接应；声调接应。其级别和难度按次顺序逐级上升。律诗则是韵律接应的最高典范。韵律由于牵涉到句子或结构，因此，它同时也是结构配合类手段。例如：

[3-22] <u>当头炮，连环车，跳马飞象，移将拱卒，你一着，我一着，一方是步步进逼，一方是不动声色</u>。只听见轻轻地一声"将"，第二盘，玲玲赢了。一比一，平分秋色。（明海中级《下棋定亲》）

【说明：排偶句接应。前 4 小句相顺，后四小句相对待】

[3-23] <u>知识分子的良心，从来就是奠定报业大厦的基石；知识分子的风骨，从来就是支撑报业大厦的脊梁</u>。<u>历史上的《京报》如此，《新京报》也理当如此</u>。（《新京报》发刊词 2003/11/11）

【说明：以上采用的是结构呼应和韵律呼应中的排偶手段。前两个小句是一组韵律呼应，后两个小句是另一组韵律呼应】

⑨ **语体呼应手段**。一般分成口语和书面两种语体。如果细分还分为幼儿、儿童—少年、成年人等的语体，以及从社会阶层角度分出的不同语体。按照古今角度则有现代语体和文言语体。还有按照语言的是否常态分出的常态语体和非常态语体，艺术的语篇（尤其是诗歌）在语体上就常常是非常态的。语体之间的划分是相对的，它们之间常常是渗透融合的，这和知识和年龄有一定的对应关系。

⑩ **文体呼应手段**。一般分为记叙文、会话文、说明文、应用文体、论说文、条规文、抒情散文、韵文（又可分诗歌、快板、顺口溜等等）等等文体。语体和文体之间有某种对应，但又非绝对。有些文体兼具多种语体，比如记叙文的小说；有些文体如诗歌，也因诗歌体裁的不同而有不同语体。

以上两项可以举例如下：

[3-24] 甲：昨天我花了不少钱。

乙：是吗？买什么啦？

甲：买钓鱼竿了。

乙：怎么？你干吗买钓鱼竿？喜欢钓鱼？

甲：是的，我家里全都喜欢钓鱼。

乙：钓鱼竿你在哪儿买的？这里的商店好像没有。

甲：我是在日本桥买的，那里比较便宜。

【说明：使用了口语体、会话文体】

[3-25] 三爷院里派人来转告三爷三奶奶的**邀请**，说是**请**大少奶奶，少姨太太和七少奶奶过去说话。这又是大宅院的**规矩**，一家院里有了什么事，便要把相关的奶奶**请**过来说话，这种说话，有的时间**不过就是一种礼节性拜访**，喝杯茶，吃点什么新鲜东西，也有的时候是家里的哪位爷从南边或是从外边回来了，带回来一点稀罕物什，各房里去送，**怕彼此有猜疑**，你多了，我少了，你厚了我薄了，送了东西反而落不是，倒不如把各房各院的奶奶们**一齐请过来**，大家心明眼亮，人有人份，瓜子不饱是人心吧，**谁也不会有挑剔**。（林希《"小的儿"》第5节第1段）

【说明：使用了口语体、记叙文体、韵律手段、结构呼应等手段】

[3-26] 我们这个家，很朴素，我们三个人，很单纯。我们与世无争，与人无争，只求相聚在一起，相守在一起，各自做力所能及的事。碰到困难，钟书总和我一同承当，困难就不复困难；还有阿瑗相伴相助，无论什么苦涩艰辛的事，都能变得甜润。我们稍有一点快乐，也会变得非常快乐。所以我们仨是不寻常的遇合。

现在我们三个失散了。往者不可留，逝者不可追；剩下的这个我，再也找不到他们了。我只能把我们一同生活的岁月，重温一遍，和他们再聚聚。（杨绛《我们仨》）

【说明：使用了书面语体、抒情散文体、韵律手段、结构呼应等手段】

3.4 接应因素和意义因素之间的关系

逻辑性接应和贯通性接应都是语篇所不可缺少的，但二者又是不同的。它们都建立在相关性和条理性的基础之上。如果缺少其中任何一个因素，语篇或其中的超句子语段以及复句都不大可能成立。下面我们就超句子语段和复句（它们都可以成为语篇）为例来看看：

[3-27] ×天气真好。我肚子疼。

【说明：这两句缺乏相关性，更谈不上条理性，因此即使加上连词也是不能成立的。如"**因为/如果**天气真好，**所以/那**我肚子疼。"】

[3-28] ×我父亲身体很好。我上了大学。

【说明："我父亲"和"我"当然有相关性，但两句缺乏条理性，即使加上关联词语，这个语段还是无法成立，如"因为/如果我父亲身体很好。所以/那么我上了大学。"】

我们再就相关性的有无和强弱，围绕"我买了一栋房子"为前导句，分四项举例测试观察。

(1) 无相关性语篇的成立可能：

(2) 有相关性语篇的成立可能：

[3-29] ○我买了一栋房子，很便宜。【说明：具备条理性】

×很便宜，我买了一栋房子。【说明：缺少条理性】
(3) 有弱相关性语篇的成立可能：
[3-30] ×我买了一栋房子，我生了一场大病。【说明：缺少接应手段】
○我买了一栋房子，生了一场大病。【说明：使用语义承接手段】
？虽然我买了一栋房子，可是我生了一场大病。【说明：使用强逻辑接应手段】
(4) 有弱相关性语篇成立的可能性：
[3-31] ×我生了一场大病，我买了一栋房子。【说明：缺少接应手段】
○我生了一场大病，买了一栋房子。【说明：使用语义承接】
？我生了一场大病，可我买了一栋房子。【说明：使用弱逻辑手段，缺少语义承接】

由上可见，逻辑联系和贯通联系是不同的两种联系或接应，它们都建立在相关性和条理性的基础上。所谓的意合法，必须具有相关性和条理性，还必须具备必要的贯通联系及其接应手段。而且在会因不同主体身份、不同语境而有不同的成立可能。这里只能就一般情况而言。

4 结 语

1）汉语在语篇方面的特点主要有：汉语语篇的构成基本单位是小句；汉语语篇存在特有的晦逻辑接应，重视以意义为手段的贯通性接应，存在流水句所表现的接应和连贯；书面语的韵律接应是汉语语篇接应—连贯的又一突出手段。

2）目前依然存在一些有严重的逻辑错误和接应失误的出版文章。例如日本某1996版教材中有这样一些例子（恕隐其名）：

[4-1] **中国和日本**是一衣带水的邻邦。【评点：此句为第一段。标题是讲中国，但第一句就说中国和日本，接应不当】

它 a 的位置**是** b 亚洲的中部和东部，( ) **c** 是一个有五千多年历史的文明古国。**面积** d 有九百六十万平方公里，大约有日本的二十六倍。（某教材第一课《中国概况》）

【评点：**a 处**，"它"有指代错误，因为前词是"中国和日本"。**B 处**，用"是"不当，致使语句不顺。**C 处**，前小句主语为"位置"，此一小句主语应该是"它"，主语接应有误，语义缺乏条理性，不能承接。**d 处**，主语指称不明。前句已经使用句号，此句主语不能缺少定语"它的"】

这会影响到公众的语言传承，必须引起我们的高度重视。

3）语篇的连贯性是一个非常复杂的问题。其中有属于语篇研究的方面，也有现代句法研究的方面。后者例如"她是西单上的车"，我们可以这样来完成其语篇：

[4-2] 甲：她是哪儿上的车？——乙：她是西单上的车。【说明：由同型句接应—连贯】

[4-3] 我（在车上）看见她了。她是西单上的车。【说明：由前提"在车上"接应—连贯】

[4-4] 那天，我正在上班的路上，电车晃荡着，突然眼前一亮，我被一个女性所吸引住了。她就是陶陶。她是西单上的车。【说明：由语境"在车上"接应——连贯】

我们可以从句子"她是西单上的车"出现的言内或言外条件来研究并定位该句，即这样的句子必须满足"她上了车/在车上"的条件才能出现。我们也可以从连贯性角度去观察前导句，即该句必须与同型问句相接应（例[3-16]）；或者是情态—语气，包括广义的体貌的接应（以上这三组句子都表达已然事貌）；或者必须与"她上了车/在车上"此一内涵相关的前句接应（例[4-2][4-3][4-4]）。因此，我们希望句法学界和语篇研究界从各自的角度，从传统的文章学和现代的语篇法则以及认知心理等方面来开掘这同一片土地。[1]

4）语篇规则如此复杂，如此具有个性，对外汉语教学又该如何应对？鉴于人类具有"语向自整理能力"（史有为 2013），鉴于只有在真实语言环境中才能学习到正确的连续语句，又鉴于在相声演员丁广泉门下成功学习相声并更快习得汉语的许多例子，我们主张应采取与句法部分相似的教学处置：如果习者是年轻人，应**充分利用年轻习者较强的"语向自调整能力"，依靠其自身的能力，能动而循序渐进地习得语篇模式**。也即将最主要的类型或规则告诉学生，然后在尽量贴近真实的语境下，依靠真实而循序渐进的语篇材料，让年轻习者记诵，在生动的语篇材料中愉快地、自然而然地学会汉语的语篇组合规则以及语感，让教者和习者都能摆脱抽象化规则带来的困扰。在语言教学方面，必须清醒地认识到：**感性高于理性，感性永远是基础**。

参考文献

曹逢甫　1995《主题在汉语中的功能研究》，语文出版社。
范开泰、张小峰　2003　《独白体中"呢"问句和语气词"呢"的篇章分析》，《语言科学》总第 3 期。
胡壮麟　1994　《语篇的衔接与连贯》，上海外语教育出版社。
黄国文　1988　《语篇分析概要》，湖南外语教育出版社。
姜望琪　2011　《语篇语言学研究》，北京：北京大学出版社。
——　2012《篇章结构刍议》，《当代修辞学》2012 年第 4 期。
李　渔　1996《闲情偶寄》（李忠实译注），天津古籍出版社。
李悦娥、范宏雅　2002　《话语分析》，上海外语教育出版社。
廖秋忠　1992　《廖秋忠文集》，北京语言学院出版社。
刘辰诞　1999　《教学篇章语言学》，上海外语教育出版社。
任绍曾　2003　《词汇语境线索与语篇理解》，《外语教学与研究》第 4 期。
沈开木　1987　《句段分析》，语文出版社。
史有为　1992　《汉语文化语音学虚实谈》，《世界汉语教学》第 4 期。
——　1994　《续<汉语文化语音学虚实谈>》，《世界汉语教学》第 2 期。
——　1995　《再续<汉语文化语音学虚实谈>》，《世界汉语教学》第 4 期。
——　1996　《小句和小句本位》，《中国语研究》总 38 期。
——　2013　《习得与语向自整理能力》，《对外汉语研究》第 8 期，商务印书馆。
王福祥、白春仁　1989　《话语语言学论文集》（其中王福祥/刘润清/刘保山/叶本度/周圣等人的论文），
　　外语教学与研究出版社，1989。
王维贤、张学成、卢曼云、程怀友　1994　《现代汉语复句新解》，华东师范大学出版社。
王　寅　2003　《认知语言学与语篇分析——Langacker 的语篇分析观》，《外语教学与研究》第 2 期。

---

[1] 本文语料除已在文中注明的外，其余取自对外汉语教材，其中有：《实用汉语课本》第三册，商务，1986）；《通译入门》（佐藤晴彦、王占华编著，白帝社，2002）；《中国语Ⅰ/Ⅱ/Ⅲ/Ⅳ》（共四种，日本明海大学教材，史有为编写，Ⅰ/Ⅱ为 1999 年版，Ⅲ/Ⅳ（又称中级教材）为 2003 年版）；《中国留学会话百科》（王占华等编著，骏河台出版社，2002，东京）。此外，还有少数例子是作者自拟的。

吴为章、田小琳　2000　《汉语句群》，商务印书馆。
杨石泉　1984　《话语分析与对外汉语教学》，《语言教学与研究》第 3 期。
张宝林　1998　《语段教学的回顾与展望》，《语言教学与研究》第 2 期。
张德禄　2002　《语类研究理论框架探索》，《外语教学与研究》第 5 期。
赵燕皎　1998　《走出语篇教学的盲区》，《对外汉语教学探讨集》，赵金铭等编，北京大学出版社。
赵元任　1979　《汉语口语语法》（吕叔湘译），商务印书馆。
郑锦全　1988　《通信本位汉语篇章语法》，《世界汉语教学》第 1 期。
周　刚　2002　《连词与相关问题》，安徽教育出版社。
Gillian Brown & George Yule 1983/2000, *Discourse Analysis*（话语分析,英文版），外语教学与研究出版社&剑桥大学出版社（根据剑桥 1983 版）。

【附记：2004 年笔者曾以"连贯"方面的内容在上海华东师范大学作学术报告，并应约改写为《汉语语篇连贯性问题概析》，发表于《修辞学习》（2004 年 05 期）。笔者另撰有《语篇和语篇法则——兼及语篇教学》，将收入笔者的《寻路汉语——汉语习得与对外教学研究》（商务印书馆）。此次承《中国语言学》约，删节后发表其中的非教学部分，并增写 1.1 节。2013 年元月谨记】

略论"中"的语法意义与语法功能

南京师范大学文学院　董志翘

内容提要　本文对表示"中间"义的"中"（称为"中$_1$"）和表示"内部"义的"中"（称为"中$_2$"）的语法分布及用法作了分析，探讨了其词义的来源以及语法功能、语义功能方面的差异。从历时的角度揭示了"中$_1$"、"中$_2$"从上左到中左用法、使用频率的变化，尤其是上左时期"中$_1$+名"的溶度过程，分析了"中$_1$"在口语中被"里"替代的情况，中右时期"中$_2$"作为方位词与指示代词搭配的多样性，及逐渐消亡、统一于"其中"的轨迹。

关键词　词义溶度　语法结构　语义分析

《说文·丨部》："中，内也。从口、丨，上下通。中，古文中。中，籀文中。"许慎的说解并不准确。 从甲骨、金文的字形 中 中 中 来看，"中"的本义是中间、中心。如《前》3·31·2："戎马，左、右、中，人三百。"《粹》579："王作三自（师）：右、中、左。"（甲金文用例无作"内部"义者）。《书·召诰》："王来绍上帝，自服于土中。"孔传："言王今来居洛邑……于地势正中。"引申为"内部"义，《周礼·考工记·匠人》："国中九经九纬。"郑玄注："国中，城内也。"为"中等"义，《汉书·文帝纪》："百金，中人十家之产业。"颜师古注："中，谓不富不贫。"又引申为射中，音 zhòng，如《左传·桓公五年》："祝聃射王，中肩。"（又如"百发百中"）由此义又引申为适合、符合。《管子·四时》："不中者死，失理者亡。" 尹知章注："中犹合也。不合三政者则死。"（又如"正中下怀"）

甲金文中另有一"中"字，则读为"仲"，乃"伯仲"之"仲"的古字。如《仲姞鬲》："中（仲）姞作羞鬲。"《尚书大传》："中祀大交霍山"郑玄注："中，仲也。古字通。春为元，夏为仲。"后世则以"仲"代"中"，以"中"代"中"。

$$中_1\ zh\bar{o}ng\begin{cases}\nearrow\ 内部（中_2）\\（中间、中心）\longrightarrow 中等\\\searrow\ zhòng\ 射中\longrightarrow 符合\end{cases}$$

为了便于叙述，我们将表示"中间"义的"中"称为"中$_1$"，表示"内部"义的"中"称为"中$_2$"。

"中$_1$"（表示"中间"义）和"中$_2$"（表示"内部"义）的主要区别是："中$_1$"乃指线性的两端之间或中间，因此参照项应该是两项，常与"左、右"，"前、后"，"南、北"，"东、西"，"上、下"等相对。

而"中₂"则指一个封闭的界限内或三维空间的内部,参照项应该是一项,常与"外""表"等相对。

"中₁"的用法与功能

一、中₁+名(表示在不偏向两端的中间,类似形容词。与其他成分结合时,一般是前置的)

(一)指位置(如现代汉语之"中途""中游")

【中₁路】中途,半路。《晋书·慕容熙传》:"朗闻其家被诛也,拥二千余户以自固。及闻旱中路而还,谓有内变,不复为备。"

【中₁道】中途,半路。《论语·雍也》:"力不足者,中道而废。"唐孟郊《审交》诗:"结交若失人,中道生谤言。"

【中₁途】半路。《列子·力命》:"中涂遇东郭先生。"唐李白《叙旧赠江阳宰陆调》诗:"中途不遇人,直到尔门前。"

【中₁阪】半山坡。《文选·宋玉〈高唐赋〉》:"中阪遥望,玄木冬荣。"李善注:"中阪之中,犹未至山顶。"《史记·封禅书》:"始皇之上泰山,中阪遇暴风雨,休于大树下。"汉王褒《九怀·株昭》:"骥垂两耳兮,中阪蹉跎。"

【中₁江】江的中央。《三国志·吴书·周瑜传》"顷之,烟炎张天"裴松之注引《江表传》:"时东南风急,因以十舰最着前,中江举帆。"《北齐书·王琳传》:"太清二年,侯景渡江,遣琳献米万石,未至,都城陷,乃中江沉米,轻舸还荆州。"

(二)指时间(如现代汉语之"中旬""中秋""中古")

【中₁夜】半夜。《书·冏命》:"怵惕惟厉,中夜以兴,思免厥愆。"孔传:"言常悚惧惟危,夜半以起。"三国魏曹植《美女行》:"盛年处房室,中夜起长叹。"唐杜牧《投知己书》:"自十年来,行不益进,业不益修,中夜忖量,自愧于心。"

【中₁宵】半夜。晋陆机《赠尚书郎顾彦先》诗之二:"迅雷中宵激,惊电光夜舒。"《世说新语·尤悔》:"中宵慨然曰:'大丈夫乃为庾元规所卖!'"

【中₁夕】半夜。晋刘伶《北芒客舍》诗:"长笛响中夕,闻此消胸襟。"唐白居易《新制布裘》诗:"中夕忽有念,抚裘起逡巡。"宋陆游《岁首书事》诗之二:"中夕祭余分馎饦,黎明人起换钟馗。"

【中₁夏】指农历五月,夏季之中。《淮南子·说林》:"中夏用箑快之,至冬而不知去。"

【中₁秋】指农历八月十五日,秋季之半。唐白居易《效陶潜体》诗之七:"中秋三五夜,明月在前轩。"

【中₁伏】三伏的第二伏。也称二伏。通常指从夏至后第四个庚日起到立秋后第一个庚日前一天的一段时间。《齐民要术·小豆》第七:"中伏断手为下时,一亩用子一斗二升。"唐皎然《五言奉和陆使君长源水堂纳凉》:"六月正中伏,水轩气常凄。"

【中₁旬】一个月中间的十天。北魏杨衒之《洛阳伽蓝记·城北·宋云惠生使西域》："九月中旬入钵和国。高山深谷，险道如常。"唐王建《宫前早春》诗："内园分得温汤水，三月中旬已进瓜。"

（三）指等级、规模（如现代汉语之"中型""中档""中雨"等）

【中₁等】《周礼·秋官·司仪》："公于上等，侯伯于中等，子男于下等。"《宋史·食货志上》："别遣官经画市籴，中等户以下免之。"

【中₁人】中等的人。《论语·雍也》："中人以上，可以语上也；中人以下，不可以语上也。"《汉书·食货志上》："数石之重，中人弗胜。" 颜师古注："中人者，处强弱之中也。"

【中₁才】指中等才能的人。《后汉书·王符传》："孔子曰：'听讼，吾犹人也。'从此言之，中才以上，足议曲直，乡亭部吏，亦有任决断者。"唐道宣编《广弘明集·释道安〈君为教主〉》："此盖中才之圣，非上智也。"宋邵雍《秋日雨霁闲望》诗："陈言生活不须矜，自是中才皆可了。"

中₁·动（如现代汉语之"中断""中继""中转"等）

【中₁断】中间断开《晋书·李雄传》："李雄，字仲儁，特第三子也。母罗氏梦双虹自门升天，一虹中断，既而生荡。"

【中₁止】中途停止。《韩诗外传》卷九："孟子少时诵，其母方织， 孟子辍然中止乃复进，其母知其谊也。" 南朝宋鲍照《舞鹤赋》："将兴中止，若往而归。"

【中₁辍】中途停止。《后汉书·郑玄传》："伯仁先归，厘我国祭，玄定义乖，褒修礼缺，孔书遂明，汉章中辍。"《旧五代史·宋圭传》："谓圭曰：'服之可以延寿，然不可中辍，辍则疾作矣。'"

【中₁分】从中间分开。《史记·高祖本纪》："项羽恐，乃与汉王约：中分天下，割鸿沟而西者为汉，鸿沟而东者为楚。"《颜氏家训·后娶篇》："哀既而弟子求分财异居，包不能止，乃中分其财。"李白《登金陵凤凰台》："三山半落青天外，一水中分白鹭洲。"

【中₁立】居中而立。《大戴礼记·保傅》："故成王中立而听朝，则四圣维之。"《宋史·乐志十三》："圣子中立，臣工四环。"在对立的各方之间，不倾向于任何一方。《国语·晋语二》："吾秉君以杀太子，吾不忍。通复故交，吾不敢。中立其免乎？"韦昭注："中立，不阿君，亦不助太子也。"《后汉书·荀彧传》："贡与邈等分非素结，今来速者，计必未定，及其犹豫，宜时说之，纵不为用，可使中立。"李贤注："不令其有去就也。"

古代汉语中，这些"中₁·动"结构往往是"状 · 谓"结构，"中断"即从中间断开，"中辍"即从中途停止，"中分"即从中间分开等。后来，随着语言的变化发展，这些短语逐渐凝固词化，成为了偏正结构的双音词（一般为动词），随着词化，它们的意义也往往发生了变化。如：

【中断】动词，中途断绝：　　　　　　　　　中断了两个企业的合作。
【中止】动词，中途停止：　　　　　　　　　因为下雨，中止了这场比赛。
【中立】动词，在对立的各方间，不倾向任何一方：它们保持中立的态度。
【中转】动词，中间转手：　　　　　　　　　产销见面，减少中转环节。
　　　　中途转换交通工具：　　　　　　　　到上海站后，要办中转手续。

"中₂"的用法与功能

作为语法成分的"中₂",主要表"内部"义,表示在一定的界限内、里。乃方位词。与其他成分结合时,一般是后置的(它的引申义不完全受此限制,如"中官"指宫廷的内官)。现代汉语中不能单用。

一、名+中₂

(一)指空间范围(如现代汉语书面语之"家中""树林中""学校中"等。现代汉语口语一般用"里")

【田中₂】田野里。《韩非子·五蠹》:"田中有株,兔走触株,折颈而死。" 晋葛洪《抱朴子·道意》:"昔汝南有人于田中设绳罥以捕麑。"

【山中₂】山里。《左传·桓公十二年》:"明日,绞人争出,驱楚役徒于山中。"

【丘中₂】山丘上。《诗·王风·丘中有麻》:"丘中有麦,彼留子国。"

【闺中₂】宫室里。《楚辞·离骚》:"闺中既以邃远兮,哲王又不寤。" 王逸注:"言君处宫殿之中。"

【舟中₂】船里。《左传·僖公三十三年》:"及诸河,则在舟中矣。"

【车中₂】车里。《左传·成公二年》:"射其右,毙于车中。"

【胸中₂】心里。《孟子·离娄上》:"胸中正,则眸子瞭焉;胸中不正,则眸子眊焉。"《史记·苏秦列传》:"是故明主外料其敌之强弱,内度其士卒贤不肖,不待两军相当而胜败存亡之机固已形于胸中矣。"

但是在上古,特别在《诗经》中,此类意思的表达经常采用"中₂+名"结构:

【中₂河】河里。《诗·鄘风·柏舟》:"泛彼柏舟,在彼中河。" 毛传:"中河,河中。"

【中₂泽】水泽里。《诗·小雅·鸿雁》:"鸿雁于飞,集于中泽。"

【中₂谷】山谷里。《诗·周南·葛覃》:"葛之覃兮,施于中谷。"毛传:"中谷,山谷中也。"

【中₂逵】四通八达的大路上。《诗·周南·兔罝》:"肃肃兔罝,施于中逵。"毛传:"逵,九达之道。"

【中₂洲】洲上。《楚辞·九歌·湘君》:"搴谁留兮中洲"王逸注:"中洲,洲中也。"

【中₂阿】山湾里。《诗·小雅·菁菁者莪》:"菁菁者莪,在彼中阿。"毛传:"中阿,阿中也。大陵曰阿。"

【中₂沚】水中小块陆地上。《诗·小雅·菁菁者莪》:"菁菁者莪,在彼中沚。"毛传:"中沚,沚中也。"

【中₂林】林野里。《诗·周南·兔罝》:"肃肃兔罝,施于中林。"毛传:"中林,林中。"

【中₂囿】苑囿里。《石鼓文·壬鼓》:"寓逢中囿,孔庶麀鹿。"

【中₂野】原野里。《易·系辞下》:"葬之中野,不封不树。"

【中₂心】心里。《诗·王风·黍离》:"行迈靡靡,中心如醉。"

上古文献中,"中₂"和名词结合表示这个名词所示事物的范围内部义,一般是置于名词之后,但也有不少是置于名词之前的。最集中的是出现在《诗经》中,《诗经》"中₂"凡出现 67 次,"中₂·名"占 49 次,"名·中₂"只占 7 次。先秦其他古籍中亦有"中₂·名"的现象,但远不如《诗经》这么集中(《孟子》中出现 10 次)。以前有的学者认为:"中₂·名"

的结构是出于押韵的需要。但据统计，《诗经》中"中₂·名"这种结构处于句中或非韵脚处的占 65.4%，处于句尾韵脚处的只占 34.6%（具体见下表）：

形式	数量	比例	是否处韵脚	数量	比例	例 词
"中₂·名"式	49	87.5%	韵脚	17	34.6%	中谷、中逵、中林、中露、中央、中坻、中陵、中阿、中泽、中国、中乡…
			非韵脚	32	65.4%	中心、中冓、中田、中原、中林…
"名·中₂"式	7	12.5%	韵脚	4	57.2%	泥中、桑中
			非韵脚	3	42.8%	丘中

另外，这类结构也出现在先秦非韵文文献中。

【中₂心】《孟子·公孙丑下》："以德服人者，中心悦而诚服也。"

【中₂庭】《孟子·离娄下》："与其妾讪其良人而相泣于中庭。"

【中₂野】《荀子·王制》："货财粟米者，彼将日日栖迟薛越之中野，我今将蓄积并聚之于仓廪。"

因此，张世禄、储泽祥等认为，这种"中₂·名"的现象乃原始汉藏语特点的遗留[1]。如向日征《吉卫苗语研究》指出：吉卫苗语中名词和方位词成分结合是放在方位成分之后的[2]。而根据中央民族学院少数民族语言研究所第五研究室所编《壮侗语族语言词汇集》[3]，也可以看到壮侗语族语言在表示"里边、内部"义时，基本上都是"方位成分·名词"的次序。按照李方桂的分类法，苗瑶语、壮侗语和汉语存在发生学关系，是同一语系。那么"中₂·名"就是原始汉语的遗存。（如果按白保罗的分类法，壮侗语和汉语不存在发生学关系，不属同一语系，那么上古汉语中的"中₂·名"现象就可能是一种语言借用现象。）

"中₂·名"的结构到中古、近代仍然出现，如：

【中₂河】晋张华《轻薄篇》："玄鹤降浮云，鳣鱼跃中河。"

【中₂谷】《文选·成公绥〈啸赋〉》："飞廉鼓于幽隧，猛虎应于中谷。"吕向注："中谷，谓谷中也。"

【中₂林】三国魏曹植《吁嗟篇》："愿为中林草，秋随野火燔。"唐白居易《及第后忆旧山》诗："偶献《子虚》登上席，却吟《招隐》忆中林。"

【中₂野】三国魏曹植《送应氏诗》二首之一："中野何萧条，千里无人烟。"

【中₂波】晋陆机《棹歌行》："乘风宣飞景，逍遥戏中波。"

【中₂丘】 南朝宋卞伯玉《荠赋》："有萋萋之绿荠，方滋繁于中丘。"

【中₂池】 南朝梁沈约 《咏芙蓉》诗："中池所以绿，待我泛红光。"

【中₂庭】《论衡·语增》："夫纣虽嗜酒，亦欲以为乐。令酒池在中庭乎？则不当言为长夜之饮。"唐白居易《白牡丹》诗："众嫌我独赏，移植在中庭。"

---

[1] 张世禄《先秦汉语方位词的语法功能》，河北大学学报 1996 年第 1 期。储泽祥《现代汉语方所系统研究》，华中师范大学出版社，2003 年。

[2] 向日征《吉卫苗语研究》，四川民族出版社，1999 年。

[3] 中央民族学院少数民族语言研究所第五研究室编《壮侗语族语言词汇集》，中央民族学院出版社，1996 年。

【中₂囿】《文选·班固〈东都赋〉》:"遂集乎中囿,陈师按屯。" 张铣注:"中囿,苑中也。"

【中₂心】徐幹《情诗》:"忧思连相属,中心如宿醒。"

不过这类结构,到《诗经》以后,特别是中古以后就迅速减少,出现频率也急遽降低(即使出现,也大多是出于仿古的需要)。到现代汉语中,基本只保留在成语中。因为这样的表达方式与"中₁名"形式相同,容易引起歧义,不利于语言的可区别性、明晰性。所以后来这样的表达方式逐渐被淘汰。

(二)指抽象群体范围(如现代汉语之"百姓中""文章中""方案中")

【人中₂】【饿鬼中₂】【畜生中₂】【奴婢中₂】【庶民中₂】后魏法场译《辩意长子者经》:"长者子辩意白佛言:'人何因缘得生天上?复何因缘来生人中?复何因缘生地狱中?复何因缘常生饿鬼中?复何因缘生畜生中?复何因缘常生尊贵,众人所敬?复何因缘生奴婢中,为人所使?复何因缘生庶民中?'"(14—837)

【坐(座)中₂】坐席之中。《史记·樊郦滕灌列传》:"项羽既飨军士,中酒,亚父谋欲杀沛公,令项庄拔剑舞坐中,欲击沛公,项伯常屏蔽之。"

【神仙中₂】《世说新语·容止》:"王右军见杜弘治,叹曰:'面如凝脂,眼如点漆,此神仙中人。'"

【古诗中₂】《世说新语·文学》:"王孝伯在京,行散至其弟王睹户前,问:'古诗中何句为最?'"

【众中₂】众人之中。 唐杜甫《送李校书二十六韵》:"众中每一见,使我潜动魄。"

【文章中₂】《新唐书·薛苹传》:"苹于文章中长于诗。"

(三)指时段范围(如现代汉语书面语之"节日中""假期中""黑夜中",现代汉语口语一般也用"里")

【夜中₂】夜里。《国语·吴语》:"吴王昏乃戒,令秣马食士。夜中乃令服兵擐甲。"《后汉书·吕布传》:"布疑其图己,乃使人鼓筝于帐中,潜自遁出。夜中兵起而布已亡。" 唐姚合《赠王尊师》诗:"海岸夜中常见日,仙宫深处却无山。"

【春中₂】春日里。《宋书·沈攸之传》:"卿春中求伐彭城,吾恐军士疲劳。"

【夏中₂】夏日里。晋王羲之《谢仁祖帖》:"忽然夏中感怀,冷冷不适。足下复何似,耿耿。"《宋书·庾登之传》:"夏中送甘蔗若新发于州,国吏运载樵荻无辍于道。"

【秋中₂】秋日里。晋王羲之《问慰诸帖》:"秋中感怀雨冷,冀足下各可耳,脾风遂欲成患,甚忧之。"《南齐书·礼志上》:"凡置生二百人,其年秋中悉集。"

【冬中₂】冬日里。《齐民要术·种胡荽》:"若令冬中食者,以草覆之,尚得竟冬中食。"

【五更中₂】五更里。《三国志·吴书·吴范传》:"至五更中,果得之。"

【三四更中₂】三、四更里。《南齐书·东昏侯本纪》:"每三四更中,鼓声四出,幡戟横路。"

【九月中₂】九月里。《齐民要术·大豆》:"九月中,候近地叶有黄落者,速刈之。"

【数日中₂】数天里。《世说新语·术解》:"王从其语,数日中,果震柏粉碎。"

【一夕中₂】一夜里。《世说新语·豪爽》:"帝时为太子,好养武士。一夕中作池,比晓便成。"[1]

从以上举例可以看出，这类与时间名词结合，表示在一个时间段内的"中₂"上古时期还较少，因为时间概念比处所概念更抽象。而到了中古则大量出现，而且出现频率极高。

一般情况下，此类也有"中·名"的表达方式，但有的意思不完全相同，不少"中·名"式之"中"为"中₁"，表示"中间"义。详见上文。

（四）指情况、状态、过程（如现代汉语之"睡梦中""昏迷中"）

【梦中₂】睡梦之中。《列子·周穆王》："西极之南隅有国焉，不知境界之所接，名古莽之国，阴阳之气所不交，故寒暑亡辨；日月之光所不照，故昼夜亡辨。其民不食不衣而多眠。五旬一觉，以梦中所为者实，觉之所见者妄。"南朝梁沈约《别范安成》诗："勿言一樽酒，明日难重持。梦中不识路，何以慰相思。"

【眠中₂】睡眠之中。《世说新语·假谲》："魏武常云：'我眠中不可妄近，近便斫人。'"

【睡中₂】睡眠之中。《敦煌变文集新书》卷八："子京睡中，忽然梦觉，而坐叹曰：'……'"

【病中₂】疾病之中。《世说新语·文学》："（习凿齿）于病中犹作《汉晋春秋》，品评卓逸。"

【客中₂】谓客居之中。唐孟浩然《早寒江上有怀》诗："我家襄水上，遥隔楚云端。乡泪客中尽，孤帆天际看。"宋戴复古《泉南》诗："客中归未得，岁事渐相催。"

【念诵中₂】唐一行撰《大毗卢遮那成佛经疏》二相应者谓于三念诵中，其作意及出入息，此最相应为第一也，当勿异者。（39—785）

【寒中₂】寒冷之中。唐皮日休《奉和鲁望病中秋怀次韵》诗："静里改诗空凭几，寒中注《易》不开帘。"

此类结构也都出现在中古之后，"眠""睡""念诵"等本为动词，"寒"本为形容词，但它们加上"中"后，都体词化了，表示在某一情况、状态的持续过程中，"中₂"的语义也进一步虚化。随着"中₂"的语义由具体空间范围→抽象群体范围→时段范围→情况、状态、过程的虚化，"中₂"的使用领域越来越大，不过至此它还不属时体助词。直到近代，才出现与介词配合的表进行、持续状态的"在……中₂"（类似现代汉语的"大桥正在建设中""方案在研究中"），如：

《太平广记》卷二二一"袁天纲"条，出《定命录》："君之相录，正在怒中。"

《绿野仙踪》第四十三回："四人正在说笑中，觉得一阵异香吹入鼻孔中来。"[2]

---

[1] 不过此类"名·中₂"有时与"名·中₁"甚难区分，因为两者外部形式相同，只是"中"所表示的语义不同。如"秋中"既可表示"秋日里"的意思，那么即属"名·中₂"，上举晋王羲之《问慰诸帖》例即是。但有时属"名·中₁"，如：唐姚合《八月十五夜看月》诗："亭亭千万里，三复秋中。"此处的"秋中"当指秋季之中点，也就是"中秋节"。再如"日中"，既可以表示"太阳里"，《论衡·说日》："儒者：'日中有三足乌，月中有兔、蟾蜍。'"此属"名·中₂"，但有时也属"名·中₁"，指太阳当顶，正午。如后秦鸠摩罗什译《大庄严论》："从旦被缚至于日中。转到日没晦冥大闇。"（4—268）对此，我们必须结合具体语境从语义上去辨别。

[2] 张谊生《"V中"的功能特征及"中"的虚化历程》一文中说："我们知道，日语中表示动作行为持续有两种方式，其中之一就是将日语汉字'中'附于动词之后。这种表达方式不可能不对汉语的'V中'产生影响。""时态助词'中'在我国台湾地区最为发达，不但使用频率较高，而且使用方法多样。这一现象显然同日本统治台湾半个世纪，强制推行日语有关。"（《语法研究和探索》十一，商务印书馆2002年版）我们认为：与日语的接触，可能在一定程度上加速了"中"的语法化过程，但我们不认为与日语的接触是"中"进一步语法化的唯一原因。"中"的语法化应该是在多种原因的合力作用下实现的。因为从以上举例可以看到，在近代汉语中，"中"已经有了进一步语法化、向时体助词发展的萌芽。

二、动+中₂

【怒中₂】《太平广记》卷二二一"袁天纲"条，出《定命录》："君之相录，正在怒中。"

【说笑中₂】《绿野仙踪》第四十三回："四人正在说笑中，觉得一阵异香吹入鼻孔中来。"

由于有了"在……中₂""正在……中₂"这类形式，所以"V中₂"表示过程、状态持续的用法也随之出现，不过，这也是宋代及以后的事情：

【笑谈中₂】北宋赵抃《清献集》卷四："岷峨还是一川雄，我愧行春与俗同。乐国此年丰衍后，嘉朋终日笑谈中。"

【熟睡中₂】宋何薳《春渚纪闻》卷二"中溜神"："建安李明仲秀才，山居偶赴远村会集，醉归侵夜，仆从不随。中道山鬼推堕涧仄，醉不能支。因熟睡中，其神径还其家，见母妻于烛下。"

【盛喜中₂】【盛怒中】宋吴曾《能改斋漫录》卷二："俗谚云：盛喜中不许人物，盛怒中不答人简。"

【草创中₂】《新唐书·裴冕传》："肃宗为元帅时，师才一旅，（冕）于草创中，甄大义以劝进，收募骁勇几十余万。"

【交涉中₂】明袁祥《六壬大全》卷一："八克合主。交涉中生同争讼，或匿怨相友，笑里藏刀。"

以上数例中的"中₂"都已用在动词之后，本来时态是由"正在""在"表示的，"中₂"只表示在情况、状态、过程的时间范围内，一旦当"正在""在"略去，"中₂"逐渐由方位词虚化为表示动作行为进行、持续状态的时态助词。不过，它们还是在一个完整的句子中充当成分，尚未出现独立运用的用例。

三、代+中₂（如现代汉语之"其中"）

【此中₂】这里，这里面。西晋竺法护译《生经》："病人便前诣释言：'我欲去，愿乞此瓶。'释便与之，语之言：'此中有物，在汝所愿。'病人即持归。"（3—108）东晋僧伽提婆译《中阿含经》："尔时，世尊告诸比丘：此中有第一沙门，第二、第三、第四沙门。此外更无沙门、梵志。"（1—590）后秦佛陀耶舍共竺佛念译《长阿含经》："如是论时，我于此中则有名称。"（1—103）隋阇那崛多译《起世经》："阎浮提中，转轮圣王，出现世时。此中海道，自然涌现，与水齐平。"（1—312）

【是中₂】这里，这里面。《汉书·景十三王传·广川惠王越》："使美人相和歌之去，曰：'是中当有自知者。'"三国吴支谦《菩萨本缘经》"王即问言：'大婆罗门！是处可畏无有人民，是中唯是闲静修道之人独住之处，仁何缘来？'"（3—55）后秦鸠摩罗什译《小品般若波罗蜜经》："世尊！譬如有人欲见大海，稍稍前行，若见树若树相，若见山若山相，当知是中去海尚远。"（8—554）唐不空译《金刚顶瑜伽略述三十七尊心要》："以虚空为库藏，是中珍宝满虚空中，给济苍生，五种之施令无匮乏。"（18—293）

【斯中₂】这里，这里面。三国吴支谦译《大明度经》："若大士闻斯义得净定者，疾近受决不久，或见一佛若两，便受决。或自于斯中受决，得无上正真道。"（8—489）东晋僧伽提婆译《增壹阿含经》："普生斯念：斯中有形之类，蒙佑无量，何况人形？"（2—827）唐澄观译《大方广佛华严经》："即显空假是此中道之空假耳，非是从彼空假入斯中矣。"（36—693）

【阿堵中₂】这个里面。《世说新语·巧艺》："传神写照，正在阿堵中。"

【个中₂】这里，这里面。唐寒山《诗》之二五五："若得个中意，纵横处处通。"宋陆游《对酒》诗："个中妙趣谁堪语，最是初醺未醉时。"

【彼中₂】那里，那里面。东晋佛陀跋陀罗译《大方广佛华严经》："此摩竭提国有一聚落，彼中有城，名婆呾那。"（9—765）隋阇那崛多译《观察诸法行经》："彼世尊宝光威轮王如来，有园名爱见，彼中世尊所游。"（15—741）唐菩提流志译《大宝积经》："彼一切相悉能了知，又能了知彼中所有若干众生种种性、种种色。"（11—232）《南齐书·张敬儿传》："又张雍州启事称：彼中蛮动，兼民遭水患，敕令足下思经拯之计。"《旧唐书·李德裕传》"德裕曰：'杷头峰北，便是沙碛。彼中野战，须用骑兵。'"

【厥中₂】那里，那里面。三国吴支谦译《梵网六十二见经》："往还其中，于彼住在。厥中生俱会行，于网中行，死不得出。"（1—264）宋赞宁撰《宋高僧传》："释亡名者，不知何许人也。居褒城西数十里，号中梁山。数峰回负，翠碧凝空。处于厥中，行终诡异，言语不常。恒见者弗惊，乍亲者可怪。"（50—847）

【那中₂】那里，那里面。后汉支娄迦谶译《无量清净平等觉经》："愿佛为我说诸佛国功德，我当奉持，当那中住，取愿作佛国尔如是。"（12—280）东汉佚名译《分别功德论》："佛言：'止！止！目连，汝神足虽能反此无难。那中众生，可以一手执虫，一手反地。'"（25—41）西晋竺法护译《菩萨十住行道品》："过去诸佛悉那中生，当来诸佛悉那中生，今现在诸佛悉那中生。何因菩萨入大道中？从何因缘入是大道中？"（10—454）

【就中₂】这里面，那里面。庾信《春日极饮》诗："就中言不醉，红袖捧金杯。"《颜氏家训·归心》："国有增减，星无进退，灾祥祸福，就中不差。"唐白居易《霓裳羽衣歌》："千歌百舞不可数，就中最爱霓裳舞。"

【其中₂】这里面；那里面。《论语·为政》："言寡尤，行寡悔，禄在其中矣。"晋陶潜《桃花源记》："其中往来种作，男女衣着悉如外人。"

在中古时期，"指示代词+中₂"的形式特别丰富，指示代词包括近指代词（此、是、斯、阿堵、个）、远指代词（彼、厥、那；就、其），特别是在口语性较强的佛教文献中，使用频繁。中古以后，由于汉语词汇双音节化的加剧，单音节方位词语法功能逐渐退化，置于指示代词后的功能逐步被双音节方位词取代（如"这中间"，"那里面"），到了近代汉语后期，"中"基本不再和指示代词组合，一则由"里"替代（但"里"已经几乎虚化为一个代词词缀），一则因为"其中"既可表"这里、这里面"义，又可表"那里、那里面"义，所以其他的形式逐渐消亡，在现代汉语中，只有"其中"硕果仅存。

作为后置方位词表示"内部"义的""中₂""，在先秦汉语中比较多见，有时表达这一意思也用"内"，但使用频率不高，且一般只能和名词结合。如：

【邦内】《论语·季氏》："邦分崩离析而不能守也，而谋动干戈于邦内。"

【封内】《荀子·正论》："封内甸服。"杨倞注："王畿之内也。"

【海内】《孟子·梁惠王下》："海内之地，方千里者九。"焦循正义："古者内有九洲，外有四海……此海内，即指四海之内。"

到汉后才逐渐多起来，如"室内""宫内""车内""三月内"等。但紧接着名词后面的新兴方位词"里"汉代口语性较强的文献中已经出现，如：

【筋髓里】《史记·扁鹊仓公列传》："经主病和者，其病得之筋髓里。"

【宫里】东汉失译《分别功德论》："王亦闻此女妙，欲纳之宫里。"（25—43）

【殿里】蔡邕《对诏问灾异八事》："而称伯夏教入殿里，与桓贤言。"

到魏晋南北朝时期，方位词"里"呈现迅速增长的势头，不仅出现了"村里""河里""狱里""洞里""瓮里""铠里"等数十种与具体的名词的搭配，还出现了大量"雾里""风里""心里""梦里""曲里""今夜里"等与抽象名词的搭配。根据汪维辉的统计："中$_2$"和"里"的出现频度"从东晋的约5：1到隋代缩小为约2：1。到唐代的王梵志诗里，'中$_2$'和'里'的出现频率已大体持平。……至敦煌变文出现了'这里(者里)、''那里'、'里'由方位词进而虚化为词尾。可见至迟到晚唐五代，方位词'里'已经完全发展成熟了。"[1]到现代汉语，"中$_2$"和"里"基本成了书面语和口语之别（文白之别），不过"里"还未能彻底取代"中$_2$"，在有些习惯组合中还只能用"中$_2$"而不能用"里"。比如"动·中$_2$"结构表示过程的"讨论中"（讨论中发现了新的问题）、"谈判中"（谈判中，双方获得了谅解）、"战斗中"（战斗中他负了伤）等。表示持续状态，用在介词"在"之后的"营业中"（饭店正在营业中）、"进行中"（演出还在进行中）、"研究中"（方案仍在研究中）等。

另外还要说明的是："中$_2$"也可说成"之中"，不过因汉语韵律的要求，"之中"一般不用在单音节词之后。如《论语·公冶长》："虽在缧绁之中，非其罪也。"《论语·季氏》："且在邦域之中矣。"现代汉语更是如此，可说"宫殿之中"，不说"宫之中""殿之中"；说"风雨之中"，不说"风之中""雨之中"；说"睡梦之中"，不说"睡之中""梦之中"等。

以上，大致探讨了"中"的基本意义"中$_1$"（中间）、"中$_2$"（内部）义的来源及语义、语法功能方面的差异。特别是探讨了"中$_1$""中$_2$"从上古到中古用法及使用频率的变化，以及"中$_1$"逐渐在口头语中由"里"替代的情况；中古时期"中$_2$"作为方位词与指示代词搭配的多样性及逐渐消亡，统一于"其中"的轨迹。

有关"中"的一些其他义位，如《汉语大词典》"【中】zhōng：2.特指宫禁之内。亦借指朝廷。5.指内心。6.引申为感情。7.指内脏。8.身体。这些义位无疑都是从"内部"义引申出来的。而"10.居于其中。12.半，一半。13.间隔。14.媒介，居间。15.指介绍人，中间人。16.正。17.均匀。23.指二十四节气的中气。24.中午，日中的时候。25.指中年。"等等，这些义位无疑都是从"中间"义引申出来的。至于《汉语大词典》："【中】zhōng：18.合适；恰当。19.指正确的标准。20.犹言可，行，成。"此类义位虽然也由"中间"义引申，但源于一定的文化背景。儒家推行的是"中庸之道"，主张待人、处事不偏不倚，无过无不及。因此符合"中"的标准就"合适""正确""可"。（关于"【中】zhòng 1.箭射着目标。2.泛指击中或被击中。3.符合。4.及，到达。6.考取；录取。7.得到。8. 相当；相应。9.值得。10.击；杀。11.侵袭；伤害。12.指被侵袭、伤害。13.中伤，陷害。14.遭受；受到。"以及"【中】zhòng："仲$_1$"的古字。1.指每季中居中的。2.指排行中的第二位。"等义位，也是由"中间、中心"义引申而来。）

因为严格地讲，这些都不属于语法问题，故略而不论。但从这些众多的义位来看，其核心义位当是"中间"和"内部"。

---

1 汪维辉《东汉——隋常用词演变研究》，南京大学出版社，2000年。

主要引用书目：

《古文字类编》高明编，中华书局 1980 年。

《甲骨文合集释文》（全四册）胡厚宣主编，中国社会科学出版社 1999 年。

《商周青铜器铭文选》（全四册）马承源主编，文物出版社 1986—1990 年。

《十三经注疏》（上、下），中华书局 1980 年。

《诸子集成》（全八册），中华书局 1954 年。

《全上古三代秦汉三国六朝文》（全四册）〔清〕严可均校辑，中华书局 1958 年。

《先秦汉魏晋南北朝诗》（全三册），逯钦立辑校，中华书局 1983 年。

《文选》（全三册），（梁）萧统编，〔唐〕李善注，中华书局 1977 年。

《国语》（全二册），上海古籍出版社 1978 年版。

《韩诗外传集释》[汉]韩婴撰，许维遹校释，中华书局 1980 年。

《史记》，[汉]司马迁撰，中华书局年 1959 年。

《汉书》，[汉]班固撰，中华书局年 1962 年。

《后汉书》，[刘宋]范晔撰，中华书局 1965 年。

《三国志》，[晋]陈寿撰，中华书局 1982 年。

《晋书》，[唐]房玄龄等撰，中华书局 1974 年。

《宋书》，[梁]沈约撰，中华书局 1974 年。

《北齐书》[唐]李百药撰，中华书局 1972 年。

《新唐书》[宋]欧阳修撰，中华书局 1975 年。

《全唐诗》，[清]彭定球等编，中华书局 1960 年。

本文所引佛经均为日本《大正新修大藏经》

上古汉语及物动词与不及物动词划分的百年回顾
——兼论上古汉语动词三分体系

北京大学中文系　宋亚云

内容提要　文章回顾了一百年来学界关于上古汉语动词划分及物与不及物的研究历程，指出上古汉语中的确存在一批既可以带宾语又可以不带宾语的动词，但是很少有人将这些动词独立出来。文章综合权衡各家观点，并结合这些动词在上古汉语中的实际表现，提出了一个"及物动词－作格动词－不及物动词"的三分格局。

关键词　动词分类　回顾　三分

一　关于上古汉语动词划分及物和不及物的百年回顾

1.1　马建忠（1898）的"外内皆可，在所驱遣"说

《马氏文通》"外动字四之一"举例说：

《汉书·扬雄传》："昔三仁去而殷虚，二老归而周炽，子胥死而吴亡，种、蠡存而粤伯，五羖入而秦喜，**乐毅出**而燕惧。"（3568 页）[1] ""去""虚""归""炽""死""亡""存""伯""入""喜""**出**""惧"十二字，皆**内动字**，以惟言作者之行，而其所发之行全存于发之者之内也。

《马氏文通》同页又举例说：

《左·文 6》："宣子于是乎始为国政，制事典，正法罪，辟狱刑，董逋逃，由质要，治旧洿，本秩礼，续常职，**出滞淹**。"（1843 页下）[2] ""为""制""正""辟""董""由""治""本""续""**出**"十字，**外动字**也，盖其行之施诸外，皆有止词以见其效也。

同一个"出"，上例说是内动字，下例说是外动字，说法不一。《马氏文通》又说："'出'字，**外内动字皆可，在所驱遣**耳。"可见，马氏认为"出"有时是外动字，有时是内动字。类似的表述还有。如《马氏文通》（144 页）认为"天下犹未**平**"的"平"是内动字，《马氏文通》（165 页）又认为"国治而后天下**平**"的"平"是外动字，属于"先后无加而成为受动者也。"

《马氏文通》是如何解决这个矛盾的呢？此书有两处重点论及这种不及物动词或形容词带宾语的现象：一处在"内动字四之三"中，作者说："内动字无止词，有转词，固已。然有内动字用若外动者，则亦有止词矣。"（176 页）作者列举了"来、泣、立、坐、前、

---

[1]《马氏文通》原文并没有出示所引文献的具体页码，此页码是笔者所加，下同。
[2] 括号中的数字表示该例在所引参考文献中的页码，"下"表示《十三经注疏》该页的下栏。

仕、怒、信、逃、入、惊、饮、死、去、走、相、殉、害"等他所认为的内动字用作外动的一些例子,然后说:"若是,动字之用有两歧者,亦时见于书。"另一处在"动字假借五之一"中,作者列举了"弱、微、上、下、再、久、东、二三、迟、又、外、正、匹、近、大、小、盛、众、三、多、少、固、老、短、十"等他所认为的静字带止词的例子,然后说:"……诸字,本皆静字,今假借为外动字矣。"(193页)

总之,《马氏文通》把不及物动词和形容词带宾语的现象分别用"内动字用若外动"和"静字假借为外动"来解释。这些内动字转为外动字的条件本来是"有止词以见其效",当它们不带止词(即不带宾语)、且"先后无加"(即动词前后没有附加成分)时,可以表示受动(即被动)义。

1.2 陈承泽(1922)的"致动、意动"说

陈承泽(1922/1982:20)《国文法草创》主张:"应不先设成见,先广搜各字之用例,然后参合比较,而得其孰为本用,孰为由本用而生之活用。"此语一向为人所称道。该书第十三章"活用之实例"包括两类"本用的活用"和"非本用的活用",后者再设两类:(子)一般的非本用的活用和(丑)特别的非本用的活用。(丑)类中又包括两类(A)于字性变化外,更有其他条件者(此类又有两类,此略);(B)于字性无所变动,而其于字类变动外,更有其他条件者。(B)类又包括"致动用"和"意动用"。"致动用"又包括:(其一)由动字来者;(其二)由象字来者。"意动用"又包括:(其一)由名字来者;(其二)由象字来者。陈氏的活用体系可以图示如下:

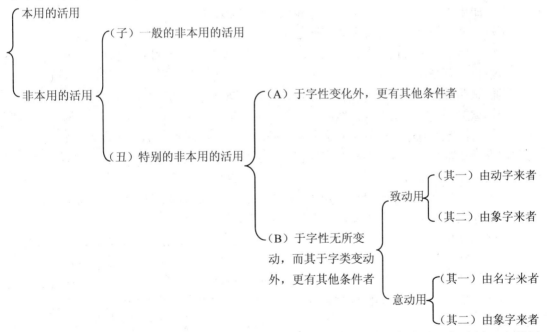

在陈氏眼中,致动用和意动用是真正的活用。陈氏还说:"致动用和意动用,在普通文中为不常见。"根据学界大多数人的观点,活用只是少数个别的用法,如果一个词的所谓活用用法十分常见,甚至与本用不相上下乃至超过本用,这样的用法很难说还是活用。陈氏在"致动用"和"意动用"下举出了不少例子。下面我们看看其中一些例子究竟是不是活用:

陈氏认为"**存**"是自动字,"龙蛇之蛰,以**存身**也"(易经,87页[1]下)是致动用。
陈氏认为"**坏**"是自动字,"**坏大门**及寝门而入"(左·成10,1906页下)是致动用。
陈氏认为"**固**"是象字,"夫**固国**者,在亲众而善邻"(国语,305页)是致动用。
陈氏认为"**正**"是象字,"**正其衣冠**"(论语,2535页下)是致动用。

我们调查了这四个词在《左传》中的所有用法,结果是:

"存"共28例,自动用9例,致动用7例;"坏"共20例,自动用8例,致动用7例;"固"共119例,自动用10例,致动用13例;"正"共145例,自动用4例,致动用23例。

"存"和"坏"自动和致动用法大约持平,"固"和"正"的致动用法则大大超过了自动用法。这四个词总计自动用法31例,致动用法50例。如果把它们的致动用法都看成活用的话,那意味着活用可以超过本用。这是大多数学者都不会轻易认同的。问题主要有:

(一)陈氏没有贯彻他的主张,去"广搜各字之用例,然后参合比较",而可能是仅凭语感举例,有时难免举棋不定,范围过宽,把不是活用的也当成了活用。

(二)陈氏先入为主,认为"存、坏、固、正"本是自动字或象字,只要带了目的语(即宾语),他就认为是致动用。试问:何以见得"存、坏、固、正"本为自动字或象字?陈氏没有证明。按照陈氏的观点推论,"平"本属象字,如:《庄子·胠箧》:"**天下平**而无故矣"(346页)。"平"如果带宾语就是致动用法,如:《吕氏春秋·察传》:"夔能和之,以**平天下**。"(811页)可是,马建忠就不这么看,他认为"国治而后天下**平**"的"平"是外动字,属于"先后无加而成为受动者也"。(《马氏文通》165页)

不过,陈氏的思考十分深入,有些想法在当时实属难能可贵。即使在今天看来,仍有可取之处。但是由于时代和条件的限制,他没有广泛调查,穷尽性地进行统计和比较,全书举例很少,有些地方只见观点,并无例证;有些地方例证单薄,难有说服力。

我们试图贯彻陈氏的这一合理主张,先对汉语史各个时期的几部专书进行穷尽统计,观察一批重要谓词的历史演变,然后再来下结论:孰为本用,孰为活用。从"存、坏、固、正"的使用情况来看,它们既不同于典型的外动字,也不同于典型的内动字,而是兼有二者的部分语法特征。经过全面的观察和权衡,我们发现此类谓词在上古汉语中有一大批,正是它们的存在干扰着上古汉语词类划分的顺利开展[2]。如果我们把它们独立出来,可能会更为合理。实际上,后来的"准自动词"的提出,正是考虑到了这些谓词的复杂性。

1.3 高名凯(1957)的"内动、外动无别"说

高名凯(1957:214)《汉语语法论》说:"要之,汉语具有动词功能的词本无及物和不及物之分别。当它存在于具体的命题或句子里头的时候,它既可以是及物的,又可以是不及物的,完全视实际的情形如何而定。同样的词在汉语中往往可以两用。……我们实在可以说:汉语的具有动词功能的词在这一方面都是中性的。"高名凯的结论未免有些走极端。他说:

> 其次,汉语具有动词功能的词既可以当作及物用,也可以当作不及物用,不若西洋语之及物动词绝不能没有宾语。我们可以说"我说了",也可以说"我说一句话",

---

[1] 这个页码也是笔者所加,下同。
[2] 当然,还有其他若干干扰因素,如动词、形容词做主宾语是否活用的问题,名词和动词的纠葛问题,等等。

不若英语之在前一情形必得用 speak, spoke, spoken, 而在后一情形必得用 say, said 加宾语。当然，我们也可以说在第一情形之中，"说"字是当作不及物动词用的，而在后一情形之中，它是当作及物动词用的。然而这不能证明"说"字本来有及物或不及物的特性，也不能证明它到底本来是及物或是不及物。……此理至明，无奈国人受了西洋通俗语法书的影响，成见在胸，乃预先假定汉语具有动词功能的词必得有内外之本性，所以便将张冠李戴。此乃一般人的共同看法，不只是王力一人。（213 页）

如果真如高名凯所言汉语动词无内外之分，那么这一百多年来汉语语法研究者所做的有关划分及物动词和不及物动词的工作便都是走错了方向，这是人们难以接受的。其实，"我说的"的"说"是汉语及物动词之一种，特点是宾语可以悬空，此类动词大都是动作动词，如："吃、买、骂、唱、写、看、作、拿、打、砍、扔、开、包、挖、交、穿、戴、洗、烧、杀、借、给、送、寄、修……"。汉语中还有的及物动词宾语不允许悬空，此类动词大都是关系动词，比如"属于、成为、不及、不如、不比、姓、是、号称、等于、具有"等（袁毓林 1998：340）不能因为"说"类动词可以带零宾语（或者说可以不带宾语），就认为汉语的动词没有及物和不及物之分。不过，我们必须承认，有一批动词，究竟是及物还是不及物是有争议的。比如高名凯所举的例子：

若爱重伤，则如勿<u>伤</u>。（左·僖 22，1814 页上）

人<u>伤</u>尧以不慈之名。（吕氏春秋·举难，696 页）

我们统计了《左传》中的 42 例"伤"字的用法，带宾语 19 例，不带宾语 13 例，如：

鄢舒为政而杀之，又<u>伤潞子之目</u>。（左·宣 15，1887 页下）

国蹙、<u>王伤</u>，不败何待？（左·成 16，1918 页中）

这两个"伤"无论归为他动还是自动都难免顾此失彼。说成是他动词，那么"王伤"就是被动用法；说成是自动词，那么"伤潞子之目"就是使动用法。实际上，"伤"带宾语和不带宾语的两种结构形式就是所谓的作格交替模式，如果我们把"伤"看成作格动词，可能更容易被接受。

1.4 李佐丰（1983）的先秦汉语自动词体系

李佐丰系列论著对于上古汉语语法研究有着重要的推动作用，这是毋庸置疑的。其论著引用率较高，影响很大。但是，其中也有一些问题可以提出来再讨论。李佐丰所认定的自动词在上古是否就一定是自动词，也还值得商榷。今后的研究，在词类的划分以及其他相关问题上，是以此为基础还是重新加以考虑，也必须引起重视。下面先介绍一下李佐丰关于自动词的分类体系。李佐丰把先秦汉语的自动词分为甲、乙、丙、丁四类，其中的丁类自动词又包括两种：

第一种：自动词单独充当谓语时，它们的主语通常是非生物；动词只是表示主语的某种状态、变化。列举的动词有：动、定、竭、终、闭、坏、折、绝、流、覆、坠、陨、落、沉、尽、毕，等等。第二种：自动词单独充当谓语时，它们的主语通常是人或生物，动词陈述主语的变化、状态。尽管主语是生物，但在这种变化、状态中，主语经常是不自主的；其中的一些变化、状态则是主语所不情愿的。文中列举的动词有：立、败、灭、亡、生、伤、毙、饱、溃、骇、惊、醉、陷、溺、饥、兴、进等等。

作者认为丁类自动词的特点是，当它们做谓语时，一般不带关系宾语，只带使动宾语，也就是说，它们只要一带宾语，一般就是使动用法。李佐丰（1994a）又将丁类自动词和乙类自动词合并，称之为"准自动词"。丁类自动词，李佐丰（1994b）又叫"准自动状态动词"。为什么叫"准自动词"呢？因为"准自动词"具有及物动词的某些特点。根据李佐丰（1983）所列的数据，有些丁类自动词带使动宾语的频率与不带宾语和补语的频率持平，或者远远高于后者，如：

丁类	不带宾语和补语	带使动宾语	丁类	不带宾语和补语	带使动宾语
1. 立	47	206	9. 竭	13	27
2. 败	32	111	10. 尽	46	71
3. 灭	19	115	11. 兴	38	44
4. 生	20	91	12. 定	27	35
5. 伤	15	52	13. 坏	10	11
6. 闭	5	19	14. 覆	4	4
7. 折	4	17	15. 终	18	16
8. 绝	4	11	16. 动	37	24

这些词中，前 13 个词的使动用法超过自动用法，后 3 个词大约持平。使动用法远远超过自动用法，为什么还叫自动词呢？作者可能会说，因为它们所带的宾语不是受事宾语，而是使动宾语。那么请问：为什么它们所带的宾语不叫受事宾语而叫使动宾语呢？作者可能会回答说：因为它们是使动词所带的宾语。这就会陷入循环论证。

试想，如果李佐丰不把这些词归入自动词，又该归入哪类动词呢？按照李佐丰（1994b）的动词分类体系，动词首先三分：能愿动词、特殊动词（包括存在、使令和分类动词三类）和普通动词，然后又把普通动词两分：及物动词和不及物动词。一个普通动词，不管它是行为动词还是状态动词，不管它是抽象动词还是具体动词，不是及物动词，就是不及物动词，不可能有第三种情况出现。李佐丰把这类"准自动状态动词"归入不及物动词中，一旦它们带了宾语，就认为是使动用法，所带宾语就是使动宾语。作者又说"使动宾语是不及物动词兼有及物动词用法时所带的一种宾语"（李佐丰 2003a：29）。如果说不及物动词只是偶尔兼有及物动词的用法，不妨认为它们还是不及物动词，可是上表中的有些词"兼有"及物用法的用例是其不及物用例的好几倍，这样的词为何还叫不及物动词呢？它们为何能大批量兼有及物动词的用法呢？从以上论述可以看出，用"使动用法"来自圆其说是全文的核心所在。我们发现，这里的"使动用法"已经大大不同于陈承泽（1922）所说的"致动用法"。陈氏的"致动用法"是真正的活用，不是普遍的现象。而李佐丰所说的"使动用法"则是大量的、经常的、甚至超过自动用法的现象。因此，李佐丰必须反复申明使动不是活用，否则，活用将会远远超过本用，而这是学界所极力反对的。为此，李佐丰（1996）发表《古代汉语教学中的使动和活用》一文特别指出：状态动词的使动用法不可能是活用；行为动词带使动宾语并不是活用；形容词带使动宾语不是活用；有些及物动词带使动宾语也不是活用；少数介于及物动词和不及物动词之间的动词带使动宾语也不是活用。我们不禁要问：这也不是活用，那也不是活用，那究竟什么是活用？"使动用法"真的都不是活用吗？试看：

十日并出，<u>焦禾稼</u>，杀草木。（淮南子·本经训，117 页）

盈将为乱，以范氏为<u>死桓主</u>而专政矣。（左·襄 21，1971 页上）

万民弗忍，<u>居王</u>于彘。（左·昭 26，2114 页上）

王唯信子，故<u>处子</u>于蔡。（左·昭 15，2077 页中）

<u>虚其府库</u>。（墨子·七患，29 页）

  这几例中的"焦、死、居、处、虚"是使动用法并无争议，但要说不是活用恐怕难以服人。因此，所谓的"使动用法不是活用"之说表面上能够自圆其说，实际上掩盖了很多复杂的问题。"使动用法"之下有好几种不同的情况，既有近于他动而被视为使动的（如"破、败、灭、绝"等），也有非活用而经常被当作活用的（如"存、坏、固、正"等），也有真正的活用（如"焦、死、居、处、虚"等），应该分开处理。当然，李佐丰也可以坚持自己的看法，认为上面所举出的 5 例都不是活用，因为与之同词类或同次类（形容词和不及物动词）的词都可以这样构成使动，而李佐丰认为判断活用的一个重要的标准是："这个带使动宾语的词类或词的次类中极少有其他的词可以构成使动"（李佐丰 1996/2003b：220）。

  蒋绍愚（2000/2001a）从动词的语义、动词带宾语的频率、判断外动词的四项语法功能标准等多个角度综合考虑，认为"破""灭""伤""败""坏""解""折"等词所带的宾语是受事宾语，它们是外动词，不是内动词。这跟李佐丰（1983）所持的观点无疑是相反的。然而蒋绍愚的深刻认识似乎并未引起学界的充分重视，李佐丰（1983；1994a；1994b；1996）的系列论著也反复被学界不假思索地广泛征引。

  不过，蒋绍愚的观点也可以商榷。其一，李佐丰（1983）用转换的方法证明"反"是自动词，即：赵穿反赵盾 ~* 赵穿反[1]；赵穿反赵盾 ~ 赵盾反。蒋绍愚指出外动词"诛"也具有这样的特点：周公诛管叔 ~* 周公诛；周公诛管叔 ~ 管叔诛（反宾为主）。"诛"和"反"都具有这样的特点，因此，蒋绍愚认为这种转换的方法不足以区分内动词和外动词。其实，类似"管叔诛"之类的反宾为主句的出现频率远远少于"赵盾反"之类的主动句的出现频率。"管叔诛"是特殊情况，"赵盾反"是一般情况，不能用特殊情况来否定一般情况。真正和"诛"类难以分开的是蒋绍愚所论证的"破""灭""伤""败""坏""解""折"等词，这些词不仅与后面 2.2.3.3 节所说的"斩"类难以分开，与该节所说的"死"类也难以分开，这类动词处于及物和不及物之间。

  其二，蒋绍愚论证这些词是外动词，可是这些词和典型的外动词相比，毕竟还是有较大的区别。为什么"楚国败"从来没有歧义，而"楚国伐"就有两种理解呢？（楚国讨伐别国；楚国被讨伐。）为什么"楚国破"的"楚国"一定是受事，而"楚国攻"的"楚国"一定是施事呢？为什么"攻""伐""侵""袭""围""胜""追""救""射"等外动词到后来还是外动词，而"破""灭""伤""败""坏""解""折"等"外动词"到后来变得以自动用法为主了呢？这说明，"破"类动词也不是典型的外动词。既然把它们看成自动词有困难，看成外动词也有困难，为什么不把它们独立出来呢？为什么一定要两分而不是三分或者四分呢？后面我们在介绍崔立斌（1995；2004）的观点时将会再一次看到，两分的体系存在不可调和的矛盾，往往会顾此失彼，左右为难。

---

[1] *表示这样的转换改变了动词和名词之间的深层语义关系。

1.5 管燮初（1994）的动词三分体系

管燮初（1994）《〈左传〉句法研究》本来是三分的，可是分完以后，他又把这三类划为外动词和内动词两类。可见两分的思想由来已久。一个动词，不是外动，便是内动，非此即彼。该书的划分大致是：

A 类：内动词，不带宾语或只带准宾语的动词，包括三类：

（A）动词不带宾语，409 个。如：战、捷、喜、狩、浴、崩、游，等等。
（B）动词只带准宾语，1 个：跃。
（C）动词有时带准宾语，5 个：飞、饮至、往、踊、几。

B 类：外动词，带宾语的动词，包括四类：

（A）动词带受事单宾语，390 个。如：筑、铸、围、搏、买、快（快楚心），等等。
（B）动词带单宾语，有时带双宾语，有 8 个：蔽、畀、益、若、抽、饩、诒、胙。
（C）动词带同一性宾语，4 个：是、惟、繄、为。
（D）动词带单宾语，有时带同一性宾语，1 个：曰。

A、B 类：有时带宾语，有时不带宾语的动词，包括六类：

（A）动词有时不带单宾语（和准宾语），动词有时带单宾语（和准宾语），有 676 个。如：灭、乱、敝、毙、免、废、折、断、顿、荡、坏、失、伤、丧、绝、尽、立、存、兴，等等。
（B）动词有时不带宾语，有时带双宾语，有 1 个：叫。
（C）动词有时不带宾语，有时带单宾语或双宾语，有 39 个。
（D）动词有时不带宾语，有时带准宾语或单宾语，有 13 个。
（E）动词有时不带宾语，有时带准宾语，有时带单宾语，有时带双宾语，有 1 个：赋。
（F）动词有时不带宾语，有时带双宾语或同一性宾语，有 1 个：为。

管燮初把第三类即 A、B 类动词也看成是外动词，作者说："不带宾语的是内动词，带宾语的是外动词，带不带宾语两可的也是外动词。纯粹的内动词或外动词都不到三分之一，带不带宾语两可的也是外动词占优势。……《左传》中用作主要谓语主要成分的 1434 个动词中有不带宾语的内动词 415 个，占 29%；带宾语的外动词 399 个，占 28%；带宾语和不带宾语两可的动词 620 个，占 43%。"为什么"带不带宾语两可的也是外动词"？作者没有解释。这些两可的动词，有人分别处理为"准他动词"和"准自动词"。总之，既不是 100%的他动词，也不是 100%的自动词。

我们认为，管燮初所分出来的这一大类（即 A、B 类）非常有价值，其中还可以再细分为几类。目前至少可以分为中性动词（大致相当于易福成的"直接谓词"）和作格动词（如 A、B 类动词中的第一类）。但是管燮初没有进一步研究，这给我们的研究留下了很大的空间。

1.6 崔立斌（2004）的动词两分体系

崔立斌（1995）的博士论文《孟子词类研究》后来收入专著《孟子词类研究》（2004），我们在讨论时就以后者为主。作者的词类划分体系和李佐丰（1994）很不一样，作者以王力的"词汇·语法范畴"理论作为指导，然后根据所带宾语的不同将动词两分为及物动词和不及物动词。"能带受事宾语、对象宾语和处所宾语（主要是趋止动词）的动词"是及物动词，不及物动词不能带这三类宾语，但是"可以带使动宾语、时间宾语等"。（32 页）

此书的不及物动词又包括：行为动词、趋止动词、心理动词、状态动词。及物动词又包括：行为动词、趋止动词、感知动词、状态动词、存在动词、类同动词、能愿动词。其中的存在、类同两类就是李佐丰（1994）的特殊动词。崔立斌把能愿动词归入及物动词，李佐丰则与基本动词并列。行为动词分别归入及物和不及物两类，两家相同。二家归类的最大不同在于：崔立斌的趋止动词和状态动词，李佐丰全部归入自动词（包括真自动词和准自动词），而崔立斌则都一分为二，趋止动词分为及物趋止动词和不及物趋止动词，状态动词分为及物状态动词和不及物状态动词。表示心理、认知和感觉活动的动词，李佐丰没有明确说是他动词还是自动词，崔立斌则分为不及物的心理动词和及物的感知动词。图示如下：

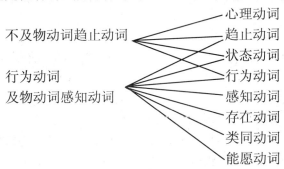

这种分类是两分法的典型。问题是：为什么带时间宾语的是不及物动词，而带处所宾语的却是及物动词？不及物动词"可以带使动宾语、时间宾语等"，这两类宾语有什么共同点？为什么带使动宾语的是不及物动词，而带对象宾语的却是及物动词？这两类宾语有什么区别？为什么作者所列举的很多不及物趋止动词能够带处所宾语却不是及物动词？如：归、舍、坐、于、徙、次，等等。

更大的问题在于作者对同样带使动宾语的不及物动词和形容词的不同处理。在第二章"状态动词"一节，作者说："对于不及物动词带使动宾语，我们参考李佐丰的观点，认为带使动宾语是不及物动词本身的功能，而不是活用作及物动词。"在第三章"形容词的活用与兼类"一节中，作者又说："形容词带宾语后，往往活用为动词。《孟子》中形容词活用为动词后使动用法最多，有 38 个。……《孟子》中形容词带宾语后意动用法的有 15 个。……形容词活用为动词带宾语而非使动、意动的，《孟子》中有 7 个。……从数量上看，除去重复的不计，总共有 55 个形容词活用为动词，占《孟子》形容词总数（314 个）的 17.5%。"这里存在两个问题：一、李佐丰认为无论是不及物动词的使动用法，还是形容词的使动用法，都不是活用，崔立斌则认为不及物动词带使动宾语不是活用，形容词带使动宾语则是活用，这是此处吸收李佐丰的观点，而彼处则抛弃了李佐丰的观点。二、形容词活用为动词占《孟子》形容词总数 17.5%，这个活用的比例是高得惊人的。这还只是词的数目比例，如果计算绝对用例，活用的数量也会不少。按照大多数学者的观点，活用只是少数、个别的现象，不会是大范围的现象。

试想，如果崔立斌不把带宾语的形容词看成是活用，又该如何处理呢？看成是兼类吗？如果看成兼类，那么兼类的比例也会很高，这又是作者不愿意看到的事实。该书对兼类下的定义是"词的兼类跟活用不同，是同一个词兼有两种（或两种以上）词类的语法功能。"通观该书可以看出，作者认为兼类现象也应该是很少见的。作者把它们视为活用，是服从于自身理论体系的需要而做出的安排，是一种无可奈何的选择。其实，有些形容词的活用不是真正的活用,而是本用。有些形容词还通过这种带宾语的用法形成了一个固定的义位,比如"正""固"就具有"使……正""使……固、巩固、加固"等义,使动义已经内化到其词义结构中去了。要想解决这个矛盾,必须把经常带使动宾语的所谓"不及物动词"和经常活用的所谓"形容词"独立出来,形成一个:及物动词——作格动词——不及物动词(包括一部分形容词)的三分格局。每一类都要找出其典型成员,然后再根据动词的句法语义特征细分为不同的若干小类。同时,还要重点探讨及物动词和作格动词之间的模糊地带、作格动词和不及物动词、形容词之间的模糊地带。因为无论采取何种办法,划分词类都不可能做到界限分明、毫无纠葛,对于那些类与类之间的复杂成员,尤其应该引起我们的重视。

1.7 殷国光(1997)的两分和兼类

殷国光(1997)《〈吕氏春秋〉词类研究》将《吕氏春秋》的动词分为不及物动词(704个)和及物动词(638)。此外,还有 75 个动词兼属不及物动词和及物动词,这些兼类词基本上都是真他动词。殷国光的分类比较细致,一直分到了第四层,最后得到的动词小类有 22 个。该书根据能不能带宾语和带什么样的宾语来给动词分类,"不能带宾语、或只能带准宾语的动词是不及物动词;能带真宾语的动词是及物动词。"(120 页)"准宾语包括关系宾语、非关系宾语(使动宾语、意动宾语、主题宾语等)"(113 页),"真宾语主要为受事宾语,此外还包括准宾语之外的其他宾语(存现宾语、等同宾语、似类宾语等)"(117 页)。那么,如何确定动词所带的宾语是准宾语还是真宾语呢?殷国光主要根据变换的方法来确定各类宾语,这就减少了循环论证的嫌疑。[1]由于殷国光在论述每一小类动词时,只是举例性地列举了几个动词,没有出示该小类的所有词目(有些数量少的小类全部列举了),因此我们无法评价和检验其分类的合理性。

殷国光所划分的动词类别,和李佐丰划分的结果颇为类似,二位都是在第一层分出不及物动词和及物动词,在第二层,不及物动词再分出真自动词和准自动词,及物动词再分出真他动词和准他动词。因此,二位表面上是两分,其实是四分。不同在于,殷国光又设立几个兼类[2],有:真自动词/准自动词兼类,真他动词/准他动词兼类,不及物动词/及物

---

[1] 此处不能详细介绍该书如何运用变换方法来确定宾语的类别,可参看该书 P.113—120 的相关论述。不过,我们对这种方法有一点保留意见。我们知道,用变换的方法来确定各种类型的宾语是有局限性的,有些动词可能存在的变换潜能也许在《吕氏春秋》中没有体现出来,而在先秦的其他文献中则有所体现;有些动词可能存在的变换潜能也许在所有先秦文献中都没有体现出来,我们却无法否认其可能性;有些动词在《吕氏春秋》中实现了的变换关系也许在其他文献中没有实现。因此,适合《吕氏春秋》的词类系统不一定适合先秦其他文献,即便是运用同样的标准划分出来的词类系统,划分得越细,可能结果相差越大。此外,有的变换模式是经常出现的,如使动、意动和自动的变换模式(如"灭楚国"和"楚国灭"),以及"趋止动词+处所宾语"和"趋止动词+于+处所宾语"(如"居卫"和"居于卫")的变换模式;而有的变换模式则是相对较少出现的,如"及物动词+受事宾语"和"及物动词+于+受事宾语"的变换模式(如"讨陈"和"讨于陈"),"及物动词+受事宾语"和"受事主语+及物动词"的变换模式(如"斩韩信"和"韩信斩"),以及"介宾结构+不及物动词"(为之死)和"不及物动词+关系宾语"(如"死之")。如何综合权衡这些常规变换关系和临时变换关系(或称非常规变换关系),并据此确定各个词的小类归属,也是颇为不易决定的事情。

[2] 殷国光的兼类不同于崔立斌(2004)和陆俭明(1994)的兼类。崔立斌、陆俭明根据"同音同义"的原则来确定词的同一性,凡是同音不同义的,一般处理为不同的词,因而兼类词的数量很少。而殷国光明确表示上古汉语不能采用这个原则,否则,将会导致出现大批同形词,比如"节"就有可能被分为 9 个词,这既模糊了上古汉语词的面貌,也令人们在心理上难以接受。"同音不同义"也可以看作兼类词,因此殷国光的兼类词数量就远远多于崔立斌(2004)的兼类词数量。郭锐(2002: 156—157)也把"意义上有联系的几个义项属于不同的词类"这种情况看成兼类,因此,他的兼类词也很多:动词兼名词共 476 个、动词兼副词共 171 个(188 页),形容词兼动词共 171 个(194 页),形容词兼名词共 67 个,形容词兼副词共 38 个(195 页),共 923 个词。这个数量并不小。

动词兼类，用来处理一些特殊的情况。和李佐丰一样，殷国光也没有将他的乙类准自动词如"破、败、灭、伤、绝、裂、危"等独立出来和及物动词、不及物动词三足鼎立，而是仍然处理为不及物动词之下的小类。

1.8 张猛（1998/2004）对两分体系的扬弃及其三分设想

张猛（1998）的博士论文《〈左传〉谓语动词研究》在 2004 年由语文出版社出版，以下的讨论就以后者为主。作者有感于管燮初（1994）《〈左传〉句法研究》中对动词分类的庞杂和困难，抛弃了传统根据宾语的有无和性质来划分及物和不及物动词的两分法，而是根据语义、语法功能和组合关系，将动词分为八个小类：行为动词、关系动词、状态动词、趋止动词、能愿动词、存在动词、感知动词和比类动词。张猛对管燮初的调查分类结果进行了归纳和统计，发现《左传》里面的 1558 个动词带宾语的情况有 15 种，其中 12 种情况的 758 个动词是有时带、有时不带宾语的。这 12 种情况意味着有 24 个小类的动词（带宾语的 12 类，不带宾语的 12 类）。另外，《左传》中有将近百分之五十的谓语动词有时带宾语或带准宾语，有时不带宾语或准宾语。对此，作者发出疑问："对于这些词，是看作兼属及物动词和不及物动词，还是由及物动词活用为不及物动词，或是由不及物动词活用为及物动词呢？仅仅依据宾语的有无来回答这个问题也很困难。"作者提出了一种设想："面对这种情况，也可以考虑一个折中的办法，就是在及物和不及物两类之外，再列出第三类动词来，即可带可不带宾语的动词。"这种"三分"的设想不乏真知灼见。遗憾的是，作者并没有这样去尝试。我们认为，这个办法并不仅仅是一个折中的办法，如果我们全面审视这类及物不及物两用谓词的句法语义特征，以及它们和其他谓词的区别，以及它们到后来的演变、这种演变对汉语动结式句法结构形成的影响，那么，这种三分法是会有很大的价值的。

1.9 易福成（1999）的谓词四分体系

易福成（1999）《〈孙子兵法〉谓词句法语义研究》将《孙子兵法》的谓词根据其搭配模式的不同划分为 4 个句法类：不及物谓词、及物谓词、直接谓词和作格谓词。这种分类的特点是：

1. 将传统所谓有"使动用法"和"意动用法"的不及物动词和形容词都归入作格谓词，这些谓词带宾语时，主语和谓词的语义关系不同于它们不带宾语时主语和谓词的语义关系；

2. 将传统所说的及物动词中既可以带宾语，又可以经常不带宾语的那些词独立出来，归入直接谓词，这些谓词不带宾语时，不改变主语和谓词之间的语义关系。

3. 及物谓词是任何时候都带宾语的谓词；不及物谓词是在作者所考察过的语言材料中只有不及物用法的谓词。

这种分类的优点是：

1. 同时考虑句法分布模式和主语同谓词的语义关系，能充分考虑到"使动用法"和"意动用法"对谓词语义改变的影响。

2. 没有模棱两可的情况，及物谓词就是永远带宾语的谓词，不及物谓词就是永远不带宾语的谓词，没有"不及物动词有时可以带宾语、及物动词有时可以不带宾语"等模糊的说法。

3. 把那些"有时带宾语、有时不带宾语"的谓词分为两类（直接谓词和作格谓词）分别讨论，使复杂的问题头绪更清楚了，这是一种很有见地的办法。

不过，作者所列作格谓词未能进一步细分，其中既有典型的作格谓词，也有非典型的作格谓词，比如"破、败"和"远、止"虽然都能带宾语，也都能不带宾语，但是二者不可等而视之，前者更接近于他动词，后者更接近于自动词和形容词。作格谓词内部可以根据作格性的强弱视为一个连续统，内部还可以大致再分一分。

二　上古汉语动词三分体系

2.1 上古汉语动词三分的必要性

综上，一百年来，对汉语动词的首层分类，各家说法大致摇摆于"不分——两分——三分——四分"之间。管燮初的体系是先三分，再两分，崔立斌的两分是彻底的两分[1]。前面已讲到，殷国光和李佐丰的两分，其实是四分（真他动、真自动之外又设立准他动、准自动），四分的体系归根结底还是两分。不可否认的是，以上各家几乎都认识到了上古汉语中存在大量既可以带宾语、又可以不带宾语的动词，只是在处理上各有特点。不过，除了易福成（1999）的四分策略初步实践了张猛（1998）的三分设想之外，上个世纪内，学界还罕有学者将上古汉语动词彻底三分。

步入新世纪以来，无论是现代汉语学界，还是古汉语学界，支持三分的学者逐渐增多。张能甫（2000）《郑玄注释语言词汇研究》（巴蜀书社，成都）调查了郑玄注释语言中的几千个句子，对其中涉及的770个动作行为词语带不带宾语的问题作了研究，发现有三种情况，（1）有330个词语一般都需要带宾语，如"主"；（2）有129个词语一般不带宾语，如"惰""讫"；（3）有311个词语有时带宾语，有时又不带宾语，占40.4%。此类有很多就是我们所要研究的作格动词，如：安/拔/败/出/成/除/存/堕/定/动/断/服/废/返/反/覆/归/毁/尽/绝/降/解/开/裂/免/灭/明/倾/去/起/伤/生/丧/散/退/亡/兴/陷/折/止，等等。王俊毅（2004：16—51）选择了现代汉语的5096个动词进行分类，结果分为三类：1.不及物动词，有1012个；2.及物动词，有3460个；3.兼类动词，624个，占12.2%。兼类动词中有很多都属于非宾格动词或作格动词。

以上张、王二位所分出的第三类都占有相当大的比例，以往的研究要么把它们归入及物范畴，要么归入不及物的范畴，结果导致及物动词里面有相当多的动词可以不带宾语，不及物动词里面有相当多的动词可以带宾语，而且难以看出其中的规律。如果把它们独立出来，和及物、不及物并列，再回头看及物动词和不及物动词，就会发现，及物动词不带宾语有很清楚的限制条件或规律，不及物动词带宾语也可以归纳出几种类型，而作格动词之所以带不带宾语，是由于其中一个义项及物，另一个义项不及物，这两个义项之间存在派生关系，可以从词义引申或构词的角度寻找到派生的理据。这样，就可以解开一些以前纠缠不清的问题。

因此，我们建议采取三分的策略，一方面，我们想充分吸收前面所列举的各家研究成果；另一方面，我们不想再用"准~词"之说，而是主张全面考察"有时带宾语、有时不带宾语"的动词究竟有哪些，详细探讨"有时带宾语、有时不带宾语"究竟是指的哪些

---

[1] 北京大学中文系其后有几篇博士论文的动词分类体系，或从崔立斌（1995）的体系，如边滢雨（1997）《〈论语〉的动词、名词研究》；或从张猛的体系，如金树祥（2000）《〈战国策〉动词研究》。此不赘述。

时候。

根据考察的初步结果，这类两用动词大致可以分为两类："中性动词"和"作格动词"。

"中性动词"的特点是：无论是带宾语还是不带宾语（受事主语句除外），主语和谓语动词的深层语义关系保持不变（一般是"施事—动作"的关系）。

"作格动词"的特点是：带宾语时，主语一般是施事（或者是属于主体格的致使者、感事等，也可以不出现），宾语一般是受事（或者是属于客体格的当事、结果等）；不带宾语时，主语一般是受事（或者是属于客体格的当事、结果等）。这个特点可以概括为"可逆转性"，即："作格动词"所带的客体格宾语一般能够比较自由地转成主语而不会产生歧义。"中性动词"则不具有这个特点。

"中性动词"应该归入及物动词，它们"有时不带宾语"有些可以找出一定的条件，有些可以自由悬空[1]。"作格动词"则介于及物和不及物之间，应该独立出来。不及物动词"有时也可以带宾语"，对于哪些情况下不及物动词可以带宾语，我们也会总结出一些规律。下面图示如下：

$$
\text{动词}\begin{cases} \text{及物动词}\begin{cases} \text{宾语不可悬空的动词：粘宾动词（}V_t\text{）}^2 \\ \text{宾语可以悬空的动词：中性动词（}V_\emptyset\text{）} \end{cases} \\ \text{作格动词（}V_e\text{）} \\ \text{不及物动词（}V_i\text{）（包括不带宾语的形容词）} \end{cases}
$$

这个动词分类框架和易福成的框架十分接近，只是他的"直接谓词"此处叫"中性动词"。有两点不同：第一，他将直接谓词与其他三类并列，我们则将中性动词与粘宾动词都归入及物动词。第二，在具体词的归属上，我们和他有较大的差别。我们认为，这几类之间也没有严格的界限，其中有些词处于模糊地带，不好绝对说一定属于哪一类。此外，不同时代（上古早期和晚期相比），部分词的次类归属可能会发生变动；同一时期的不同文献，某些词的归属也会有一定的差别。

2.2 上古汉语动词三分体系举例

下面，我们结合《左传》及先秦的其他 9 部文献，对这几类动词分别举例说明。由于篇幅所限，每类仅举少量例证。详细举例见宋亚云（2005）。

2.2.1 粘宾动词 V_t：宾语不可悬空的动词

这类动词，在现代汉语中也有一批，现代汉语学界管它们叫"粘宾动词"。所谓"粘宾动词"，就是必须携带宾语的动词，也就是不允许宾语悬空的动词。"粘宾动词"的提出是现代汉语研究中的一个重要发现，这方面最重要的研究文章有两篇：尹世超（1991）《试论粘着动词》和杨锡彭（1992）《粘宾动词初探》。尹文认为，从能否单独成句来看，动词可以分为自由动词和粘着动词。"粘着动词"是指在句法上不能自足、不能单独回答问题、成句时必须有与之同现的句法处分的动词，其中最重要的一种就是"粘宾动词"，比如"位于"~东部、"强似"~去年，它们必须带宾语。杨锡彭（1992）的文章则深入地探讨了粘宾动

---

[1] 为什么"宾语可以自由悬空"的动词要归入及物动词，下面还要举例论证。

[2] V_t 和 V_i 这两个符号分别代表宾语不可悬空的动词和不及物动词，$V_\emptyset$ 代表宾语可以悬空的中性动词，∅ 的意思是该动词带的是"零宾语"， V_e 则代表作格动词（ergative verb）。

词的性质、范围、构句特点，以及粘宾性与动词的语义特点、语法形式的关系。上古汉语中也存在一批"粘宾动词"。崔立斌（2004）列举了 10 个**类同动词**：如、若、犹、视（和……一样）、似、为（判断义）、谓（说的是、叫做）、象、言（意思是）、曰（叫做）。李佐丰（1994 a /2003 a）列举了 7 个**分类动词**：犹、如、若、谓、言、曰、为。张猛（2003）列举了 14 个**比类动词**：称3（相称）、当2（相当）、譬（比）、如2（像）、如3（比得上）、如4（应当）、若1（像）、若2（比得上）、似（像）、同2（一样）、同3（共）、异（不同）、犹1（像）、中3（符合）。易福成（1999）列举了 14 个**及物谓词**（他认为这些词任何时候都带宾语）：避、当、得1、经、令2、若、胜2、使2、示、同2、为1、谓1、谓2、易1、易2、曰1、曰2。上述动词，绝大多数都是粘宾动词[1]。粘宾动词究竟有多少，目前还不能断言确切数目，但是如果全面调查，一定可以得到答案。

2.2.2 中性动词 VØ：宾语可以悬空的动词

2.2.2.1 宾语可以有条件悬空的中性动词

上古汉语有些及物动词在下列条件之下，可以不带宾语，或者说允许宾语悬空：

（一）否定的施事主语句中，及物动词的宾语常常省略。

（二）连动式中，及物动词的宾语经常省略。分为：

1. 狭义连动式即动词连用结构中，动词宾语经常省略。

2. 用"而、则、以"连接两个及物动词的广义连动式中，动词的宾语常常省略。

（三）及物动词前后有"以/于/为/乎"字介宾短语修饰，宾语常常省略。

（四）及物动词前面加"自""相""能""欲"，宾语常常省略。

（五）对称句式、排比句式中，动词宾语常常省略。

（六）受事宾语提前形成受事主语句，此时及物动词可以悬空。

（七）动词做主宾语时，有时不带宾语。

如果一个动词没有带宾语，我们不能断然判为不及物动词；如果它不带宾语时，属于上述七种情形之一，它仍然可能是及物动词。我们把这种及物动词不带宾语的情况称为"有条件的悬空"。此类动词如：秉、被、背、莅、裹、筑、帅、掩、乞、微。此类动词究竟有多少，必须一个一个测试，必须对先秦的所有文献中的所有用例都进行分析，而不是凭借今天的语感或者用演绎的方法去推测。这是一项艰巨的任务。

2.2.2.2 宾语可以自由悬空的中性动词

在上古汉语中，有一些及物动词不带宾语十分随意，似乎看不出什么限制条件。在满足上述七项条件之一时，它们可以不带宾语；在不满足这些条件时，它们也可以不带宾语。有人根据它们能带宾语，就认定是及物动词，这是有道理的。及物动词是指有带宾语能力的动词，但并不一定非要处处携带宾语不可。这一点是大多数人所同意的。这类动词如：胜、克、卜、食、耕、鼓、驾、学、发、御。为什么这些动词可以自由地不带宾语？原因可能有三：

一、有的动词属于"施事动词"，主要用来陈述施事的行为或状态，对受事并不关注，如"胜"和"克"。"楚人胜"（孟子·梁惠王上，2671 页上）不关心受事，只突出施事；

---

[1] 由于各家所用材料不同，可能有些词本不属于粘宾动词，但在某一部书中全部带宾语，因此有人也归入必须带宾语的动词，比如"破"在《左传》中仅 1 例，带宾语，于是管归入"带受事单宾语"的动词，相当于我们说的"粘宾动词"。但如果结合先秦其他文献来看，"破"有不少例子不带宾语，因此"破"不属于"粘宾动词"。

"楚败于南阳"（战国策·秦策四，233页）不关心施事，只突出受事。

二、有的动词，所联系的宾语固定而单一，即使不说出来，也不会有歧义，比如"卜"，它带的宾语一定是占卜的内容，即为什么事情而占卜，比如《左传》中"卜"和宾语的组合有：卜战｜卜郊｜卜其昼｜卜其夜，等等。当说话者对占卜的内容不关心而只是强调有这么回事时，便可以随意把宾语省掉，例子见"卜"字条举例。

三、有的动词在上古汉语时期词义具有综合性。杨荣祥把"食、耕、鼓、驾、发"之类称为"对象自足动词"[1]，比较贴切。当这些动词不带宾语时，其词义结构中本身已经包含其动作涉及的对象。在当时的认知背景下，即使这个宾语不出现，当时的人一般也知道它是什么，比如"食"，对象是食物，饭。《左传》中，"食"不带宾语多达 61 例，隐含的宾语不说自明。相反，倒是当"食"带有宾语时，宾语（食之、食焉除外）不一定是一般食物，而是特殊食物，或者是"食"的来源。如：食熊蹯｜食鲁之麦｜不食新｜马不食粟｜食粟之马｜食鬻｜食其肉｜食肉｜食炙｜食土之毛｜不食奸｜食上国｜食其征。又如动词"鼓"，不带宾语时，动作的对象一般就是鼓（除非是"援琴而鼓"之类的例子），尤其是自由悬空的例子，"鼓"的词义全部是"击鼓"。当它带有宾语时，鼓的对象就不一定是鼓了，还可以是：鼓琴｜鼓瑟｜鼓宫｜鼓角｜鼓新声｜鼓五弦｜鼓鼙｜鼓翅｜鼓刀｜鼓鞭｜鼓盆｜鼓箓｜鼓臂｜鼓舌｜鼓腹。等等。先秦 10 部文献中，"鼓"带宾语时，指称对象是"鼓"的例子有 21 例，此时"鼓"义为"击（鼓）"；指称对象不是"鼓"的例子有 56 例，此时"鼓"义为"弹奏""进攻""振动"。再如，当"耕"不带宾语时，动作对象一般是"田"，"驾"的对象一般是"车"，"发"的对象一般是"箭"，等等。到后来，"食"说成"吃饭""鼓"说成"击鼓""耕"说成"耕田""驾"说成"驾车""发"说成"射箭"，动作的对象由隐含而呈现。现代汉语中，"吃饭"又可以不说出"饭"，单说"吃"也行，"耕田"又可以不说出"田"，单说"耕"也可以，但是"击鼓"、"驾车"、"射箭"又必须把宾语带出来，其中的原因是什么，值得深究。

2.2.3 作格动词 V_e。

2.2.3.1 作格动词简介

作格动词就是在一个共时系统中兼有使动及物用法和自动不及物用法的一类动词。这类动词能自由地出现在两种句式中：及物小句 AVO 和不及物小句 SV^2，并且不及物小句的主语 S 在语义角色上认同于及物小句的宾语 O，而不认同于 A。

下面用吕叔湘的例子来说明。吕叔湘（1987）《论"胜"和"败"》提出如下两个格局：

第一格局：　　　　　　　　　第二格局：

吕叔湘指出："这两个格局的不同，关键在于动词，'胜'和'败'是两个类型的动

---

[1] 杨荣祥（2004）《汉语语法史专题》（讲义），未刊。
[2] A 代表施事主语，V 代表作格动词，O 代表客体格宾语（包括受事、结果、使事等）；S 代表不及物小句的主语。

词。"[1]我们认为,"胜"是中性动词,"败"是作格动词。"败"所带的宾语"南朝鲜队"可以自由地转为主语,并保持深层语义关系不变(动作—受事)。对"败"而言,不及物小句中的主语 S(南朝鲜队)认同于及物小句中的宾语 O(南朝鲜队)。我们把"败"所具有的这种特性称为"可逆转性"。"胜"不具有可逆转性,"胜南朝鲜队"虽然也可以转换成"南朝鲜队胜",但深层语义关系已经由"动作—受事"变为"施事—动作","南朝鲜队"由败者变为胜者,意思正好相反。如果把"中国队败南朝鲜队"的宾语去掉,句子变成"中国队败","中国队"由胜者变为败者,意思正好逆转。"胜"的情况又与"败"正好相反,"中国队胜南朝鲜队"即使去掉宾语,"中国队胜"的意思也不会马上逆转,胜者还是"中国队",也就是说,对"胜"而言,不及物小句中的 S(中国队)认同于及物小句中的 A(中国队)。由此可见,"胜"和"败"虽然都可以自由地出现于及物小句和不及物小句中,但是它们的这种对立却是很明显的。典型的作格动词根据来源的不同可以分为三类:

第一类——"破"类:及物用法在前,不及物用法由反宾为主的用法发展而来,如:破、败、灭、断、绝、折、裂、残、毁、成、覆、却、反(返)、穿、顿、拔、伤、免,等等。最典型的句法分布是:

动词	及物小句 AVO	不及物小句 SV
破	淫**破**义(左·隐3,1724页中)	卵**破**子死(荀子·劝学,4页)
败	**败**宋师于黄(左·隐1,1718页上)	吴师大**败**(左·定5,1985页上)
灭	楚复伐邓,**灭**之(左·庄6,1764页下)	同盟**灭**(左·文4,1840页下)
断	见雄鸡自**断**其尾(左·昭22,2099页下)	婴之者**断**(荀子·议兵,268页)
绝	未**绝**鼓音(左·成2,1894页中)	两靷皆**绝**(左·哀2,2157页中)
折	**折**轸(左·昭21,2098页下)	栋**折**榱崩(左·襄31,2016页上)
裂	**裂**裳帛而与之(左·昭1,2020页下)	瓢必**裂**(战国策·秦策三,197页)
残	**残**民以逞(左·宣2,1866页中)	猛则民**残**(左·昭20,2095页上)
毁	杀马**毁**玉以葬(左·昭8,2053页上)	龟玉**毁**于椟中(论语·季氏,2520页下)
成	以**成**宋乱(左·桓2,1740页中)	今乱本**成**矣(左·闵2,1789页上)
覆	**覆**宗国(左·哀8,2164页上)	沐则心**覆**(左·僖24,1817页上)
却	**却**荆兵(吕氏春秋·报更,461页)	恶壅**却**(吕氏春秋·去宥,533页)
反	盍**反**州绰、邢蒯?(左·襄21,1972页上)	宋公遂**反**(左·襄28,2001页下)
穿	何以**穿**我墉?(诗·召南·行露,288页下)	衣弊**履**穿(庄子·山木,688页)
顿	勤民而**顿**兵(左·昭15,2077页下)	甲兵不**顿**(左·襄4,1933页下)
拔	秦**拔**宜阳(战国策·东周策,7页)	宜阳**拔**(战国策·秦策二,154页)
伤	又**伤**潞子之目(左·宣15,1887页下)	伯国**伤**(左·襄26,1989页上)
免	谁能**免**吾首?(左·定4,2136页下)	王必**免**(左·定4,2137页上)

第二类——"出"类:不及物用法在前,及物用法由不及物动词的带宾用法(或称使

---
[1] 吕把带宾语的小句称为"三成分句",把不带宾语的小句称为"二成分句",我们把前者改称及物小句,用 AVO 表示(A 代表施事);把后者改称不及物小句,用 SV 表示。

动用法）发展而来，如：出、退、去、起、坏、活、怒、止、归、敝、兴、动、定、存、亡1（灭亡）、亡2（逃亡）、丧、立、废、降、服、竭、尽、沈（沉），等等。最典型的句法分布是：

动词	不及物小句 SV	及物小句 AVO
出	王出（左·昭12，2064页中）	故出其君（左·僖28，1824页上）
怒	楚怒（战国策·韩策二，982页）	若二子怒楚（左·宣12，1881页中）
退	师退（左·僖4，1793页上）	楚子退师（左·宣12，1878页中）
去	千乘三去（左·僖15，1806页上）	卫侯不去其旗（左·闵2，1788页上）
起	晋师悉起（左·宣15，1887页中）	遂起师（左·僖2，1791页下）
活	身不活（韩非子·六反，1005页）	未足以活身（庄子·至乐，609页）
坏	大室之屋坏（左·文13，1853页上）	坏大门及寝门而入（左·成10，1906页下）
止	晋师乃止（左·成16，1919页中）	晋人止公（左·成10，2078页下）
归	杞侯归（左·桓2，1743页中）	公怒，归之（左·僖3，1792页上）
敝	楚必道敝（左·昭30，2126页上）	以敝楚人（左·襄9，1943页上）
兴	则祸乱兴（左·昭5，2042页中）	以兴大谤（左·昭27，2117页中）
动	心动（战国策·赵策一，597页）	我四十不动心（孟子·公孙丑上，2685页中）
定	苟列定矣（左·僖15，1806页上）	入而未定列（左·僖15，1806页上）
存	穆氏宜存（左·宣4，1869页下）	齐桓公存三亡国（左·僖19，1810页中）
亡1[1]	季氏亡（左·闵2，1787页下）	而谋亡曹（左·哀7，2163页下）
亡2[2]	我亡（左·成5，1901页下）	己不能庇其伉俪而亡之（左·成11，1909页下）
丧	器用多丧（左·襄10，1948页中）	以丧其国（左·昭11，2033页中）
立	莒展舆立（左·昭1，2023页中）	晋人立孝侯（左·桓2，1744页中）
废	君子废（左·昭6，2045页上）	又废之（左·襄31，2015页中）
降	卢降（左·成17，1922页上）	晋降彭城（左·襄26，1991页下）
服	诸侯新服（左·襄4，1933页上）	是弃其所以服诸侯也（左·襄27，1996页上）
竭	彼竭我盈（左·庄10，1767页中）	师劳力竭（左·僖32，1779页中）
尽	吾师必尽（左·宣12，1882页上）	楚实尽之（左·定4，2136页下）
沉	则舟沉矣（战国策·韩策二，981页）	臣闻积羽沉舟（战国策·魏策一，795页）

第三类——"正"类：不及物用法在前，及物用法由形容词的使动用法发展而来，如：正、平、固、明、乱、安、完、全、困、苦、齐，等等。最典型的句法分布是：

动词	不及物小句 SV	及物小句 AVO
正	民生厚而德正（左·成16，1917页中）	正德、利用、厚生（左·文7，1846页中）
平	心平，德和（左·昭20，2094页下）	以平其心（左·昭20，2093页中）
固	城小而固（左·襄10，1946页下）	亦聊以固吾圉也（左·隐11，1736页中）

---

1 亡1 在"灭亡"和"使～灭亡"这对意义上构成作格交替。
2 亡2 在"逃亡"和"使～逃亡"这对意义上构成作格交替。

明	<u>君明</u>臣忠（左·襄9，1942页下）	而<u>明</u>德以荐馨香（左·僖5，1795页下）
乱	<u>王室复乱</u>（左·宣16，1888页下）	大<u>乱</u>宋国之政（左·襄17，1964页上）
安	<u>群臣安</u>矣（左·襄10，1947页中）	<u>安</u>民、和众（左·宣12，1882页下）
完	<u>秦、魏之交完</u>（战国策·楚策二，523页）	大王欲<u>完</u>魏之交（战国策·魏策二，842页）
全	<u>国全</u>兵劲（战国策·魏策三，854页）	<u>全</u>国完身（吕氏春秋·执一，592页）
困	<u>小国不困</u>（左·襄28，1999页下）	若<u>困</u>民之主（左·襄14，1958页上）
苦	秦士戚而<u>民苦</u>也（商君书·徕民，117页）	不<u>苦</u>一民（战国策·秦策一，105页）
齐	<u>家齐</u>而后国治（礼记·大学，1673页）	所谓治国必先<u>齐</u>其家者（礼记·大学，1674页下）

2.2.3.2 作格动词和中性动词句法语义特征对比分析

句法语义特征因比较才能更加明显，因此，我们将通过对比作格动词和前面列举的中性动词在及物小句 AVO 和不及物小句 SV 中的表现，来进一步揭示作格动词的这种可逆转性。下面给 12 个常见中性动词的两种常见句法分布（及物小句 AVO 和不及物小句 SV）各举1例：

动词	及物小句 AVO	不及物小句 SV
鼓	皆踞转而<u>鼓</u>琴（左·襄24，1980页上）	齐侯亲<u>鼓</u>（左·成2，1893页中）
耕	匹夫<u>耕</u>之（孟子·尽心上，2768页中）	故身亲<u>耕</u>（吕氏春秋·爱类，774页）
驾	命校人<u>驾</u>乘车（左·哀3，2157页下）	齐侯<u>驾</u>（左·襄18，1965页下）
学	吾尝<u>学</u>此矣（左·昭12，2063页中）	君子必<u>学</u>（墨子·公孟，455页）
御	许偃<u>御</u>右广（左·宣12，1881页中）	管周父<u>御</u>（左·哀11，2166页上）
发	<u>发</u>矢中的（韩非子·用人，549页）	再<u>发</u>，尽殪（左·成16，1919页中）
攻	宋督<u>攻</u>孔氏（左·桓2，1740页下）	公<u>攻</u>而夺之币（左·哀26，2182页下）
侵	齐师<u>侵</u>我西鄙（左·僖26，1821页中）	阴不佞以温人南<u>侵</u>（左·昭24，2106页中）
追	楚令尹子玉<u>追</u>秦师（左·僖25，1821页上）	吏<u>追</u>不得（韩非子·外储说左下，722页）
捕	譬如<u>捕</u>鹿（左·襄14，1956页上）	匈奴闲<u>捕</u>（史记·匈奴列传，2915页）
击	齐氏用戈<u>击</u>公孟（左·昭20，2091页中）	敌至不<u>击</u>（左·文12，1851页下）
顺	齐公子元不<u>顺</u>懿公之为政也（左·文14，1854页中）	王<u>顺</u>、国治（左·昭26，2113页下）

由以上 12 个词可知，中性动词也有两种典型的语法分布：带宾语和不带宾语。这和作格动词的语法分布表面上很相似，但是实质很不一样。这 12 个词可以分为两组：

第一组（简称"鼓"类）：鼓、耕、驾、御、学、发——动作对象隐含

第二组（简称"攻"类）：攻、侵、追、捕、击、顺——宾语可以省略

"鼓"类和"攻"类都可以不带宾语，传统的说法就是"宾语省略"，即前面所说的"宾语悬空"。我们认为，"鼓"类和"攻"类其实代表着中性动词中的两个不同的小类："鼓"类动词不带宾语时，词义结构中隐含着动作的对象，不是省略，从这个角度来说，"鼓"类动词的词义结构具有综合性，语义特征是：[**动作**]+（**对象**）。比如"齐侯亲鼓"中，"鼓"不带宾语，"鼓"就相当于今天的"击鼓"；"身亲耕"中，"耕"相当于"耕田"；"齐侯驾"中，"驾"相当于"驾车"；"管周父御"中，"御"相当于"驾驭车马"；"发"相当于"把箭射出去"；"君子必学"中，"学"因为对象很广泛，不好说相当于什么。在上古文献中，"学"可以是"学诗""学射""学御""学相马""学书""学习（试飞）""学

道""学文""学孔子""学善言""学生（养生之道）""学乱术"……"鼓"类动词还可以泛指某一种活动而不强调动作的对象，如：

<u>耕也</u>，馁在其中矣；<u>学也</u>，禄在其中矣。（论语·卫灵公，2518页中）

非日、月之眚，<u>不鼓</u>。（左·庄25，1780页中）

<u>齐朝驾</u>则夕极于鲁国。（国语·鲁语下，200页）

<u>百发</u>失一，不足谓<u>善射</u>；千里蹞步不至，不足谓<u>善御</u>；伦类不通，仁义不一，不足谓<u>善学</u>。（荀子·劝学，18页）

"攻"类动词不带宾语时，属于宾语省略，宾语省略往往需要具备一定的条件，前面已经详细指出了宾语省略的7项条件，此不赘述。省略和隐含不同，隐含无须补出，有时无法补出，比如"君子不学"就不好补出宾语。而省略是可以补出省略的成分来的，如"攻、侵、追、捕、击、顺"等6个动词的宾语都可以补出来。尽管"鼓"类和"攻"类有区别，但是它们不带宾语时也有共性，即主语仍然是施事，不像作格动词，一旦不带宾语，主语立刻变为受事或接近于受事的当事，这就是我们前面所说的"可逆转性"，这是中性动词和作格动词的最大不同。再如：

{ 秦<u>攻</u>韩，韩急。（史记·韩世家，1878页）"秦"是施事。
  割晋国，<u>秦兵不攻</u>。（史记·穰侯列传，2326页）"秦兵"还是施事。

{ 吴伐楚，<u>楚败我师</u>。（史记·吴太伯世家，1450页）"楚"是施事。
  郑助楚，<u>楚败</u>。（史记·晋世家，1666页）"楚"是受事（或称"当事"）。

2.2.3.3 特例

有一些词，在上古时期，也会出现在 AVO 和 SV 句式中，表现出一定的作格性，与作格动词的交替模式相同。但是我们没有把这些动词处理为作格动词，究其本质，它们表现出的作格性另有原因。主要有两种情况：

（一）有反宾为主用法的中性动词。这些词是由于语用或修辞的原因，经常出现在反宾为主的格式中，这种格式和主动式也会形成作格模式，如：斩、剖、烹、劓、围、诛，等等。请看下表中成对的例子：

动词	带宾语	反宾为主
斩	韩献子将<u>斩人</u>（左·成2，1894页中）	关龙逢<u>斩</u>（韩非子·难言第三，53页）
诛	将<u>诛之</u>（左·襄10，1948页下）	龙逢<u>诛</u>（庄子·外物，920页）
剖	<u>剖孕妇</u>而观其化（吕氏春秋·过理，830页）	比干<u>剖</u>（庄子·胠箧，346页）
弑	崔杼<u>弑其君</u>（左·襄25，1984页上）	简公<u>弑</u>（韩非子·二柄，121页）
削	<u>削而投之</u>（左·襄27，1997页下）	封疆之<u>削</u>（左·昭1，2021页上）
殛	舜之罪也，<u>殛鲧</u>（左·僖33，1833页下）	<u>鲧殛</u>而禹兴（左·襄21，1971页中）
戮	魏绛<u>戮其仆</u>（左·襄3，1930页下）	父<u>戮</u>子居（左·襄22，1975页上）
烹	以<u>烹鱼肉</u>（左·昭20，2093页中）	不克则<u>烹</u>（左·哀16，2178页下）
劓	<u>劓美人</u>（韩非子·内储说下六微，634页）	后者<u>劓</u>（左·昭13，2069页下）
禽	知伯亲<u>禽颜庚</u>（左·哀23，2181页中）	隘乃<u>禽</u>也（左·襄25，1985页上）
围	王师、秦师<u>围魏</u>（左·桓4，1747页中）	鲁酒薄而<u>邯郸围</u>（庄子·胠箧，346页）
逐	欲<u>逐婴子</u>于齐（战国策·齐策一，301页）	今<u>婴子逐</u>（战国策·齐策一，301页）
执	吴子使徐人<u>执掩余</u>（左·昭30，2125页下）	楼船今<u>执</u>（史记·朝鲜列传，2989页）

璧	晋侯璧程郑（左·襄 24，1980 页中）	敬赢璧（左·文 18，1861 页中）
封	而封宋向戌焉（左·襄 10，1946 页下）	我先封（左·隐 11，1735 页下）
辱	其敢辱君（左·文 15，1854 页下）	君辱（左·定 10，2148 页中）
幸	以为程姬而幸之（史记·五宗世家，2100 页）	戚姬幸（史记·吕太后本纪，395 页）
爱	先君是以爱其子（左·文 6，1844 页下）	母义子爱（左·文 6，1844 页下）
胜	费庈父胜之（左·隐 2，1719 页上）	国胜[1]君亡（左·哀 1，2155 页上）
效	效节于府人而出（左·文 8，1847 页上）	宜阳效则上郡绝（史记·苏秦列传，2246 页）
替	王替虢氏（左·僖 24，1818 页中）	于是乎下陵上替（左·昭 18，2086 页中）
用	秦伯犹用孟明（左·文 2，1838 页下）	盼子必用（战国策·齐策一，301 页）
听	不听公命（左·襄 23，1978 页中）	管夷吾、百里奚听（吕氏春秋·知度，574 页）

以上 23 个动词，我们称为"斩"类动词。它们的及物用法是基本的、大量的，用于反宾为主句（也称为意念被动句）则是少数。"斩"类中性动词和"破"类作格动词不同，"斩"类的不及物用法是临时性的，后来消失了，词典中不必为这种反宾为主用法的动词设立相关被动义项；"破"类的不及物用法虽然最初也是由反宾为主发展而来，但是这种用法后来没有消失，而是得到了巩固和发展，词典中有必要为不及物用法的"破"类设立相关自动义项。证诸各种字典、词典，处理办法和我们的观点基本一致。"斩"类动词的反宾为主用法会受到一些限制，对词汇有一定的选择。

（二）有临时使动用法的中性动词。有一些不及物动词临时活用，形成 AVO 的致使格式。它们更多的则是作为本用，用于 SV 的格式。AVO 和 SV 也形成作格模式，与作格动词的表现近似。这类词的使动用法少见，当另作处理。请看下表中成对的例子：

动词	不及物用法	使动用法
死	吾父死而益富（左·襄 21，1971 页上）	死吾父而专于国（左·襄 21，1971 页上）
行	齐侯将行（左·襄 28，1999 页上）	将行子南（左·昭 1，2022 页中）
逸	随侯逸（左·桓 8，1754 页中）	乃逸楚囚（左·成 16，1919 页中）
焦	龟焦（左·哀 2，2144 页下）	焦禾稼（淮南子·本经训，117 页）
虚	公之国虚矣（战国策·东周策，17 页）	虚郡国仓廪（史记·平准书，1425 页）
深	寇深矣（左·僖 15，1806 页上）	君实深之（左·僖 15，1806 页上）
厚	土厚水深（左·成 6，1902 页下）	厚其墙垣（左·襄 31，2014 页下）
美	室美夫（国语·晋语九，501 页）	子有令闻而美其室（左·襄 15，1959 页中）
老	师老矣（左·僖 4，1793 页上）	将以老我师也（左·文 12，1851 页下）
疲	其魂不疲（庄子·天道，463 页）	而疲民以逞（左·成 16，1917 页中）
劳	师劳力竭（左·僖 32，1832 页中）	劳师以袭远（左·僖 32，1832 页中）
罢	今吴民既罢（国语·吴语，618 页）	罢民而无功（左·昭 16，2079 页中）
勤	师徒不勤（左·昭 15，2077 页中）	阳虎欲勤齐师也（左·定 9，2144 页上）
陨	社稷无陨（左·桓 5，1748 页中）	所以陨社稷也（荀子·议兵，281 页）
落	实落、材亡（左·僖 15，1806 页上）	我落其实（左·僖 15，1806 页上）
匮	财用不匮（国语·晋语四，151 页）	其为不匮财用（国语·楚语上，545 页）
东	秦师遂东（左·僖 32，1832 页下）	遂东太子光（左·襄 19，1968 页中）

---

[1] 杜预注："楚为吴所胜。"

生	君生则纵其惑（左·成2，1896页中）	所谓生死而肉骨也（左·昭25，1975页上）
坏	地始坏（吕氏春秋·仲冬纪，287页）	幕动坏檩（吕氏春秋·音初，162页）
游	灵王南游（韩非子·十过，204页）	游士士而国家得安（吕氏春秋·期贤，766页）

以上 20 个动词，我们称为"死"类动词。它们的不及物用法是基本的、大量的，及物用法就是所谓的"使动用法"，是上古汉语派生、改装及物动词的一种临时途径。"死"类不及物动词和"正"类、"出"类不同，其及物用法更为少见，基本上可以作为一种修辞现象，是真正的活用，词典中没有必要为其及物用法设立相关的致使性义项；而"正"类和"出"类虽然最初也是通过活用的途径发展而来，但是由于活用的次数较多，久而久之，使动义就凝固到词义结构中去，词典中有必要为其及物用法设立相关的致使性义项。证诸各种字典、词典，虽然分歧也存在，但其处理办法和我们的观点大体一致。我们也将通过个案研究来对此加以探讨。

2.2.4 不及物动词 V_i

我们所界定的不及物动词就是在绝大多数情况下都不带客体格宾语的动词[1]。如果一个所谓的不及物动词经常带客体格宾语，我们将不承认它是不及物动词。少数不及物动词在少数情况下可以带宾语，这种现象就是活用，这是不及物动词论元增加的一种途径。这种途径如果经常使用，不及物动词就有可能发展为作格动词。真正的不及物动词又可以分为两类：

（一）有极少量带宾用法的不及物动词和形容词。如：死、干、熟、坏、逸、饥/饑、焦、落。这 9 个词在 10 部先秦文献中（"死"用例太多，只统计《左传》的用例）用作谓词总次数和用作使动次数列表如下：

	死	干	熟	坏	逸	饑/饥	焦	落	合计	百分比
使动用法次数	2	5	1	1	6	2	3	3	23	2.7%
用作谓词总次数	446	19	89	7	48	182	16	24	786	

以上 9 个词总计用作谓词 831 例，用作使动只有 23 例，不到 3%，这个比例符合人们对活用的理解：频率比较低。而且这种活用后来逐渐消失了，不是一种能产的途径。不像"破""败"等词带宾语频率非常之高。以前说"破、败、灭"等词带宾语是使动用法，说"死、落、焦"等词带宾语也是使动用法，这样就看不出二者的区别。我们认为，前者是作格动词的使动用法，不是活用；后者是不及物动词（包括部分形容词）的使动用法，属于真正的活用。活用之说不能完全取消，但是要限定范围。

（二）无宾动词。这类动词在任何情况下都不带宾语，是 100% 的不及物动词。李佐丰（1983）指出"丙类自动词做谓语时，后面不带任何宾语，可以说是古代汉语中最典型的自动词"，列举的动词有"卒、薨、衰、叹、睦、饥、愠、啼、噪"等 9 个。我们同意李佐丰的这些意见，这些词确实是真正的不及物动词。易福成（1999：60）指出："在任何条件下不能带宾语的谓词叫做不及物谓词"，他列举的不及物谓词有"崩、殆、负、诡、仁、狭、险、勇、生 1、信 1、能 2、易 3"等 12 个。管燮初（1994：132—134）列举了 409 个不带宾语的动词，如：战、捷、喜、狩、浴、崩、游，等等。据我们调查，管燮初所说的内动词很多都能带宾语。这 409 个词，大多数都不是内动词，具体属于哪一类，非

---

[1] 客体格宾语包括受事宾语、结果宾语和客事宾语。另外，主体格包括施事、致事、感事和当事。

得一个个进行全面调查不可。

我们全面调查了 8 个动词：崩、薨、没、殁、卒（死亡义）、饥、衰、枯。"卒、崩、薨、没、殁"等 5 个词表示死亡义时，全部不带宾语。以"卒"为例，它做动词时主要有两个义位：（1）完结、终结；（2）死亡、死去。在（1）义上，"卒"可以带宾语《左传》有 13 例）。在（2）义上，"卒"绝对不能带宾语。那么，"卒"究竟是及物还是不及物呢？回答是："卒"在（1）义上是及物动词，在（2）义上是不及物动词。这就要求我们在讨论一个动词是及物还是不及物时必须以义位为单位，而不能笼统地说某个词是及物动词还是不及物动词。又如"发"，我们必须说，在"发射、发出、派遣、说出、打开、发放、发布、发掘"等义项上，它是及物动词；在"出发、出动、发散、兴起"等义项上，它是不及物动词。后 3 个词"饥、衰、枯"都没有带宾语的例子，是 100%的自动词。

三　上古汉语的动词系统小结

我们认为，如果要提出一个比较符合上古汉语语言事实的动词分类系统，那么这个系统应该是一个动态的系统，类与类之间不是疆界森严，而是在一定条件之下可以互相转化，这样就便于处理一些比较复杂的情况，比如宾语省略、反宾为主、使动用法和词类活用等等。同时，这样一个系统也应该是一个富有弹性的系统，也就是说，能够最大限度地适用于上古时期某一共时平面的不同专书。对上古时期的各部专书之间的差异能够兼容并包，而不是只适用于某一本书。我们曾经看到，有的学者提出的动词分类体系，只适用于他所研究的专书，验之他书，则龃龉不合，甚至大相径庭。此外，这个系统还应该能够便于解释汉语动词的历时演变。

综上，上古汉语的动词大致可以三分：及物动词、作格动词、不及物动词。我们又根据带宾语与否，以及带宾与不带宾时所受到的不同限制，把每一大类分出不同的次类。图示如下：

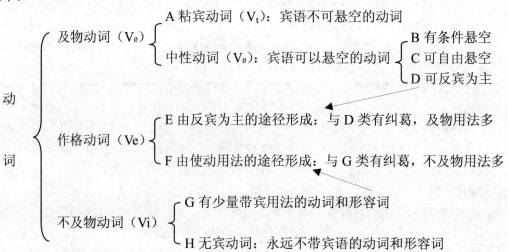

每一类的例词如下：
A. 粘宾动词：至于/于；犹；如；若；谓；曰；譬；譬如；似（像）；言（意思是）。
B. 有条件悬空的中性动词：秉；被；背；莅；裹；筑；帅；掩；乞；徵。
C. 可自由悬空的中性动词：胜；克；卜；食；耕；鼓；驾；学。

D. 可反宾为主的中性动词：斩；剖；烹；劓；围；诛；弑；禽；戮；执。
E. 由反宾为主的途径形成的作格动词：破；败；折；断；灭；裂；残；穿；覆；毁。
F. 由使动用法的途径形成的作格动词：出；归；起；正；困；苦；明；安；固；平。
G. 有少量带宾用法的不及物动词和形容词：死；干；熟；圻；逸；饥、焦、落；陨；坠。
H. 无宾动词：崩；薨；殁；没；卒（死亡）；饥；衰；枯；逝；旱。

这三大类、八小类动词，在汉语史的各个历史时期都存在，但是每一类的成员在不断发生改变，旧的消失，新的增补；类和类之间也在发生互动和转化，比如，有的词在上古可以反宾为主，如"斩"和"剖"，等到反宾为主用法（龙逢斩；比干剖）逐渐消失以后，"NP+斩/剖"就被优先理解为"施事+斩/剖"，而不是"受事+斩/剖"，这样"斩"和"剖"就由 D 类跑到 B 类和 C 类。再如："项伯杀人，臣活之"（史记•项羽本纪，P312）的"活"，在上古属于 F 类，"活"的使动用法消亡以后，它就回归到 G 类。近代汉语时期，又产生了一批新的可以反宾为主的动词，以及一批新的既可以带宾、也可以不带宾的复合作格动词，其中的原因和机制也有很重要的研究价值。徐通锵（1997）提出"自动"和"使动"是汉语语义句法的两种基本格式，很多句式和现象比如受事主语句、动补式、连谓式等等都和这两种基本句式有关。我认为，这种观点是极有见地的说法，它抓住了汉语的精髓和句法的核心。但是，句式的研究应该和动词的研究相结合，研究的出发点，应该首先着眼于动词，动词之中，重点应该是作格动词，有些动词的反宾为主用法貌似部分作格动词的不及物用法；有些属于活用的使动用法又貌似部分作格动词的及物用法。作格动词的句法表现影响着及物动词和不及物动词，抓住作格动词就是抓住了关键；弄清了作格动词的句法语义特征，无疑可以加深我们对以前感到十分棘手的一大批上古汉语动词的理解和把握。

如果我们从及物性的角度来观察这三大类、八小类动词，就会发现，它们在语义层面的及物性大致呈现出依次递减的趋势，即：及物动词＞作格动词＞不及物动词；就每一大类内部来说，也有这一趋势，即 B＞C、D（C 和 D 不大好比较）；E＞F；G＞H；把这八类连起来，就是：B＞C、D＞E＞F＞G＞H。从 B 至 H，带宾能力依次减弱，直至为零[1]。这一及物性强弱等级不是人为设计出来的，而是在广泛调查上古汉语动词的各种语法分布的基础上得出的，因而能够揭示出一些具有普遍意义的规律。如果我们将目光延伸到其他语言，将会发现其他语言的动词系统也存在类似的及物性强弱等级，因此，我们可以进而比较不同语言的及物或不及物动词等大类的下属成员各有什么个性和共性，各类动词之间的转化机制是否具有普遍性，等等。

影山太郎（2001：146；220）指出："英语的不及物动词和及物动词之间的转变方式几乎只有一种方式，即以及物动词（使役结构）为基点，通过'反使役化'衍生出作格不及物动词（break、open、shut 等）；而在日语中，及物动词转变为不及物动词有'反使役化'和'脱使役化'两种操作，而将不及物动词转变为及物动词的'使役化'也很发达""英语基本上只有在使役结构上通过反使役化衍生出不及物动词这一单向操作。……与英语不同，日语有特定的后缀，可以进行双向的态（VOICE）的转化，即及物动词转化为不及物动词，不及物动词转化为及物动词。"

我们发现，汉语中及物动词可以通过反宾为主的途径转化为不及物动词，比如"砸了

---

[1] A 类粘宾动词在句法层面一定要带宾语，可是在语义层面的及物性很弱，故不放在一起讨论。

杯子~杯子砸了"[1]，及物句中的"砸"动作性很强，动作完成以后，就呈现出完成后的状态，所以不及物句中的"砸"结果状态义较为突出，"砸"接近于不及物动词，就像"卵破子死"的"破"一样，不好看成是被动用法，而应该看成状态句，"破"后来发展为不及物动词，"砸"以后说不定也会演变为一个不及物动词。类似的动词还很多，"断、折、毁"等词都经历了这一发展过程，尤其是"毁"和"断"，最为典型。汉语中不及物动词可以通过使动用法的途径转化为及物动词，这是一种"使役化"的操作。不少不及物动词或形容词都通过这种途径发展出及物用法，比如"出"类和"正"类，初期可能经历过活用的阶段，如果活用多了，不及物动词经常带宾语，就会向作格动词的方向演变，用影山太郎的话说就是由"不及物动词转化为及物动词"（他说的"及物动词"其实是作格动词的及物用法）。

  由此可见，汉语中既有所谓的"反使役化"，也有"使役化"，两种途径都能产生作格动词，这是汉语不同于英语、而部分接近于日语的特点。不过，英语中也并非没有使动用法，Lemmens（1998：91）举过一个例子，说一个女孩在花园里发现一只刺猬，对她父亲说："Don't die it"，"die"的这种作格用法在正规英语中是不允许的，然而在该例中能说。这有点类似于汉语的使动用法（如"死吾父""生死人"）。Dixon & Aikhenvald（2000）在 *Changing Valency* 一书中总结了部分语言减价的几种途径（被动 passive，反被动 antipassive，反身化 reflexive，交互转换 reciprocal 和反使役 anticausative）和增价的几种途径（施用操作 applicative[2]和使役化 causative）。及物动词可以通过减价手段发展出不及物用法，不及物动词可以通过增价手段发展出及物用法，因此，及物和不及物的相互转化可能是人类语言的一种共性。深入探讨汉语的反宾为主句、活用使动句和作格动词句三者之间的转化关系，可以深化我们对汉语动词乃至对汉语特性的进一步认识，并为语言之间的相互比较提供基础，为丰富普通语言学理论作出自己的贡献。

参考文献：
Dixon & Aikhenvald 2000, *Changing Valency*, Cambridge University Press.
边滢雨 1997 《论语》的动词、名词研究，北京大学博士学位论文。
陈承泽 1922 国文法草创，商务印书馆 1982。
崔立斌 1995/2004 《孟子》词类研究，河南大学出版社。
杜纯梓 2003 对动补结构产生于六朝说献疑，语文研究，第 4 期。
高名凯 1957 汉语语法论，科学出版社。
郭锐 2002 现代汉语词类研究，商务印书馆。
蒋绍愚 2001a 内动、外动和使动，《语言学论丛》第二十三辑，商务印书馆。
金树祥 2000 《战国策》动词研究，北京大学博士学位论文。
李佐丰 1983 先秦汉语的自动词及其使动用法，《语言学论丛》第十辑，商务印书馆。
李佐丰 1994a 文言实词，语文出版社。
李佐丰 1994b 先秦的不及物动词和及物动词，《中国语文》第 4 期。

---

1 此例是郭锐教授提供的。
2 所谓施用操作就是指一些外围格成分如工具、处所等占据宾语的位置使动词搭配的论元增加一个，动词也增加一价（Dixon & Aikhenvald 2000:13 "A peripheral argument is taken into the core ,in O function."）。这有点类似于汉语"写毛笔、听耳机、飞上海"之类的用法。

李佐丰 1996　古代汉语教学中的使动和活用,《中国语文》第 2 期。
——— 2003a　先秦汉语实词,北京广播学院出版社。
——— 2003b　上古汉语语法研究,北京广播学院出版社。
陆俭明 1994　关于词的兼类问题,中国语文,第 1 期。
吕叔湘 1987　论"胜"和"败",中国语文,第 1 期。
(清)马建忠 1898　马氏文通,商务印书馆。
梅祖麟 1991　从汉代的"动、杀""动、死"来看动补结构的发展,语言学论丛,第十六辑,商务印书馆;
　　又载《梅祖麟语言学论文集》,商务印书馆,2000 年。
宋亚云 2005　汉语作格动词的历史演变及相关问题研究,北京大学博士学位论文。
王俊毅 2004　及物动词和不及物动词分类考察,载胡明扬主编《词类问题考察续集》,北京语言大学出版
　　社。
王　力 1958/1980　汉语史稿(修订本),中华书局。
——— 1989/2000　汉语语法史,商务印书馆。
徐通锵 1997　语言论,东北师范大学出版社。
杨锡彭 1992　粘宾动词初探,南京大学学报,第 4 期。
易福成 1999　《孙子兵法》谓词句法和语义研究,北京大学中文系博士论文。
殷国光 1997　《吕氏春秋》词类研究,华夏出版社。
尹世超 1991　试论粘着动词,中国语文,第 6 期。
[日]影山太郎 2001　动词语义学,于勤、张勤、王占华译,中央广播电视大学出版社。
张　猛 1998/2003　《左传》谓语动词研究,语文出版社。
张能甫 2000　郑玄注释语言词汇研究,巴蜀书社。

引用书目:
《国语》,上海古籍出版社,1998 年。
《韩非子新校注》陈奇猷校注,上海古籍出版社,2000 年。
《汉书》,中华书局,1962 年。
《淮南子注》,上海书店,1986 年。
《老子校释》,朱谦之校释,中华书局 1984 年。
《吕氏春秋译注》张双棣等,吉林文史出版社,1986 年。
《墨子间诂》[清]孙诒让撰孙启治点校,中华书局,2001 年。
《商君书注译》,高亨注译,中华书局 1974 年。
《十三经注疏》,中华书局,1980 年。
《史记》,中华书局,1959 年。
《荀子集解》,[清]王先谦撰沈啸寰、王星贤点校,中华书局,1988 年。
《战国策》,上海古籍出版社,1998 年。
《庄子集解》,[清]郭庆藩撰王孝鱼点校,中华书局,1961 年。

王力先生与汉语方言研究

中国社会科学院语言研究所　张振兴

《中国现代语言学家传略》（河北教育出版社，2004）第三卷1297—1307页有"王力"传。这是一篇写得不错的文章，比较全面地介绍和评价了著名语言学家王力教授在建立和发展中国现代语言学方面所作出的卓越贡献。可是，这篇文章除了著述目录外，几乎没有说到王力教授在现代汉语方言研究领域所作的业绩，这是一个遗憾。本文就此略作叙述，以补原文之缺。

王力教授在现代汉语方言研究领域所作出的贡献，主要有以下两个方面。

一对具体方言的调查研究，特别是对粤语，以及两广地区其他方言的调查与研究。

在这个方面，首先应该提到王力教授1931年在巴黎大学写成并随后出版的博士论文《博白方音实验录》。这篇论文以语音实验为基础，详细地描写了他的母语方言广西博白话的语音系统，尤其是细致地研究了这个方言十分复杂的声调体系。后来的调查研究再次证实，广西博白一带的方言是汉语里声调最多的方言之一。（参看杨焕典等1985）这种广泛而详尽的方言语音研究，在现代汉语方言的研究里具有非常重要的学术价值。因此，这篇论文被认为是"广西汉语方言研究的杰作"，王力教授也因此被认为是"广西汉语方言研究的先驱"。（参看唐庆华、刘上扶2009）

王力教授调查研究最多的是广东的粤语。这里应该提到的是他与钱淞生教授联合署名的三篇调查研究报告：

东莞方音《岭南大学学报》第10卷第1期119—149页，1949年。

珠江三角洲方音总论《岭南大学学报》第10卷第2期57—66页，1950年。

台山方音《岭南大学学报》第10卷第2期67—104页，1950年。

我们注意到，因为是联合署名的缘故，这三篇论文都没有收入《王力文集》（1991）。但据《珠江三角洲方音总论》"工作分配"记录，"调查和整理方法，由王力规划"，"每写完一段稿，由王力校订一次或数次，并且记音方面，也由王力随时校正"。其他两篇论文也有与此相似的表述。所以，这三篇论文还是可以看成是王力教授在现代汉语方言调查领域理论和实践上的体现。另外，这三篇论文实际上都是珠江三角洲的方言调查计划的调查报告。《珠江三角洲方音总论》说，这次调查计划调查了南海、新会、三水、中山、顺德、增城、鹤山、东莞、台山、惠阳等10个地点方言，台山话实际也包括了相近的开平话，就是11个地点。其中惠阳找的发音人是客家人，所以调查的是客家话，其他地点调查的都是粤语方言。《珠江三角洲方音总论》是从总体的角度，讨论三角洲粤语的语音系统，只是笼统归纳几条需要特别说明的条例，无法展开讨论或比较。因此，引起后来更多关注的是《东莞方音》和《台山方音》。

首先说说《东莞方音》。东莞在广州东偏北，东江下游南岸，离广州大约 150 公里。本文主要内容有两个部分：（一）对东莞方音系统有一个比较详细的描写，指出有 17 个声母，50 个韵母，8 个声调。由于声母系统里不立 ku- kʻu- u-（或 kw- kʻw- w-）三个声母，所以韵母系统里的合口韵就包含了两类韵母：一类是具有闭（或半闭）元音 u 和 o 音的韵母，另一类就是具有半元音 -w- 的韵母。尤其是后一类韵母增加了东莞方音的韵母数量，例如 wɛ wi wɔ wai wɔi wɛŋ wɐŋ wɔŋ wɐn wɛk wɔk wɐk 等。（二）对东莞方音的历史比较，以古今比较的表格方式，从等韵的角度，分类比较，来看待东莞方音的历史演变。并且在这个基础上，对东莞方音进行了比较详细的讨论。提出东莞方音的如下特点：

1. 舌上音和齿音相混，精知照三系互混，尖团不分；
2. 古全浊声母分为两类演变，今声调平上的字为一类，大都读成吐气清音，去入的字为一类，大都变成不吐气清音；
3. 影喻两母，大都变成 ŋ- w- j- 等声母，用单纯元音做发声的语字，未曾发现；
4. 阳声韵收音有 -m -n -ɡ -ŋ 四类，与汉越语相似；
5. 入声韵除了 -p -t -ʈ -k 外，还有一种变入，是没有辅音收尾的；
6. 咸摄除若干例外字外，大都不收 -m -p 尾，与广州不同；
7. 在东莞音中没有真正的 -u- -i- 介音，跟广州一样；
8. 梗摄二等合口字中，梗耕两韵不混；
9. 声调 8 个，平声分阴阳，上声分两类，去声只一个，入声分三类，除了有阴阳入外，还有变入。

再说说《台山方音》。台山在新会、开平以南。台山旅居海外的人很多，因此台山话成为粤语里一种很重要的方言。本文反映了台山境内台城、端芬、荻海、新昌四个地点的内部差别。但行文时以台城话为主，结构上跟《东莞方音》一样，也是两个部分：（一）对台山方音的比较详细的描写。指出台山话 18 个声母，54 个韵母，10 个声调。内部差别中最重要的是端芬比台城多出了几个明显可辨的声母：mb 梅米无、nd 奴鸟恼、ŋɡ 言疑、tḷ 字子、tḷʻ 词辞。端芬的这几个声母中，m b n d ŋ ɡ 只出现在 -a- 以外的韵母前面；tḷ tḷʻ 只出现在元音 -ŋ 前面，并且只限于少数例外字。（二）对台山方音的历史比较。由于涉及内部 5 个地点的差别，这个比较要比《东莞方音》来得复杂，经常需要特别提到一些例外字。并且韵母的比较是按照韵摄逐一进行的，显得尤其仔细。于是，从分类比较中，我们很容易看出台山方音的演变特点。要点如下：

1. 精系与知照系不混，知系与照系则相混；
2. 鼻音声母中，古日疑、泥娘、明微两两相混；
3. 影母与端母，今等呼开口相混，齐齿呼则不相混；
4. 端透定失去舌尖辅音，而念成喉音的 ø 和 h-，除了 ø 母的齐齿呼外，与古喉音声母相混；
5. 心母念成不带音的边音 l̥-，这个音在中国方言中，是稀有的语音之一；
6. 合口韵比广州少；
7. 台山不分 a 和 ɐ，所以"败敝"同音，"拜闭""朋彭"不分；
8. 古三四等韵常保持 -i- 介音；

9. 麻三与戈三各地都不分；

10. 豪肴两韵有时也不分，这种情况与广州不同；

11. 古同音字在今台山常分化为不同音，例如荻海"河hɔ"，但"何hu"；

12. 有10个声调，古平上去各分阴阳，古入声一分为四。古清入分别念为阴入一和阴入二，古浊入多数念为阳入一，少数念阳入二，其演变条例不太清楚。

　　检验《东莞方音》和《台山方音》的最好办法，就是跟后来的同地点方言调查记录进行比较。我们可以拿詹伯慧、陈晓锦的《东莞方言词典》（1997）比较《东莞方音》，拿赵元任的《台山语料》（1951）比较《台山方音》。后来的记录涉及内容都很广泛，这里只是简单地比较音系上的异同。

　　《东莞方言词典》记录的东莞音系里，声母是19个。跟《东莞方音》的差别是：多出了声母v ku kʻu，减少了声母l（n和l不分），把原来的tʃ tʃʻ ʃ j 记成ts tsʻ s z；韵母是40个，比原来的减少了10个。最主要的差别是因为设置了v- ku- kʻu- 三个声母，而减少了原来的wɐ wi wɔ wai wɔi wɐŋ wəŋ wɔŋ wɐn wɐk wɔk wɐk等12个韵母。另外，用ø韵代替了œ韵，用ɐi韵代替了ɐi韵，用 -n尾代替了 -ŋ尾，多出了aʔ ɐk øk三个韵母；声调都是8个，甚至连调值基本上都是一样的。可以看出，《东莞方言词典》和《东莞方音》的记录大致相同，一些差别主要是由于音系处理方法的差异造成的，还有一些差别可能是东莞方言半个世纪里演变的结果，或者是由于不同发音人所造成的差异。

　　《台山语料》发表的时间比《台山方音》只晚一年。它所记录的台山声母是21个，比《台山方音》多了kw- khw- w- 三个声母，其他18个声母只是符号使用上的差别，例如：都用h来表示送气符号，用lh代替l̥，用c ch s y代替tʃ tʃʻ ʃ j。《台山语料》韵母是46个，其中iu：eu | ou：iau | em：iem | en：ien | ep：iep 等五对韵母反映的是不同地点发音人李君（下新宁）和王君（上新宁）的语音差异。所以《台山语料》的实际韵母只有41个，比《台山方音》的54个少了13个，其中 wɐ wi wɔ wai wɔi wɐŋ wəŋ wɔŋ wɐn wɐk wɔk wɐk等12个韵母也是由于声母处理方法的不同产生的，真正多出来的只是一个自成音节的 [m]，其他的差异也是符号使用的不同而已，最明显的是《台山方音》的a韵，《台山语料》记为a韵；《台山方音》的ɔ韵或以ɔ为主要元音的韵母，《台山语料》都写作o韵或以o为主要元音。最大的差别是声调。《台山语料》记录的声调是7个：阴平、阳平、上声、去声、上入、中入、阳入。《台山语料》说：台山"一个上声，没有阳上，古全浊上多半变去，次浊上或变上或变阴平。只有一个去声，包括古浊去字，清去全跟阴平合并，这是台山一带的特点。入声的阴入分上中，……阳入只有一个。"但是《台山方音》记录的台山话是10个声调，古平上去今各分阴阳两调，古入声今分别分化为阴入一二和阳入一二。我们相信声调分类上的这个差别，有一部分原因是由于发音人不同造成的，也有可能是由于对变音的调查研究不够造成的。《台上语料》说：台山"平去入声字有一种变音的可能，功用近似国语的卷舌韵尾，跟省城话的升变音一样"。这种变音，甚至连读变调，都有可能干扰声调的归纳与分析，造成差别。

　　从以上简略的比较中，可以看出《东莞方音》和《台山方音》所达到的学术成就。王力教授在粤语方言的调查研究方面所作出的贡献是值得赞扬的。

　　二把方言的调查研究与音韵学研究结合起来，与推广普通话的实际需要结合起来，拓展了汉语方言调查研究的领域。

仔细阅读《王力文集》，可以发现王力教授论著里很多地方或是专门讨论汉语方言，或是大量涉及汉语方言的有关问题。大致可以分为三类：

（一）讨论汉语方言的具体问题，很多地方涉及汉语方言的分类。例如：

第三卷《字的写法、读音和意义》，其中第三节"字义"，首先讨论北京话的语汇，然后说及"方言的语汇"（535—538页），举例讨论了华北方言"啥、好把式"，西南方言"哪个、搞、口水"，江浙话（江南话、吴语）"面孔、打耳光、蚕宝宝、运道、幢、搭档、一道、刚刚、通通"，华南方言"一点钟"等方言的词汇。行文举例虽然简单，但在上个世纪50年代初期的时候，那么讨论方言语汇却是不多见的。

第三卷《汉语讲话》，其中第二节讨论了"汉语的亲属及其方言分类"（575—581页），分汉语方言为五大系：官话方言、吴语、闽语、粤语、客家话，各大系下面还分别支系。例如把官话方言再分为冀鲁系、晋陕系、豫鄂系、湘赣系、徽宁系、江淮系、川滇系等7系。同时讨论方言的定义，特别是讨论了吴语的定义。然后还分别讨论了各地语音、语法和词汇的异同。这里所讨论的定义，以及各方言的异同，对于后来汉语方言的研究是有重要的启发意义的。

第三卷《汉语浅谈》，第三节专门讨论"汉语的方言"（685—698页），分汉语方言为六种：北方方言、吴方言、湘方言、赣方言（包括客家方言）、闽方言（闽南话和闽北话）、粤方言。这个分类把湘方言和赣方言从官话方言里分立出来，把客家方言包含在赣方言里面，闽方言里面包含了闽南话和闽北话。实际上已经很接近后来汉语方言的"七区说"。这一节同时讨论了方言的语音、词汇和语法，非常强调汉语方言的统一性，这一点很能说明王力教授在学术研究中的远见卓识。

第十二卷《中国语言学史》第一章第三节"方言学的兴起"（30—41页），主要讨论扬雄的《方言》。这里很明确提出《方言》实际上是两部分内容：一个是"绝代语释"，指的是历时的古今语汇差别；一个是"别国方言"，指的是共时的不同地域的方言差别。同时提出了《方言》一书在中国语言学史上所占据的重要地位，特别阐述了方言与共同语之间的关系，在当时是具有重要的现实意义的。

（二）把汉语方言的研究与音韵学的研究紧密地结合起来，利用方言资料解释音韵学，利用音韵学论证方言。例如：

第四卷《汉语音韵学》，其中第七章"现代音"（455—565页），这是讨论由广韵下推今音的时候，必须讨论现代音。说到现代音，一定要讨论方言。这就把音韵和方言紧密地联系在一起了。王力教授说："在汉语音韵学里，今音与古音有同样的价值。研究今音若不知古音，则不能得今音的系统，研究古音若不知现代方言，则不能推求古代的音值。故二者有密切关系，不可偏废。"（480页），这就把音韵和方言的关系说得非常透彻，是真知灼见。

这一章首先讨论了汉语方音之分类及其研究法，并列有具体分布地点（480—492页）。按照《汉语讲话》里的分类，把汉语方音分为官话音系、吴音系、闽音系、粤音系、客家话等五系，指出每个音系的最主要语音特征。随后逐一讨论各个音系的语音分析，从音韵学的角度讨论了各个音系的古今演变，古今比较。应该指出，王力教授在这里做的，具有一定的开创性意义。从后来的方言调查资料来看，所说到的这些语音特征，古今语音演变条例，很多也是经得起检验的。更值得注意的是，王力教授在这个地方讨论到方言语音的研究的两种方法："第一，是只凭耳朵去辨别；第二，是用机器把它实验。"两者要结合起来。在这个基础上，进一步提出方音调查十条注意点（485—486 页）：

1. 只研究一个地方的方音，区域越小越好。
2. 须注意此地的地理，如山脉河流，及邻近为何种语言区域。
3. 辨别要精细。
4. 须用很精细的音标。
5. 除了实验之外，耳眼口都该有相当的训练。
6. 找出该地共有几种非分不可的声韵调类。
7. 注意何声何韵何调事实上相配成字，何者不相配成字。
8. 比较音类异同时，多用问"同音不同音"法。
9. 所问字类及古音类须是全的。
10. 除意义较显之字外，须查明发音人是否十分认识所问之字的意义。

以上十条注意点是王力教授的经验之谈，大量方言调查研究实践证实，这十条是行之有效的。

第十八卷《等韵及其他》里收入两篇重要论文，一篇是《三百年前河南宁陵方音考》（588—597 页），另一篇是《两粤音说》（598—665 页）。这两篇论文都是讨论方言与音韵问题的，并且都结合得很好。

《三百年前河南宁陵方音考》从明代流传的口语民谣里，考证当时宁陵方言的语音要点，例如：东冬韵都混入庚青蒸韵，先韵字都混入寒删韵，浊音上声变去声，入声变平声等等。不过，这篇论文的真正价值，在于对古方音考求方法上给予我们的启发。王力教授说："考求古代口音，与其信赖诗词，不如信赖风谣；与其信赖风谣，还不如信赖小孩的天籁"。这是有一定道理的。

《两粤音说》是王力教授的早期作品，发表于 1928 年。本文以古声纽、古韵部为纲，分别讨论了广东话（广东粤语）、广西白话、客话（以广东客家话为主）等三种方言的语音概况，表现了这几种方言语音上的主要异同和古今演变要点，并求出两粤方言声韵调的最大公约数表。有的地方讨论得很详细，例如关于古浊音上声之变化，选择了一批常用古浊上字，比较广东粤语、客话、（广西）博白三种方言的今调类，并且以北京、（浙江）永嘉作为参照。这种比较在方言和音韵的研究上是有很大参考价值的。

（三）把方言调查研究与推广普通话结合起来，使方言调查研究的成果为语言的实际应用服务，拓展了方言学的研究道路。

王力教授一向重视汉语共同语与方言的比较研究，重视共同语的学习与推广。尤其是上个世纪 50 年代以后，我国开展了学习普通话，推广普通话的高潮。在这个过程中，王力教授满腔热情，身体力行，是作出重要贡献的。在王力教授的这一类学术论著里，他强调了汉语方言的共同性和一致性，从方言与普通话的对比中，找出对应规律，指导方言区的人们学习普通话。例如：

《江浙人怎样学习普通话》原名《江浙人学习国语法》，于 1936 年正式出版，1947 年出沪一版，1955 年以现名再版。这是我国学术界最早，最详细教人学习汉民族共同语的著作之一。针对江浙吴语的特点，提出江浙人初步学习普通话的"戒用浊音、戒用低调、戒用入声"的三大戒，进一步学习时提出声韵母的训练方法，告诉学习者要在同异的比较中，完善提高学习普通话的自觉性。

王力教授讨论最多的是他最熟悉的广东话和粤语。1951年出版的《广东人学习国语法》，1955年改为《广东人怎样学习普通话》再版。本书有总论和分论两个部分。总论部分按照广东境内白话、客家话、海崖话（潮汕话）等三种主要方言的特点，从语音、语法和词汇三个方面讨论了广东话与普通话的共同点和差异点，所说都非常简明实用。例如，讨论语法时，把"拿"和"把"，"给你钱"和"给钱你"进行比较；讨论词汇时，分门别类挑选一些最常用词语，说明哪些是相同的，哪些是相异的。分论部分分别讨论广州人、客家人、潮州人和海南人怎样学习普通话，具有更好的针对性。主要是以词的读音来讲解方言语音和普通话的差异。例如，针对广州人讲"做事"和"做戏"，"布告"和"报告"，"一斤"和"一根"等的差异；针对客家人讲"渔夫"和"姨夫"，"祖孙"和"子孙"，"真人"和"今人"等的差异；针对潮州人讲"上船"和"上床"，"老年"和"老娘"，"自重"和"自动"等的差别；针对海南人讲"臭肉"和"瘦肉"，"吃亏"和"吃灰"，"新来"和"先来"等的差别。

《广东人怎样学习普通话》是教广东人怎样学普通话的。王力教授1957年还出版了《广州话浅说》，实际上是一本广州话课本，那是针对外地人学广州话的需要而写的。这个课本只讲语音，附有比较实际的语音练习，因此有一定的实用价值。

在中国语言学界，王力教授学识渊博，涉及领域广泛。他才华横溢，著作等身，是我们十分景仰的语言学大师。

对于方言学研究来说，王力教授在现代汉语方言学资料还十分贫乏的早期阶段，就身体力行，关注汉语方言的实际田野调查，甚至首先开展区域性的方言研究，与此同时，努力拓展汉语方言的研究领域，把汉语方言的调查研究与音韵学研究结合起来，与推广普通话的实际需要结合起来。因此，王力教授是汉语方言调查研究的先行者之一。从今天来看，王力教授在这个领域的调查研究，当然并不完美，甚至可以说有不足或缺陷。但我们不能以今天的水准加以苛求，前人栽树，后人乘凉，我们是在先哲们所奠定的基础上提高的。我们有许许多多的理由，必须感谢所有的先哲。而王力教授正是这些先哲之一！

王力教授在汉语方言调查研究领域所作的贡献是一笔重要财富，这是值得学习和继承的，我们可以从中得到很多有益的经验和启发。

本文主要参考文献：

中国语言学会编写组　2004　《中国现代语言学家传略》，河北教育出版社。

王力　1931　《博白方音实验录》（法文版），（法国）巴黎大学出版社。

王力　1991　《王力文集》（20卷），山东教育出版社。

杨焕典、梁振仕、李谱英、刘村汉　1985　广西的汉语方言（稿），《方言》第3期181—190页。

唐庆华、刘上扶　2009　广西汉语方言研究：回顾与思考，《学术论坛》第3期93—95、186页。

詹伯慧、陈晓锦　1997　《东莞方言词典》，江苏教育出版社。

赵元任　1951　台山语料，历史语言研究所集刊第二十三本"傅斯年先生纪念论文集上册"

汉语方言古全浊声母今读类型的地理分布*

——分区角度的考察

北京大学中文系/北京大学中国语言学研究中心　项梦冰

摘　要　本文根据"多发性""群集性"以及古全浊声母不同的今读表现相互之间的内在关系，把《汉语方言地图集》语音卷图 39 所列的特征重新调整、概括为 A～H 八项特征，其中 A～G 七项特征本文都逐一绘制了同言线地图，并观察这些特征同一级方言之间的关系。H 为剩余特征，不过真正的剩余特征只有 H1 H2 两项，仅涉及 4 个方言点，而 H3～H5 都可以归为 B 特征。A～G 七项特征不仅在汉语方言中的出现频率差异较大（A^{321} B^{229} C^{157} D^{94} E^{61} $F^{41}G^{13}$），作为方言分区的标准，其有效性也存在较大的差异。其中比较有效的是 D（大部分不送气，小部分送气；闽语），勉强有效的是 A（平声送气，仄声不送气；官话），而其他特征（B C E F G）作为界定一级方言的单一标准，实际上都不太有效。即便排除由方言接触导致的例外，汉语各大方言的古全浊声母演变，实际上普遍存在多种模式，采取单一模式的反而是特例。

关键词　《汉语方言地图集》古全浊声母的演变　同言线地图　方言分区

一　引　言

1.1　研究汉语方言分区的学者，通常都把古全浊声母的演变作为一项重要的标准来看待。例如张振兴（1997）对《中国语言地图集》的汉语方言分区标准的总结是：

我们重读汉语方言分区图的文字说明，一下子就会发现，对主要方言区的划分，从大处看有两个重要的标准：一个是古入声字的演变；一个是古浊音声母字的演变。按照古入声字的演变标准，可以把官话和非官话分开，官话方言绝大多数地点古入声字今读舒声（江淮官话和其他官话的零星地点除外），非官话方言古入声字今仍读入声，例外的情况很少；根据古清音声母入声字的演变，又可以把官话大区分为八个区。按照古浊音声母字的演变标准，可以划分九个非官话方言，当然也可以用来把官话大区分开。

有的学者（李小凡 2005）甚至主张以古全浊声母的演变作为汉语方言"整体划分"的唯一标准，即用古全浊声母的演变划分出典型的一级大类，不过在鉴别具体方言点的归

---

* 本研究获教育部人文社会科学重点研究基地重大项目"区域类型视角下的汉语方言计量性比较研究"的资助（项目批准号 2009JJD740002）。

属时可以使用其他标准。值得注意的是，迄今为止，还没有一位学者在汉语方言的整体划分上为古全浊声母的今读类型绘制过同言线。本文拟利用《汉语方言地图集》（曹志耘 2008，下文简称 LACD）的有关地图，从分区的角度对汉语方言古全浊声母今读类型的地理分布进行全面的考察。至于汉语方言分区标准的历史嬗递，以及用古全浊声母的演变给汉语方言分区的性质和局限，我们将另文讨论。

1.2 LACD 是第一部在统一的实地调查的基础上编制的全国性的汉语方言语言特征地图集。所依据的资料是国内外 34 所高校和研究单位的 57 名研究人员历时 7 年的实地调查所得。LACD 设 930 个地点，含 510 幅语言特征分布图，分语音、词汇、语法三卷，较全面系统地描写和展示了汉语重要语言现象的共时差异和地理分布状况。

LACD 的不足主要有两点：①布点比较稀疏。LACD 大体上东南方言地区每个县级单位设一个点，官话和晋语地区 3—4 个县设一个点。以今天的面积来对比，德国为 357,021 平方千米，《德国语言地图集》的调查点超过 40,000 万个；法国为 551,602 平方千米，《法国语言地图集》的调查点是 639 个（有关德国和法国语言地图集的情况请参看 Moulton 1972）；中国为 9,600,000 平方千米，LACD 的调查点才 930 个。②由于图幅限制，LACD 打破了基础性的方言地图集都是描写性地图集的常规，没有采用描写性的地图制作方式，而是采用描写兼解释的地图制作方式，反映的是经过提炼、归纳的语言现象，而语言现象的类别也控制在一定的数目之内，对于分布点少的类还常常用不提示具体内容的"其他"代表，这些做法都会使研究者在使用 LACD 时受到限制。本文的研究既可以展示 LACD 的价值之所在，也可以展示其不足的一些侧面，使读者在利用 LACD 时有一个比较准确地把握。

1.3 基本约定

同言线（isogloss）地图以所关注的特征将方言点分为正特征点和负特征点，分别指具备该特征的方言点和不具备该特征的方言点。

同言线正特征一侧称为线内，负特征一侧称为线外。如果出现线内线，则线内线所围出的范围（负特征区）属于线外，而不属于线内。同言线所围成的正特征区有时也称为同言区。

三人成众，三木成林（森）。只有在出现 3 个（含 3 个）以上的连续分布点时本文才绘制同言线，否则都按散点处理。

本文的分析主要立足于 LACD 的 930 个方言点，属于宏观尺度的布点（关于布点的尺度请参看项梦冰、曹晖 2005，45），因此当本文提到某条同言线没有或很少线内线、线外线，没有或很少线内负特征点、线外正特征点的时候，是纯粹就 930 个点来立论的。按照方言学界目前已掌握的资料，例外恐非个别。不过一般说来，这些例外并不能从根本上推翻本文依据 LACD 绘制的同言线所呈现出来的特征分布倾向。

与宏观尺度布点相应，本文所说的汉语方言分区指一级方言的分区，也就是项梦冰、曹晖（2005，116）所说的宏观分区，文中所讨论的一些选择分区标准的原则都是就汉语一级方言的分区说的。

本文的地图多为 LACD 的模拟图，方言点尽量按实际位置标，因此不一定能跟原图重合。LACD 的一些调查点没有按照调查点的实际位置标，而是用县城的位置代表，而且还有个别标错位置的，例如海南省的琼海市（嘉积）误置于海口市境内，实际上应在定安的东南方向。因本文的地图图幅很小，而且目的只是展现语言特征的地理分布格局，因此一律不标地名，也不提供任何查获地名的手段。需要时请读者自行参看 LACD 的有关地图。

由于 LACD 不属于纯描写性的地图集，目前也没有对外开放语料，因此在需要举例时本文只能引用公开发表的其他报告，但未必跟 LACD 同属一个地点。这样做当然是不得已的，不过我们也相信，作为一种类型说明，这种做法并不会削弱本文的基础。

本文提到的 LACD 的地图都是语音卷的地图，因此直接说成"图 39、图 40"（指 LACD 语音卷 039 图、语音卷 040 图）等，本文提供的地图则说成"图一、图二"等。

LACD 语法卷中的附录《调查点、发音人和调查人一览表》对 930 个方言点的方言区和方言片都有定性，并说明方言区划及其名称以《中国语言地图集》（中国社会科学院、澳大利亚人文科学院 1987&1990，下文简称 LAC）为依据，但个别点根据所调查方言的实际情况有所调整。本文绘制同言线完全以 LACD 的语言特征为准，但又常常引用 LAC 的方言归类来观察同言线在区分方言上的有效性。这种做法也许会引来批评，不过请注意 LAC 的方言归类和 LACD 的特征描述是互相独立的两项研究，而且我们认为 LAC 的方言归类工作已经做到了相当细致的程度，因此比较这两项研究的成果无论从哪个角度说都是有其积极意义的。

二　LACD 语音卷图 39 所列特征的重归类

2.1 图 39 的特征归类

古全浊声母在汉语方言里的今读表现相当复杂。LACD 语音卷牵涉到古全浊声母今读的地图主要有：39—42，47，48，56，62，65，71，84，88，89，90。这些图的性质并不相同，其中图 39—42 分别描述汉语方言浊塞音塞擦音声母的演变、浊塞音塞擦音声母、浊擦音声母的演变、浊擦音声母，是古全浊声母在 930 个汉语方言里的今读表现的概况图，其他图则多为通过具体的比字来反映古全浊声母在 930 个汉语方言里的今读表现的一些具体侧面，如图 47、48 分别为"百——拍——白全清次清全浊声母的异同""排被病白浊塞音的声母"。因为本文讨论的是作为汉语方言分区标准的古全浊声母的今读表现，所以我们只把注意力集中在图 39 上，需要时才参看其他有关的图。

图 39 的图例相当复杂，共有 6 大类 30 小类，本文转写为表一。

2.2 方言分区的特征选择

在对表一所列的特征进行重归类前，需要说明一下方言分区对于特征选择所需遵循的原则。

方言分区对于语言特征是有所选择和概括的，这一点跟谱系分类很不相同。譬如，按照谱系分类的做法，表一所列的特征都不能遗漏，换言之，假若以古全浊声母的演变来叙述汉语方言的谱系，则表一中的每一种具体特征都必须在谱系树上安排好位置。当然，谱系分类也有鉴别外来成分和固有成分的任务，因此如果存在层次问题，就需要对特征进行分析和整理。此外，如果原有的特征归纳本身存在问题，谱系分类也要加以适当调整（后面这两项工作也是方言分区要做的）。

选择方言分区的标准，一是要看该特征是多发特征还是偶发特征。所谓多发特征和偶发特征是指该特征在方言点中的出现频率（frequency of occurences）是高还是低。方言分区只选高发特征。当然高低是一个相对的概念，如何掌握目前只能靠经验。

选择方言分区标准的另一项原则是要看该特征是群集特征还是散布特征。所谓群集特征，指的是拥有成规模的方言点数并且在地理上连续分布的特征。而散布特征不一定拥有成规模的方言点数，在地理分布上也以不连续为其特点（允许出现小面积的连续分布区）。群集特征一定是已扩散的特征，散布特征有的是已扩散特征，有的是未扩散特征（严格地说，某项特征只要不是孤点分布，都可能存在扩散行为，因此这里的已扩散未扩散其实指的是有没有成规模扩散）。此外，群集特征一定是高发特征，散布特征可以是高发特征，也可以是偶发特征。如果没有特殊的理由，群集特征一般不看作是平行演变（即只看作是同一音变在地理上的扩散），而散布特征可能是特征扩散的结果，也可能是平行音变的结果。方言分区只选群集特征，但不把由移民运动造成的不连续分布看作反例。

表一　浊塞音塞擦音声母的演变（Development of *Qièyùn* Voiced Obstruent Initials）①

类别		特征	方言点数②
A 全部浊音	A1	不送气浊音	105
	A2	送气浊音	3
B 部分浊音，部分清音	B1	平浊｜仄清	13
	B2	平清｜仄浊	4
	B3	舒浊｜入清	8
	B4	上清｜[一上]浊	5
	B5	並定澄浊｜[一並定澄]清	14
	B6	並定浊｜[一並定]清	2
	B7	並定清｜[一並定]浊	2
	B8	並浊｜[一並]清	1
	B9	定浊｜[一定]清	1
	B10	船清｜[一船]浊	4
	B11	今塞音塞擦音浊｜今擦音清	5
	B12	其他②	18
C 清音：不送气	C1	全部不送气	48
	C2	大部分不送气，小部分送气	82
D 清音：送气	D1	全部送气	160
	D2	大部分送气，小部分不送气	13
E 清音：平声送气，仄声不送气	E1	平送｜仄不送	317
	E2	平送｜上去不送｜入送/不送	4
F 清音：其他	F1	平不送｜仄送	1
	F2	平上送｜去入不送	35
	F3	平上送｜去｜入送/不送	5
	F4	上送｜平去入不送	3
	F5	平｜仄送/不送	44
	F6	平送/不送｜仄不送	10
	F7	舒不送｜入送/不送	13
	F8	並送｜[一並]不送	1
	F9	並定不送｜[一並定]送	8
	F10	澄床送｜[一澄床]不送	1

说明　①本图（按：即 LACD 图 39，本文未引原图）以 54 个代表性例字为依据，反映"並定群从澄船床"声母的演变。一些方言部分字今读内爆音、鼻音、闪音、边音、擦

音声母,这里归不送气类。读零声母的现象不包括在内。图例里"[一並]"表示"非並母"(即除了"並"母以外的古全浊声母),其余类推。"送/不送"表示部分字读送气音,部分字读不送气音。②属于本大类但无明显条件的其他演变类型。(以上①②两条说明是 LACD 原有的。)③图 39 没有标明各大类小类的方言点数,表一的方言点数是本文作者点算的,因此归类和计数可能会出现个别错误,但不会影响所要讨论的问题。

地理上是否呈连续性分布,实际上只有在进行了完全覆盖所有居民点的调查后才能落实,而迄今为止所进行的方言调查绝大多数属于抽样调查(选点调查),所谓的连续分布其实是对既定的选点而言的,因此这里头就隐含了方言地理学的一个基本工作假设:样品(即选定的方言点)所反映的连续性也代表了真实的连续性(允许有例外)。

2.3 LACD 语音卷图 39 所列特征的重归类

对表一所列的特征进行重新归类后,可得到如表二所示的结果。

表二 浊塞音塞擦音声母今读表现的重归类(以大类的方言点数逆序排列)

类别		特征描述	LACD 原类	方言点数	
A 清化,平声送气	A1	平送｜仄不送	E1	317	321
	A2	平送｜上去不送｜入送/不送	E2	4	
B 清化,全浊归次清 (包括次清化浊在内)	B1	全部送气	D1	160	229
	B2	大部分送气,小部分不送气	D2	13	
	B3	送气浊音	A2	3	
	B4	定浊｜[一定]清	B9	1	
	B5	船清｜[一船]浊	B10	4	
	B6	今塞音塞擦音浊｜今擦音清	B11[4]	4	
	B7	平送｜仄送/不送	F5	44	
C 全部浊音或部分浊音	C1	不送气浊音	A1	105	157
	C2	平浊｜仄清	B1	13	
	C3	平清｜仄浊	B2	4	
	C4	舒浊｜入清	B3	8	
	C5	上清｜[一上]浊	B4	5	
	C6	並定浊｜[一並定]清	B6	2	
	C7	今塞音塞擦音浊｜今擦音清	B11[1]	1	
	C8	其他②、並定清｜[一並定]浊	B12[17]、B7	19	
D 清化:大部分不送气	D1	大部分不送气,小部分送气	C2[80]	80	94
	D2	並定澄浊｜[一並定澄]清	B5[13]	13	
	D3	其他②	B12[1]	1	
E 清化:不送气	E1	全部不送气	C1	48	61
	E2	並定澄浊｜[一並定澄]清	B5[1]	1	
	E3	平送/不送｜仄不送	F6	10	
	E4	大部分不送气,小部分送气	C2[2]	2	
F 清化:平上送气	F1	平上送｜去入不送	F2	35	41
	F2	平上送｜去不送｜入送/不送	F3	5	
	F3	並浊｜[一並]清	B8	1	
G 清化,舒声不送气	G	舒不送｜入送/不送	F7	13	13
H 清化:其他	H1	平不送｜仄送	F1	1	14
	H2	上送｜平去入不送	F4	3	

	H3	並送丨[一並]不送	F8	1
	H4	並定不送丨[一並定]送	F9	8
	H5	澄床送丨[一澄床]不送	F10	1

表二一方面体现了各类特征在汉语方言中的出现频率，即按大类特征的方言点数逆序（降序）排列（H 作为剩余特征类排在最后），另一方面也体现了对 LACD 原有特征的重新调整和概括。为了更直观地表现这一点，表二特地列出了新类所对应的 LACD 原类。

表二共有 8 个大类 33 个小类，无论大类还是小类都比表一要多。除了 A 跟原 E 是整类对应外，都有程度不同的分合。B 大体相当于原 D 类，但加进了 A、B、F 的若干小类。C 大体相当于原 A、B 两类，但对原小类都有所剔除。D、E 两类主要由原 C 类的两个小类分拆而成，但又多少加入了一些其他小类（原 B、F 小类）。F、G 都是由原 F 小类升格而成，而没有升格或合并到其他大类的原 F 小类组成 H 类。表二对表一的若干小类（B5、B11、B12）也进行了拆分。

下面对重新归类中的一些主要考虑因素做一些说明。

（一）不以晚期的音变规律掩盖早期的古全浊声母清化规律。例如表一的 A2（送气浊音）和 B9、B10、B11[4]（部分浊音、部分清音）表二归入"清化，全清归次清"的 B 类，是因为其浊音读法大概是后起的"次清化浊"音变。这些方言古全浊声母和次清声母的今读表现相同，以蒲圻（今赤壁市）羊楼洞为例（据赵元任等 1948）：

滂～並：批 $b^h i1$ ～皮 $b^h i2$

透～定：通 $d^h ʌŋ1$ ～同 $d^h ʌŋ2$

清～从：次 $dz^h ɿ5$ ～自 $dz^h ɿ6$

再如表一的 B5、B8、B9（部分浊音、部分清音）表二分别归入 B、D、E、F 类，是因为其浊音读法局限于並母字或並定澄母字，表现为内爆音 ɓ ɗ，而 ɓ ɗ 大概是对 p t 的一种替换，也属于晚期的清音变浊现象（是自源音变还是借用或底层与本文的主题无关，因此不做讨论）。也就是说，这些方言并不存在塞音塞擦音三分的现象。LACD 图 40 就没有反映这些小类，而是让读者参看图 44 的内爆音图。以海口为例（据陈鸿迈 1996，ʔb ʔd 改记为 ɓ ɗ，下文同）：

帮～並：波 ɓo1～婆家～：丈夫的母亲，背称 ɓo2

端～定：低 ɗi1～蹄 ɗi2

除並定澄母字之外，海口方言的其他古全浊声母字不读浊音，音系中的浊擦音 v z 的来源是古次浊声母，不是古全浊声母。也就是说，海口方言跟其他闽语一样，也经历了浊音清化的过程，而合并到全清声母里去的並定澄母字后来又随帮端母字一起变成了内爆音（闽语知组读如端组）。

B6 和 B5、B8、B9 看似一类，实际上不同，一是其今读表现不是内爆音，二是其塞音塞擦音仍维持局部的三分。涉及的 3 个方言点在图 47（百—拍—白）里的表现分别为：p-pʰ-b（广西兴安、江苏高淳）、ɓ-pʰ-b（浙江青田）。

（二）因层次叠置造成的类型尽可能按照固有层次的表现归类。例如表一的 F5（清音：平送丨仄送/不送），大概是 D1 型和 E1 型的叠置，因此表二把它归为 B 类。再如表一的 F6（清音：平送/不送丨仄不送）大概是 C1 型和 E1 型的叠置，因此表二把它归为 E 类。表一将"清音：大部分送气，小部分不送气"跟"清音：全部送气"归为一类，符合本文的思路，因此表二一仍其旧。即便拿"清音：全部送气"的客家话来说，黄雪贞（1987）就曾指出：

> 大家都知道，古全浊声母字，不论古四声，今客家话逢塞音、塞擦音一般读送气清音……古全浊声母字客家话今音也有不送气的。这个不能简单说成少数或例外。分析起来，至少有两类：①第一类是语汇性的，没有或很少地区性限制，换句话说，某些全浊声母字多数客家话都不送气……②第二类是方言性的，往往有音韵条件（调类）的限制。例如四川成都龙潭寺与凉水井地图集删有的古全浊平声字送气，符合客家话常例，有的古全浊仄声字不送气，大概是受西南官话影响。

除了个别例子是特殊音变造成的外，客家话读不送气的古全浊声母字大体都可以看做是官话影响的结果。可见表一的 D1 和 D2 本无截然的界限，只是受官话影响的程度有所不同罢了。

（三）出现频率和地理分布情况。上文 2.2 已经讨论过这个问题。表二是按大类的方言点数排列的，同时根据出现频率和是否连续分布把表一的小类（F2、F3 和 F7）另立为大类（F 类和 G 类）。地理分布情况也是判断方言接触时要考虑的因素，例如表二的 A2 方言点数既少，从地理分布上看亦处于 A1 类方言分布区的边缘（3 个点）或外部（1 个点），因此把 A2 处理为 A1 的变异形式是很自然的（参看下文图一）。

（四）古全浊声母在现代方言里读浊音的情况相当复杂，不仅保留浊音的程度差异很大，具体的读音也有不同的情形。本文把古浊阻塞音今虽不读浊阻塞音但既不跟全清混也不跟次清混的方言归为保留浊音的方言（本文用阻塞音和塞擦音，不包括擦音，下同）。以芜湖县（湾沚镇）的帮、端组为例（据蒋冰冰 2003，16）：

帮～滂～並	p 边补拜笔	pʰ 潘品破泼	hv 爬便便当拔
端～透～定	t 刁党滴	tʰ 他讨烫秃	ɾ 田度笛

（五）表二的一个明显特点是通例和变例的分野相当清楚，A～F 编号为 1 的都是通例，其余分别为各大类的变例。表二把 A2 看作 A1 的变例，但是却没有把 D 类处理为 E1 的变例，主要是出于数量和分布上的考虑。从性质上看，D 类似乎是 E1 的变例，可是 D 类成员众多，方言点数甚至超过了 E1，而且 D 类和 E 类各自聚集成群，不同于 A2 在分布上也依附于 A1 的那种关系，因此表二把表一的 C1 和 C2 归在不同的大类里。下文 3.4 提到 D 类特征对闽语的覆盖率高达 93%，而对非闽语的覆盖率则为 0%，这里稍有人为处理的因素在内，即表二在重归类时把表一的 C2 一分为二，81 个点归为 D1（D 类的通例），2 个点归为 E4（E 类的变例），但即便不做拆分，D 类特征对非闽语的覆盖率也仅 0.24%。归到 E4 的两个方言点分别为广东广宁和广西横县，不仅从分布上看是游离于 D 类方言连续分布区之外的散点，更为重要的是，D 作为闽语的一个特征，不仅仅只是抽象意义上的"大部分不送气，小部分送气"，它还有极为特异的词汇分布上的一致性（regular lexical incidence），即哪些字送气、哪些字不送气，闽语内部较为一致。也正因如此，Norman（1988，229—230）给闽语下的定义是（张惠英 1995 的中译 [201—202] 明显有误，本文引原文重译）：

> Simply stated, a Mǐn dialect is any Chinese dialect in which both aspirated and unaspirated stops occur in all the *yáng*(lower-register) tones, and in which the lexical

incidence of the aspirated forms in any given word is in substantial agreement with that of the other dialects of the group. The list of words in table 9.15 could be used as a diagnostic test: if a dialect has voiceless aspirated *th* in the words for 'weep', 'sugar', 'stack up' and 'head', but voiceless unaspirated *t* in the remainder of the words of the list, chances are very high that it is a Mǐn dialect.（简言之，闽语是指在所有的阳调 [低调] 中既出现送气阻塞音又出现不送气阻塞音，且送气不送气大致具有词汇分布一致性的汉语方言。表 9.15 所列即可用作鉴定词：如果一个方言"啼""糖""叠""头"等字读送气清音 th，而剩下的其他字 [译按：指"蹄、弟、豆、断、袋、脰、毒、铜"] 读不送气清音 t，那么它属于闽语的可能性就非常大。）

如果考虑到送气不送气的词汇分布情况，把横县、广宁处理为 E 类的变例大概是合适的。试比较（广宁据詹伯慧、张日昇 1998，横县据李连进 2000，海口据陈鸿迈 1996，其余据北大中文系语言学教研室 2003，有文白异读的只取白读）：

	啼	糖	叠	头	蹄	弟	豆	断	袋	毒	铜
福州	tʰie2	tʰouŋ2	tʰaʔ8	tʰau2	tɛ2	tie6	tau6	tauŋ6	tœy6	tøyʔ8	tøyŋ2
厦门	tʰi2	tʰŋ2	tʰaʔ8	tʰau2	tue2	ti6	tau6	tŋ6	te6	tak8	taŋ2
潮州	tʰi2	tʰɯŋ2	tʰaʔ8	tʰau2	toi2	ti4	tau6	tɯŋ4	to6	tak8	taŋ2
海口	hi2	ho2	ɗiap8	hau2	ɗoi2	ɗi6	ɗau1	ɗui6	ɗe1	ɗak8	ɗaŋ2
广宁	tai2	tɵŋ2	tet8b	tau2	tai2	tai6	tau6	tyŋ6	toi6	tok8a	toŋ2
横县	tʰɛi2	tʰɔŋ2	tip8	tʰou2	tʰɛi2	tɛi6	tou6	tʰun4	tai6	tʊk8	tʰoŋ2

海口的"叠" [ɗiap8] 跟其他几处闽语的文读形式对应：福州 tieʔ8、厦门 tiap8/tʰiap8、潮州 tiəp8/tʰiəp8。因此本字认作"沓"的 ha6 可能才是跟福州、厦门、潮州的 tʰaʔ8 对应的"叠"字的白读音（海口 tʰ 变 h 从"啼、糖、头"字已可看出，古浊入字今读阳去调的字如：石 tsio6｜白 ɓɛ6｜着 ɗio6｜食 tsia6｜辣 lua6｜额 hia6｜药 io6）。下面引陈鸿迈（1996，45）的两条词语解释作为字义上的参考：

【沓】ha33 ❶叠起；摞起；一层加上一层：～册把书一本一本地摞起来 ❷量词。用于重叠起来的东西（一般较厚）：一～册（纸、板、椅）

【沓起来】ha33 xi214 lai21 码起来；叠起来：把砖～｜抛一床桌子书无猛猛快快～

（六）表二的 H 类跟 A～G 类不同，是由一些性质不同、方言点数不多的小类拼凑在一起的杂类，属于在汉语方言的宏观分区中不纳入考虑范围的剩余特征（residual features）。因各种原因暂时不能确定其归类的特征通常也作为剩余特征来处理。为了便于说明操作程序，表二有意将表一的 F8 F9 F10 作为暂时不能确定其归类的特征归入到剩余特征中（即 H3 H4 H5），详细的讨论见下文 3.8。需要强调的是，在方言的宏观分区工作中不考虑剩余特征的意思仅仅是指不用它来作为分区的标准，而不是说它不值得研究——事实上，剩余特征恰恰是需要做深入的个案研究的部分。

（七）前文曾说过，LACD 语音卷有多幅地图牵涉到古全浊声母在汉语方言里的今读情况。一般说来，这些地图可以起到互相印证的作用，不过由于各图的设计意图不尽相同，有时所标的类型也不能完全铆合，因此读者在使用这些地图时还是要有所选择和判断。表三所列即为图 39 和其他反映全浊声母今读的图不能铆合的地点。

表三　图 39 与图 40 等其他图不能铆合的地点

地点	图 39	图 40	图 48	图 56	说明
上海宝山	不送气浊音	无浊塞音塞擦音声母	b-b-b-b	d	依图 39，归 A1
丹阳	清音，全部不送气	d	p-p-p-p	t	依图 39，归 E1
繁昌	不送气浊音	无浊塞音塞擦音声母	v-p-f-v	ʐ	原归 A1，本文改归 B12
南陵	不送气浊音	无浊塞音塞擦音声母	β-p-β-β	r	原归 A1，本文改归 B12
芜湖县	清音，平声送气仄声不送气	g	v-β-ɦ-v	ʐ	原归 E1，本文改归 B12
岳阳县	清音，舒不送、入送/不送	bʰ dʰdʰ gʰ dzʰ dʐʰ	p-p-p-pʰ	t	依图 39，归 F7
沅江	[並定]清[－並定]浊	无浊塞音塞擦音声母	p-p-p-pʰ	t	原归 B7，本文改归 B12
桃江	[並定]清[－並定]浊	无浊塞音塞擦音声母	p-p-p-p	t	原归 B7，本文改归 B12
华容	[定]浊[－定]清	无浊塞音塞擦音声母	ɣ-pʰ-pʰ-pʰ	ɣ	原归 B9，本文改归 D1
兴安	[並定]浊[－並定]清	b d g dz dʐ	b-b-b-b	d	原归 B6，本文改归 A1

图 39：浊塞音塞擦音声母的演变；图 40：浊塞音塞擦音声母；图 48：排被病白浊塞音的声母；图 56：铜定的声母。"说明"栏的类别指表一的类别。

芜湖县图 40 归 g 类方言，但图 84 "桥群的声母"为 ʑ，结合图 48、56，可知它跟繁昌、南陵应属一类。

沅江、桃江原归 B7，据图 40 属于"无浊塞音塞擦音声母"的方言，据图 42 它们都只有 1 个浊擦音 z，图 84 "桥群的声母"它们都是清音 tɕ，可知它们跟益阳（B12）应属一类。

图 39 华容归为"部分浊音部分清音"（[定]浊[－定]清），图 40 华容归为"无浊塞音塞擦音声母"，图 48（排被病白）华容的声母为 ɣ-pʰ-pʰ-pʰ，图 55（炭）、图 56（铜）华容的声母都是 ɣ，可见所谓的浊音其实应为古全浊声母清化为相应的送气声母后，部分送气塞音再变为擦音的结果，所以透、定母字都读为 ɣ 声母。从图 48 的情况看，这一音变并不限于 tʰ，pʰ 也参与了这一音变，但条件还不太清楚，因为图 47（百拍白）华容的声母为 p-pʰ-pʰ，"拍白"都不读 ɣ 声母，是否以平声为条件，地图集提供的材料不足以判断。不过将华容归为清化送气类方言大概没有问题。

兴安图 39 归"[並定]浊[－並定]清"，可是图 40 归"b d g dz dʐ"，结合图 62 "坐从的声母"读 dz、图 70 "全—传—权"读 dʐ，可知图 40 的归类更为妥当。

三　各类特征的地理分布

下面依次考察表二各项特征的地理分布情况，并逐一绘制出同言线。为了便于观察既定特征的分布情形，各图的负特征点一律略去。

3.1　A 类特征包含 321 个方言点，其地理分布和同言线如图一所示。

图一的基本数据见表四（加号表示符合 A 类特征，减号表示不符合 A 类特征）。

表四　图一的基本数据

主同言线	线外线	线内线	线外正特征点	官话		非官话	
				＋	－	＋	－
1 条	1 条	1 条	5 个	318	46	3	563

非官话方言符合 A 类特征的方言点约占非官话方言总点数的 0.07%，还不到 0.1%，而不符合这一特征的官话方言约占官话方言总点数的 12.7%。可见：(1) 符合 A 类特征的方言几乎就是官话，即使不是官话大概也跟官话的影响难脱干系；(2) 不符合 A 类特征的方言不一定不是官话，但不是官话的可能性相当大。可见，根据 A 类特征绘制的同言线对于区分官话方言和非官话方言来说，还是比较有效的。项梦冰、曹晖（2005，156—157）曾提出汉语方言分区中的"忽略负同言线原则"，图一就是一个典型的案例。

属于 A2 类的点只有 4 个，其中官话 3 个，湘语 1 个。A2 类官话都是边际方言，A2 类湘语在线外，大概是湘语和官话混合的结果。线外官话则跟移民扩张有关。

不符合 A 类特征的官话方言共有 46 个点，符合 A 类特征的非官话方言共有 3 个点（都是湘语），这 49 个方言点的特征类型和地理分布情况如图二所示。

图一　A 类特征的地理分布及同言线

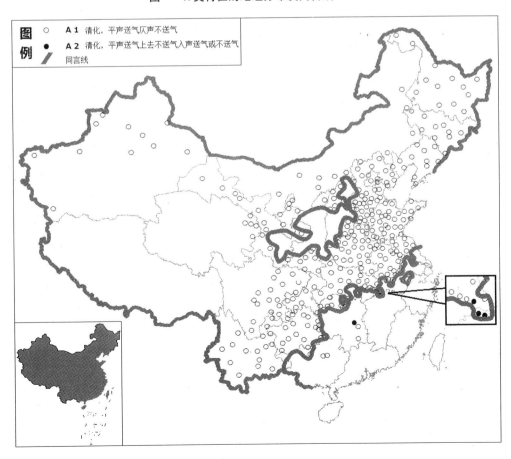

图二 不符合 A 类特征的官话方言和符合 A 类特征的非官话方言

线内湘语（保靖）的 A 类特征大概是官话影响的结果，也有的学者径归为官话（例如杨时逢 1974，鲍厚星 1998）。线外湘语（衡山、衡东）大概也是官话影响的结果，不过具体的影响途径还需要进一步调查研究。C4 和 G 类官话的数量很少（只见于芷江和靖州），而且可能存在归类问题。B E 类官话处于线外的，有的可能跟方言接触有关，但江苏境内的 B 类官话大概不是方言接触的结果。值得注意的是 B7 和 E3 都见于官话的腹地，而且都存在连续分布的区域。

3.2 B 类特征包含 229 个方言点，其地理分布和同言线如图三所示。

图三 B类特征的地理分布及同言线

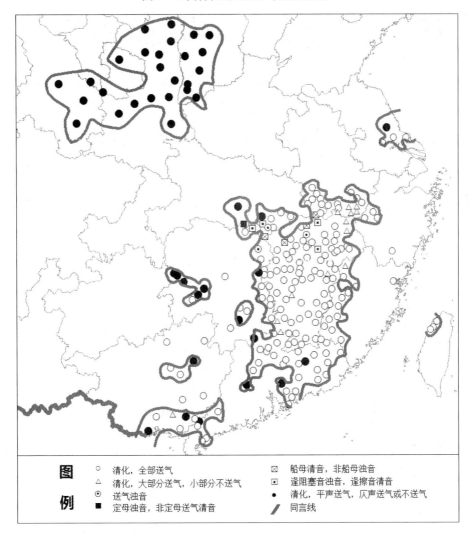

图例
○ 清化,全部送气
△ 清化,大部分送气,小部分不送气
⊙ 送气浊音
■ 定母浊音,非定母送气清音
⊠ 船母清音,非船母浊音
⊡ 逢阻塞音浊音,逢擦音清音
● 清化,平声送气,仄声送气或不送气
╱ 同言线

图三的基本数据见表五(宁德畬话和景宁畬话计入客赣方言)。

表五 图三的基本数据

主同言线	线外线	线内线	线外正特征点	客赣方言		官话		其他方言	
				＋	－	＋	－	＋	－
2条	6条	0条	8个	155	6	34	330	40	365

不符合B类特征的客赣方言点只有6个(客2赣4),约占客赣方言点总数的3.7%,而符合B类特征的非客赣方言点有74个,约占B类方言点总数的32.3%,几近三分之一。可见:(1)不具备B类特征的方言不是客赣方言的可能性非常大;(2)具备B类特征的方言不一定是客赣方言;(3)就古全浊声母的今读而言,客赣方言浑然一体,连成一片。

(1)和(2)两项可以说明根据B类特征绘制的同言线对区分客赣方言和非客赣方言来说只能算是勉强有效,实际上例外很多。

图三中的一部分线外线跟移民活动有关。台湾（1 条）、湖南（2 条）、两广（2 条）大概都是由移民造成的线外扩张，但是晋陕宁甘（1 条）和江苏（1 条）大概不是客赣方言区的移民扩张结果。其中横跨晋陕宁甘的那条同言线也是一条主同言线，虽然线内只有 26 个点，可是 LACD 的布点原则是官话区三四个县市设一个点，非官话区则是一个县市至少设一个点。26 乘 3 等于 78，相当于符合 B 类特征的客赣方言点数的一半略多。当然，布点加密后，晋陕宁甘的 B 类特征分布范围可能还会有所扩大，但也很有可能会在同言线内出现负特征点，不过大体的比例关系应当不会有太大的出入。

把通泰地区和客赣地区的 B 类特征看作是晋陕宁甘 B 类特征向南播迁的结果似乎是很自然的。不过考虑到三者之间相隔甚远，而且分割得相当清楚，加之全浊清化采取一律送气或一律不送气都不属于特异表现，证明方言之间继承关系的力量比较弱，因此我们宁愿相信三者是一种平行演变的关系，而且音变的发生时间也很可能不同。

B 类特征的在晋陕宁甘一带连续分布的事实无疑会使古全浊声母作为方言分区标准的有效性受到挑战，详见项梦冰（2012）的另文讨论。

图三的线外正特征点有 8 个，两个在东边（福建 1 浙江 1），都是畲话，可以归到客家话里，是移民扩张的结果。另 6 个在西边（湖南 2，广西 4），为平话（湖南 1、广西 1）、土话（广西 1）、湘语（湖南 1）、粤语（广西 1）和客家话（广西 1），客家话是移民扩张的结果，其他方言是平行演变还是方言接触需要进一步研究。

根据表五，不符合 B 类特征的客赣方言以及符合 B 类特征的非客赣方言这两类方言共有 80 个点，其方言归属和地理分布情况如图四所示。图例中标明了每一类方言的方言点数。其中晋陕宁甘地区和通泰地区的 B 类方言（都是官话方言）以及 5 个线外的非客赣方言（平话 2，土话 1，湘语 1，粤语 1）已在图三里出现，下面不再讨论。

不符合 B 类特征的客赣方言，最靠南的两个点是客家话，其他四个点是赣语。除武宁为 C、安仁为 H1 外，其他都是 H4（连南、汝城；永兴、资兴）。武宁属于保留古全浊声母的方言。安仁古全浊声母清化后的送气类型跟官话正好相反（平声不送气仄声送气），性质有待研究。H4 类方言则并非真正的例外——它们实际上都可以归为 B 类方言，详见下文 3.8 的讨论。

值得注意的是，LACD 对于客赣方言古全浊声母今读类型的反映并不全面。在第一主同言线的北侧（通山一带），东侧（连城、清流交界一带）、西侧（南雄一带）还存在古全浊声母清化后逢阻塞音一律不送气的方言。赵元任等（1948）将通山（焦夏湾）划归第三区（赣语区），李小凡、项梦冰（2009，198，213）将南雄及连城、清流交界一带的方言划归客家话。如果把同言线东、西、北三侧所存在的古全浊声母清化后逢阻塞音一律不送气的类型和北侧保留古全浊声母的类型综合在一起看，客赣方言古全浊声母清化后逢阻塞音一律送气的类型显然构成了一个音变中心。这种地理分布格局也可以从一个侧面说明客赣方言的全浊声母清化很可能是比较晚才产生的音变，跟晋陕甘宁一带方言的同类现象属于平行演变。

土话属于归属未定的方言。我们认为粤北土话大部分都可以归入客家话（图三中的 5 个线内点），并不是例外（参看下文 3.8 对 H4 类方言的讨论）。湘南和桂北土话的性质则还需要研究。图四的其他线内非客赣方言则可以给我们提供方言互动的生动图景。东北部是 14 个徽语和 1 个吴语。王福堂（2004/2010）曾经指出：

徽州方言古全浊声母早期的情况和目前是不同的。清江永曾在《榕村〈等韵辨疑〉正误》一文中指出:"吾婺源人呼群、定、澄、并诸母字,离县治六十里以东达于休宁皆轻呼之,六十里以西达于饶皆重呼之。""轻呼"指不送气,"重呼"指送气,可见三百年前休宁话古全浊声母清化后塞音塞擦音读不送气音,婺源以西旧饶州府的赣方言才读送气音。既然徽州方言原来是吴方言的一部分,这三百年前的不送气音应该就是吴方言的层次,后来出现的送气音是赣方言影响的结果。

图四　不符合 B 类特征的客赣方言以及符合 B 类特征的非客赣方言

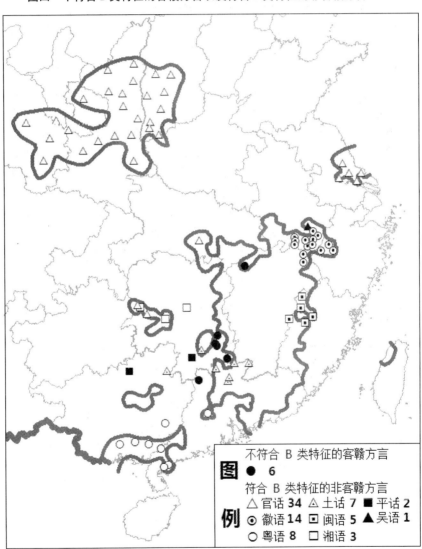

考虑到东北部 B 类徽语和吴语所具有的地理纵深度,其 B 类特征也可能是接触音变和自发音变共同作用的结果,即只有在 B 类徽、吴语分布区西缘的方言可能跟赣语的影响有关,其他则是自发音变的结果。

东部是 5 个闽语(光泽、邵武、顺昌、将乐、建宁)。内陆闽语受客赣方言的冲击是众所周知的,例如邵武话作为一种混合方言,有的学者归为闽语(Norman 1982/1987),有的学者归为赣语(如李如龙、张双庆 1992)。Norman(1982/1987)曾经指出:"邵武话,以及别的西部边缘的闽语,可以被公正地看作典型闽语和客家话之间的一种过渡。"

横跨两广的那条线外线围住了 11 个方言点,分属粤语和客家话(参看图三和图四),其特征类别和方言类别的关系见表六:

表六　钦州、廉州一带 B 类特征与方言类别的关系

	粤语	客家话
B1	3	4
B2	1	
B7	2	1

对于 B 类特征而言,B1 是通例,B2—B7 都是变例。5 个客家话中 4 个属于通例,1 个属于变例。6 个粤语中 3 个属于通例,3 个属于变例,客化的程度从 B7 到 B2 到 B1 依次递增。有趣的是粤语通例和变例各占一半,而客家话也出现变例,说明这一地区虽然古全浊声母的读法以客家话同化粤语为主,但粤语也对客家话施加了一些影响。图五根据 LAC B14 图的局部绘制(主要反映桂东南客家话和粤语钦廉片的分布,其他语言或方言从简或不予反映),并标明表六 11 个方言点的大体位置。从图五可以看到,把钦廉片粤语古全浊声母的今读表现归为客家话影响的结果大概不会有什么问题:钦廉地区粤语和客家话"你中有我、我中有你"的错杂分布态势为方言接触提供了十分有利的条件。广东境内的 3 个粤方言点(吴化片 2 高阳片 1)中,高阳片的 B 特征显然也跟客家话的接触有关,吴化片 B 特征的性质则需要进一步研究。

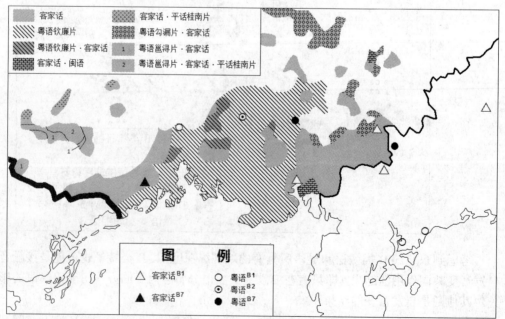

图五　钦廉地区粤语和客家话的互动

图四剩下的其他线内的非客赣方言,主同言线西北角的官话(1个)和西南角上的粤语(1个),其 B 特征为客赣方言的影响结果不言自明,湖南境内两条次同言线内的 5 个点(官话2,湘语2,土话1)大概也都可以归为客家话的影响,当然具体的情形还需要进一步研究。

3.3 C 类特征包含 157 个方言点,其地理分布和同言线如图六所示。

图六的基本数据见表七。

表七　图六的基本数据

主同言线	线外线	线内线	线外正特征点	吴徽语		湘语		其他方言	
				＋	－	＋	－	＋	－
2 条	0 条	0 条	1 个	119	17	24	19	14	737

从图六可见,根据浊音绘制的同言线相当清爽,除了两条主同言线,没有线内线和线外线,而线外的正特征点和线内的负特征点分别只有 1 个(在赣西北和浙南)。C1 是通例,C2~C9 都是变例。吴语以通例为主(96,约占 81.4%),变例较少(22,约占 18.6%);湘语正好相反,以变例为主(22,约占 91.7%),通例较少(2,约占 8.3%)。吴语的变例分布在苏浙皖同言区的西北端(苏皖交界处及安徽境内)和浙南,苏南、上海和浙北完全是通例的天下。而湘桂同言区的中部、北部和南端都是变例分布区,通例只分布在南部,而且只是一个大体呈东北-西南走向的走廊,除最东边的两个点是湘语外,其余都是土话。可见湘桂同言区无论就质量看(保留浊音的典型程度)还是就数量看(方言点数),都是无法跟苏浙皖同言区(几乎就是吴语区)相提并论的。苏浙皖同言区有一个非常稳定的单一特征(C1)分布地带(苏南、浙北),而湘语则不存在这样的分布地带(C2^{12}, C4^4, C9^3, C1^2, C7^2),方言点数最多的 C2 也只是同言区西缘的一条◇形的带子。

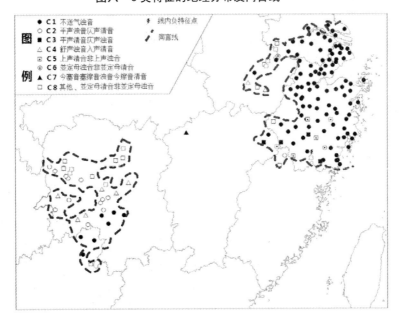

图六　C 类特征的地理分布及同言线

浙南的线内负特征点是景宁畲话，属于一种客家话，是移民的结果。赣西北的线外正特征点是武宁赣语，属于残存现象（relic）[1]。

下面讨论不符合 C 类特征的吴、湘语和符合 C 类特征的非吴、湘语，其中吴语包括徽语在内。根据表七，这两类方言总共有 50 个点，其地理分布如图七所示（徽语符合 C 类特征的点只有 1 个，也在图中标出，因此图七实际上有 51 个点）。方言类别和语言特征分图表示，语言特征图在图例中标明方言点数（只有 1 个方言点的不标）。

图七　不符合 C 类特征的吴、湘语和符合 C 类特征的非吴、湘语

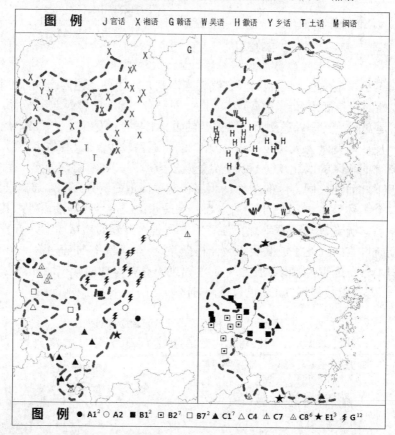

先看第一主同言线（右图）的情况。例外以徽语为大宗。除严州片尚有 1 个点保留古全浊声母外，其他 14 个徽语都属于线外方言，B1 和 B2 特征正好平分秋色。值得注意的是有 6 个 B1 点（其中包括 1 个吴语）处于吴徽语 B 特征分布区的内侧，7 个 B2 点则处于外侧。B1 属于通例，B2 属于变例。前文曾根据地理纵深度把吴徽语的 B 类特征看做接触音变和自发音变共同作用的结果，图七 B1 B2 特征的分布态势也可以从一个侧面说明吴徽语的 B 类特征有很大的自源成分，否则 B1 不在外侧而在内侧的现象就不容易解释。

两个线内闽语（浦城石陂、苍南炎亭）大概是受了吴语的影响而产生了浊音。郑张尚芳（1985）曾讨论石陂水北方言古全浊声母的读法，古全浊声母在石陂话里的今读分化成浊音、不送气清音、送气清音、清擦音四类，"其浊音读法跟吴语南部方言相差不大"。平

---

1 赣语古全浊声母今读浊音的类型详见项梦冰（2013）的讨论。

田昌司（1988）认为"石陂话位于吴闽两方言的分界上，揣定清类来自闽语，浊类来自吴语，可能没有很大问题"。Ho Dah-an（1996/2009，153）亦指出平阳蛮话（苍南县是1981年由平阳县的南部析置的）的浊音是清化后发展出来的（the voiced initials in the *yang* tones of Pingyang Man are a later development 平阳蛮话出现在阳调的浊声母是后来的发展），秋谷裕幸（2005，33）同意这种意见："苍南方言古全浊音读浊音的现象很可能是受到吴语的影响而产生的。"

三个线外吴语，泾县表现为客赣型的清化方式（B1），可能是方言接触的结果，其他两个都是一律不送气（E1），可看作是吴语浊音清化的另一种方式。

再看第二主同言线（左图）的情况。北部的乡话、南部的土话都是归属有待研究的方言。LACD里划归官话的芷江同样存在方言归属的问题，请参看项梦冰（2007）3.2 对溆浦方言归属的讨论。也就是说，至少就LACD的这个调查点来说，它应当跟溆浦等地一样划归湘语。浊音清化的湘语分布非常有规律，除西侧的3个点外（1个A1型2个B7型），16个点都分布在同言线的东侧（12个G型，A1 A2 B1 E1型各1个），12个G型方言都属于新湘语，其分布范围的主体位于洞庭湖平原（洞庭盆地），省会长沙大体在这一分布区的中部东缘（LACD的调查点是长沙县）。因此浊音清化大概是先在省会和平原区发生，然后再向南（特别是西南）扩散到部分山地区。这种说法的理由是：中、北部都是整齐的G而南部却有5种类型（A1，A2，B1，E1，G）。西侧的三个点大概是官话和赣语（洞绥片）影响的结果。

3.4 D类特征包含94个方言点，其地理分布和同言线如图八所示。

图八 D类特征的地理分布及同言线

图八的基本数据见表八。

表八　图八的基本数据

主同言线	线外线	线内线	线外正特征点	闽语		其他方言	
				+	−	+	−
1 条	0 条	0 条	0 个	94	8	0	828

　　虽然根据 D 类特征绘制的同言线所围出的同言区不算很大，但几乎可以断定的是，在汉语一级方言的划分上，很难再找到比图八更有效的同言线了。D 类特征对闽语的覆盖率高达 92%，而对非闽语的覆盖率则为 0%；区别 D 类特征和非 D 类特征只需画一条线，既没有线内线，也没有线外线。线内只在闽东出现一个负特征点（宁德畲话），图八略去，请参看图九。图八基本上只是 LACD C2 类的照单全收（减掉了 2 例），外加 13 例 B5、1 例 B12 而已，画出同言线后，连绘制者也不禁为之惊叹！

　　把 B5 归为 D 类的理由是非常充分的。所谓"並定澄"读浊音反映的只是 pt 变内爆音的现象，如果立足于全浊声母清化后送气不送气的角度，就要把它们归到 D 类里去，澄读如定本身就是闽语的特征，何况海南岛汉语居民的历史还是比较清楚的。归到 D 类的 1 例 B12 是广东电白闽语，跟其他雷州半岛的闽语是连成一片的。

　　下面讨论 7 个不符合 D 类特征的闽语，它们的地理分布如图九所示。关注的焦点只限于 B C E 三类特征，不属于这三类特征的方言点都用空心圆圈表示。

图九　不符合 D 类特征的闽语

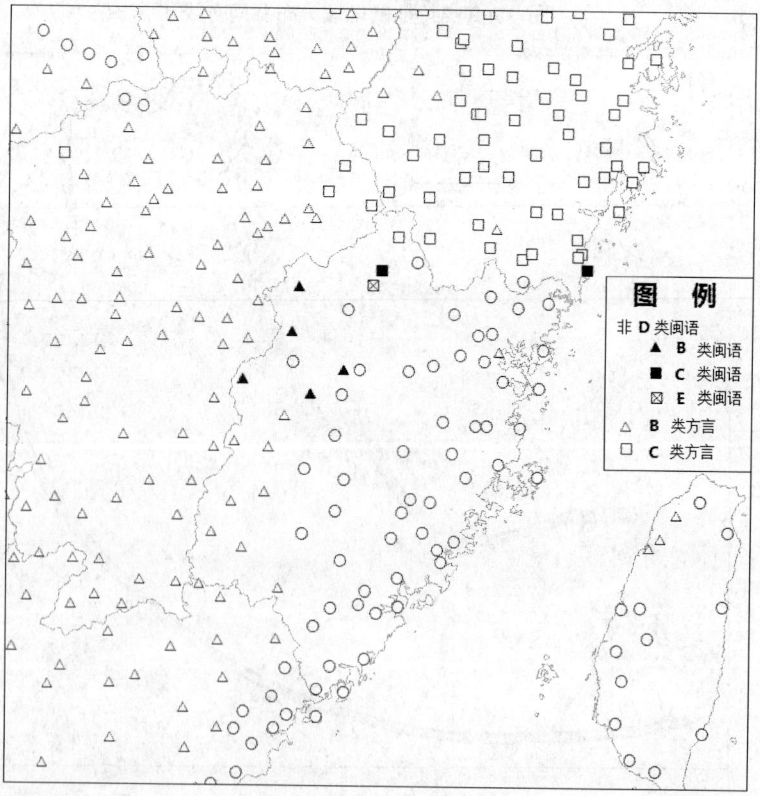

图九非常直观地显示出 5 个 B 类闽语与客赣方言自然连片、2 个 C 类闽语与吴语自然连片的方言接触景观。前文已指出 B 类闽语是客赣方言影响的结果（3.2），C 类闽语是吴语影响的结果（3.3）。至于 E 类闽语，大概是 C 类闽语进一步发生清音化的结果，即浊音已经清化的闽语先在吴语的影响下变成了 C 类方言，再次发生清化后就成了 E 类方言。前文 3.3 已提到吴语有两个点（丹阳、庆元）采用的也是这种清化方式。

3.5 E 类特征包含 61 个方言点，其地理分布和同言线如图十所示。

图十 E 类特征的地理分布及同言线

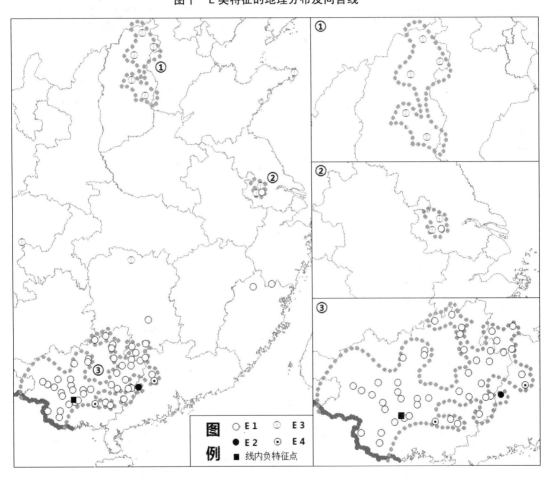

图十的基本数据见表九。

主同言线		线外线		线内线		线外正特征点		线内负特征点	
1 条		2 条		0 条		6 个		1 个	
平话		粤语		土话		官话		其他方言	
＋	－	＋	－	＋	－	＋	－	＋	－
33	4	11	49	3	19	10	354	4	443

E 类特征对表九所列方言的覆盖率依次为：平话 89.2%，粤语 18.3%，土话 13.6%，官

话 2.8%，其他方言 0.9%。其中官话之所以要单列，是因为在北方出现了一个葫芦状的稍具地理纵深度的连续分布区。线内负特征点为南宁白话，是广府片粤语西扩的结果。图十一略去同言线和负特征点，不区分 E 的小类但是标明方言的归属，以便观察具备 E 类特征的各类方言的分布情况。

图十一　具备 E 类特征的各类方言的分布

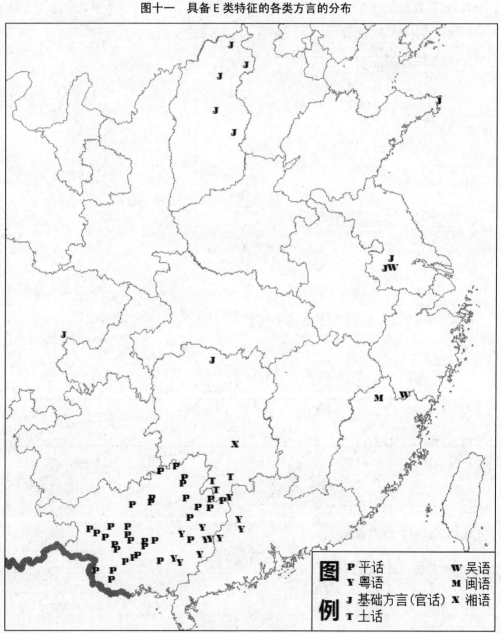

从图十一可以看到，具备 E 类特征的平话、粤语和土话连成一片，其主体在广西，但也延伸到湘南（土话）和粤西（粤语）。除官话的晋语有一个不大的连续分布区外，其他

官话、吴语、闽语和湘语的 E 类方言都呈散点分布。对比图十一和图六、图七可知，E 类吴语、闽语、湘语和土话以及江苏境内的 2 个 E 类官话都处在浊音区的边缘，当为晚近的浊音清化（其中官话、闽语读浊音大概是受吴语的影响），而平话和粤语都不存在 C 类方言，不邻接吴语或湘语的官话也不存在 C 类方言，因此其 E 类特征大概都不是晚近的浊音清化所致，尽管我们目前还不能确切知道其浊音清化的具体时间。南北两个 E 类方言分布区大概是平行演变的结果。

胶东和川东的 2 个 E 类官话显得非常特别，也许跟移民扩张有关（E 类官话远程迁徙或 E 类的非官话方言远程迁徙并转用官话留下底层），但实际情况如何需要专门研究。

3.6 F 类特征包含 41 个方言点，其地理分布和同言线如图十二所示。

图十二　F 类特征的地理分布及同言线

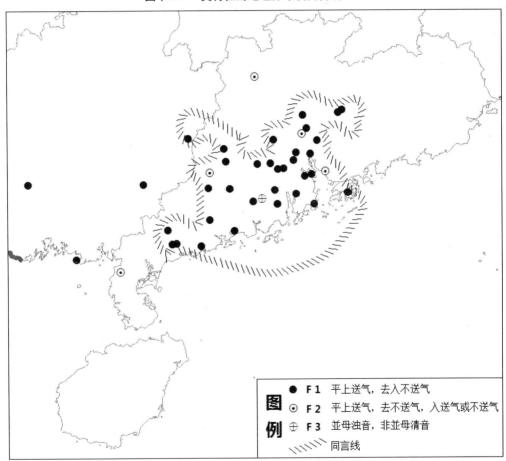

图十二的基本数据见表十一。

表十一　图十二的基本数据

主同言线	线外线	线内线	线外正特征点	粤语		其他方言	
				＋	－	＋	－
1 条	0 条	0 条	5 个	41	19	0	870

从图十二可以看到，区别 F 类特征和非 F 类特征只需画一条线，既没有线内线，也没有线外线。虽然有 5 个线外正特征点，但是线内没有出现负特征点。另外值得注意的是：虽然 F 类特征对于粤语的覆盖率只有 68.3%，例外达三成多，但是 F 类特征对于非粤语的覆盖率却是 0。可见：（1）具备 F 类特征的方言一定是粤语；（2）不具备 F 类特征的方言不一定不是粤语。

图十二的同言区以珠江三角洲为其核心，范围虽然不是很大，但属于经济发达、人口稠密、语言威望比较高的地区。图十二中的 5 个线外正特征点都跟 F 类特征方言的北进和西扩有关。

19 个不具备 F 类特征的粤语可以分为两类：

E 类方言：

　　E1：怀集、连山；昭平、桂平、苍梧、岑溪、兴业、玉林、藤县

　　E2：封开　　E4：广宁

B 类方言：

　　B1：吴川、湛江；容县、钦州　　B2：灵山　　B7：四会、化州；博白

其中 B 类粤语应为客家话影响的结果（参看前文 3.2）。E 类粤语则牵涉到如何看待粤语和平话的关系以及 E 类特征在汉语方言分区中的作用等问题，需要略作讨论。图十三是 LACD 所有粤语和平话方言点的分布情况。为了便于讨论，大号的符号用来表示方言的种类，其中粤语区分勾漏片粤语和其他粤语两类，分别用六边形和正方形表示，平话不作次类区分，一律用圆圈表示。小号的符号则表示语言特征，并嵌在大号的符号里。例如大号圆圈套一个黑三角表示 E1 类平话，套一个黑圆圈表示 B1 类平话。图十三的基本数据见表十二。

图十三　LACD 图 39 中的粤语和平话

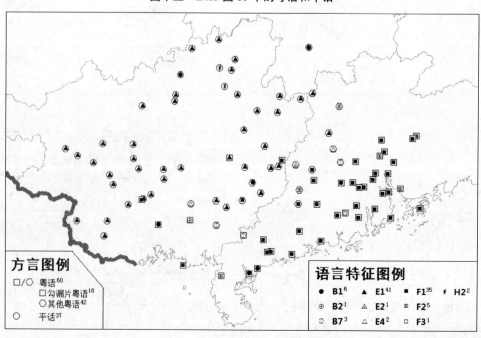

表十二　图十三的基本数据

		B1⁶	B2¹	B7³	E1⁴¹	E2¹	E4²	F1³⁵	F2⁵	F3¹	H2²
粤语	勾漏粤	1		2	8	1	1	3	2		
	非勾漏粤	3	1	1	1			32	3	1	
平话		2			32		1				2

平话分桂南和桂北两片，LAC B14图说"两片的共同点是古全浊音今读塞音、塞擦音时一般不送气，与粤语勾漏片相同。"B13图说勾漏片粤语古全浊声母字今读塞音塞擦音时"一般都不送气"。这等于说既拿 E 特征作为界定平话（大方言）的标准，又拿它作为划分粤语次方言的标准，因此它实际上并不能有效地区分平话和粤语。从表十二的数据看，平话的主体是 E 型（33），没有 F 型，B H 型各2。非勾漏片粤语的主体是 F 型（36），但也有个别 E 型（1）和少量 B 型（5）。勾漏片粤语以E型居多（10），但 F 型也占一定比重（5），此外还有一些 B 型（3）。可见 E F 两项特征在 LACD 方言归类的具体操作中也是颇费踌躇的（勾漏片 F 类方言是E类方言的一半，非勾漏片也有个别E类方言）。从图十三的情况看，勾漏片粤语的 F 类特征以及 E 类特征的变例（E2 E4）都分布在东侧，西侧是清一色的 E1 通例）。这显然是广府片粤语冲击勾漏片粤语的结果。

关于勾漏片粤语的 E 类特征，我们同意李连进（2005，提要）的判断："勾漏片方言在古全浊声母音值上和平话的共同点来自共同的历史，而不是平话影响的结果。"支持的理由有三：①E 类粤语具有一定的东西纵深（参看图十一和十三）；②通例在西变例在东，而不是相反；③在迄今为止相当长的一段历史时期内，粤语较平话更为强势，虽然这并不能排除历史上某个时期平话可能较粤语更为强势，但造成具有一定地理纵深度的方言混合区（F 类特征为 E 类特征所替换）需要时间。李连进（2005）由勾漏片方言和平话共同点来自共同的历史所导出的最后结论是："勾漏片方言和平话、土话应该被归属为一种方言并获得作为独立的汉语方言的地位。"（李连进 2007 对这一观点有更进一步的阐述。）把勾漏片粤语和平话划在一起，显然避免了 LAC 既用 E 特征界定平话又拿它作为划分粤语次方言的标准的弊病，大概也是在不动古全浊声母演变作为汉语方言分区主要标准的框架下唯一可行的处理，李小凡（2011）亦对此表示赞同。本文同意把勾漏片粤语和平话归在一起的做法，不过认为平话和勾漏片方言只是粤语的一个次方言。这种处理的好处是比较能反映广府片粤语、勾漏片粤语、平话（特别是桂南平话）同多异少的实际，代价是会动摇古全浊声母演变作为汉语方言分区主要标准的地位。

3.7 G 类特征只包含 13 个方言点，其地理分布和同言线如图十四所示。

图十四 G 类特征的地理分布及同言线

图十四的基本数据见表十三。

表十三 图十四的基本数据

主同言线	线外线	线内线	线外正特征点	湘语		其他方言	
				+	−	+	−
1 条	0 条	0 条	2 个	12	31	1	886

G 类特征不仅所辖的方言点数量很少，只占 930 个点的 1.4%，而且从图十四还可以看到，同言区呈带状形，其地理纵深度跟前文讨论过的任何一个同言区都无法相比。G 特征虽然对其他方言的覆盖率极低（0.1%），可以忽略不计，而它对湘语的覆盖率也才 28%，还不到三成，也就是说，就 LACD 的布点而言，具备 G 特征的方言很可能是湘语，但是不具备 G 特征的方言不一定不是湘语。

G 类官话（靖州）跟 G 类湘语不搭界，是平行演变还是归属不当需要进一步研究。

侯精一、温端政（1993:18）曾指出：

在山西方言里,"盘田钱肠穷杜步独"等字声母的读音,大致可分为两种类型:
(1) 没有文白异读。同北京话一样,依声调的平仄分化为送气清音和不送气清音:平声送气,仄声不送气。……共 56 点。
(2) 有文白异读。文读音也依声调的平仄分化为送气清音和不送气清音:平声送气,仄声不送气。但白读音情况比较复杂,有以下三类:
 a. 不管声调平仄都读不送气音。属于这一类的,集中在中区太原片:清徐、榆次、太谷、交城、文水、祁县、平遥、孝义、介休,共 9 点。
 b. 不管声调平仄都读送气音。属于这一类的,有西区 5 点,南区 23 点。共 28 点。
 c. 舒声字都读不送气,读送气的只限于入声字。属于这种类型的,集中在西区离石片:离石、中阳、柳林、临县、方山、兴县、岚县、石楼,共 8 点。

离石片方言大体相当于吕梁市除去东南部的交城、文水、汾阳、孝义、交口等 5 个县市后剩下的主体部分,地理上是连成一片的。离石片方言 LACD 没有 2 个调查点(临县、中阳),但分别属于平声送气仄声不送气型(A 型)和无论平仄都送气型(B 型)。按照侯精一、温端政(1993)的报告,离石片方言可以归为 G 类特征的变例,表十三应修改为:

表十四 增加布点后的 G 特征数据(不区分通例和变例)

湘语		官话		其他方言	
+	−	+	−	+	−
12	31	9	364	0	523

按照表十四的数据,具备 G 特征的方言是湘语和官话的可能性分别为 57.1%和 42.9%,几乎是一半对一半的概率,只是湘语稍占优势而已。可见 G 并非有效的方言区别特征。

增加 8 个 G 类方言点后,图一、图二、图十四中就需要做一些修改。请看图十五。

图十五中的虚线即侯精一、温端政(1993,18)所列的 8 个离石片方言的分布区域,实线为图一中的线内线。根据新的布点,虚线的北部应成为图一线内线增加的范围,虚线的南部应成为图二第二主同言线缩减的范围,而图十四则应增加一条同言线,其范围就是本图的虚线部分。

需要指出的是,离石片一些方言的 G 类特征正在流失,甚至已经蜕变为"平声、入声送气,上声、去声不送气"(可作为剩余特征中的一个小类 H6)。例如(石楼据曹瑞芳 2004,中阳据胡福汝 1990):

表十五 离石片方言 G 特征的蜕变

	平声			仄声					
				舒声			入声		
	婆並	头定	慈从	伴並上	洞定去	坐从上	白並	碟定	杂从
石楼城关	p^hua2	$t^həu2$	$tsh2$	$paŋ5$	$tuəŋ5$	$tʂue5$	$p^hiəʔ8$	$t^hiəʔ8$	$tʂ^haʔ8$
中阳城关	p^he2	$t^hʌ2$	$tsʰŋ2$	$pe5$	$tuŋ5$	$tʂue5$	$p^hiəʔ8$	$t^hiəʔ8$	$tʂ^haʔ8$

侯精一、温端政(1993)用作鉴定字的 5 个古全浊平字"盘田钱肠穷"在曹瑞芳 2004、胡福汝 1990 的同音字表里也都只有送气的读法,没有不送气的读法。不过,无论离石片

方言 G 类特征和 H6 特征的比例关系如何，它们都是官话中的异类是确定无疑的。

图十五　具有 G 特征的山西离石片方言

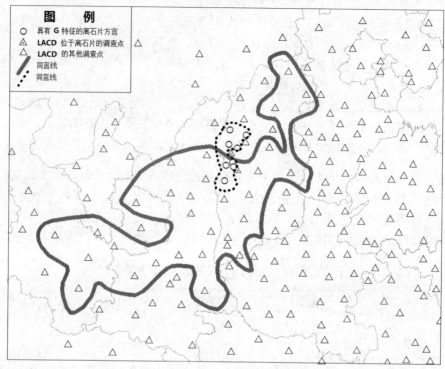

3.8　H 类特征（剩余特征）只有 14 个点，其地理分布如图十六所示。

H 并非同质特征，而且由于方言点数比较少，所以无需绘制同言线。H 类方言需按小类详加研究，甚至是按地点逐一加以研究，因此本文并不可能对这 14 个方言提出最终的处理意见，这里只是就一些方面提到若干线索，以便说明在汉语方言的宏观分区中对待剩余特征的一般工作手续。

H1 类方言 LACD 只有 1 个方言点（安仁龙海）。李小凡、项梦冰（2009，168）图 37 所标的 2 个"清化平声阻塞音不送气仄声送气"也是安仁（渡口、禾市）。例如（据杨时逢 1974、陈满华 1995，有文白异读的只取白读）：

表十六　安仁古全浊声母今读举例

	平声					仄声			
	婆並	头定	钱从	除澄	奇群	被並上	渡定去	坐从上	赵澄上	集从入
渡口	po2	te2	tsī2	tɕy2	tɕi2	pʰi5	tʰau5	tsʰo5	tɕʰɔ5	tsʰi7
禾市	po2	tə2	tsī2	tʃy2	tʃi2	pʰi5	tʰu5	tsʰo5	tʃʰɔ5	tsʰi7

通常将安仁方言划归赣语。根据古浊上字的今读表现，我们认为把安仁方言归到客家话里去比较合适（项梦冰 2008/2009）。

图十六　H 类方言的地理分布

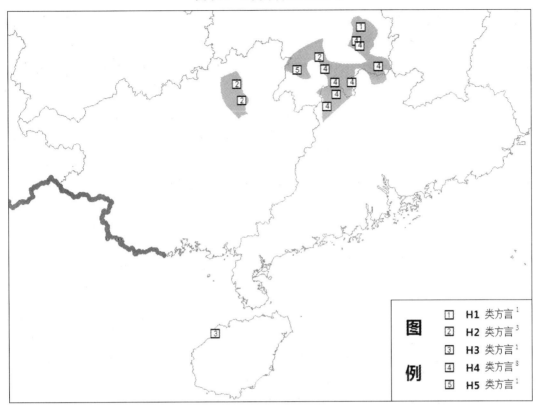

H2 类方言有 3 个点：临桂五通（平话）、永福罗锦（平话）、新田茂家（土话）。虽然临桂五通和永福罗锦的古全浊声母今读表现跟多数的平话不同，但是其方言归属并无争议；新田茂家的方言归属则需要进一步研究。从分布上看，临桂五通和永福罗锦已靠近平话分布区的北缘，而桂北又是多种方言交错分布的地区，因此在这里出现一些与典型平话不一样的特征不足为奇。例如同是临桂，骆明弟（1996）报告的四塘乡新骆家村平话"古全浊声母字逢塞音、塞擦音，不论平仄，今多读不送气清音"，梁金荣（1994）报告的两江镇梁村平话"古全浊声母今读塞音、塞擦音、一律变为送气清音"，跟 LACD 报告的临桂五通都不一样。

H3 类方言只有 1 个点（儋州新英）。LACD 的定性为古全浊声母并母送气非并母不送气。这是一种基于共时音系的定性，如果考虑历史，则儋州话的古全浊声母的今读类型应归为 B 类，即清化、阻塞音全部送气的类型。吴英俊（1988）曾指出儋州（新英）话不论文读白读，都没有送气声母。不过吴文也提到：（1）古非敷奉母字和滂並母大部分字儋州话今读双唇清擦音[ɸ]，有的人有时也读作[pʰ]或[f]，没有区别意义的作用；（2）古透母字和古定溪群三母大部分字儋州话今读 [x]，例如：兔透 xu3｜停定 xeŋ2｜夸溪 xa1｜近群 xin5。而声母表中 s 的例字为"才秋茶箸"，前两个字分别为古从、清母字，后两个字是古澄母字。可见儋州话目前的表现实际上是全浊并入次清后又经历了新一轮音变的结果（送气清阻塞音→擦音）。新一轮的音变涉及以下几项：

p^h	（滂並母字）	→	ɸ
t^h	（透定母字）	→	x
k^h	（溪群母字）	→	x
ts^h	（清从、彻澄、穿床母字）	→	s

p^h 完成擦音化后，又进一步跟 f（古非敷奉母字的今读）合并，不过有意思的是，合并后的古滂並非敷奉诸母在儋州话可以读 [ɸ p^h f]，没有区别意义的作用，即 [ɸ p^h f] 只是同一个音位的变体。可见即使基于共时的角度，把儋州话定性为並母送气非並母不送气也不是很准确的。送气阻塞音擦音化后出现合并的情形也见于其他方言，例如开平赤坎（据詹伯慧、张日昇 1987）：

表十七　开平赤坎送气阻塞音擦音化举例

	帮组		端组		见组	
	破滂	牌並	拖透	头定	欺溪	圈群
广州	p^{h}ɔ5	p^{h}ai2	t^{h}ɔ1	t^{h}ɐu2	hei1	kyn6
开平	hu1	hai2	hu1	hau2	hei1	hin4

广州话只有见组出现擦音化，其中群母上声的"圈"字属于文读层，对比江门（白沙）和新会（会城）的 k^{h}in3 可知开平的 hin4 前身是 k^{h}in4。开平赤坎不只是端见组的送气塞音合流为 h，连帮组的送气塞音擦音化后也读 h，不过各组声母擦音化范围的大小并不相同。

丁邦新（1986）对儋州北岸唐帝村方言（儋州村话）的研究可以跟吴英俊（1988）的报告互相验证。(1) 儋州村话的声母 p^h "有时候说成送气的唇齿擦音 f [fʰ]，发音人不觉得有什么不同"。儋州村话 p^h 的古音来源跟新英镇的儋州话大体相同。(5，130—132 页)。(2) 儋州村话的声母 q^h（送气的小舌清塞音）来源只包括古溪群母字，但是在高元音 ie 前读作摩擦性很重的 [x]。例如：肯 q^{h}aŋ3[q^{h}aŋ3] ｜ 奇 q^{h}ɔi2[q^{h}ɔi2] ｜ 桥 q^{h}i2[xi2] ｜ 欠 q^{h}im3[xim3] ｜ 悭 q^{h}en1[xen1] ｜ 客 q^{h}eʔ7[xeʔ7]。(6，141 页)。(3) 古透定母字今读 h（但文言音逢仄声读吸气的 d）。例如：汤 hɔŋ1 ｜ 土 ho3 ｜ 田 hen2 ｜ 弟 hai5/di1。(133 页)。(4) 古清从母字今读 s（但文言音从母逢仄声读塞擦音 c，有 [tɕ tʂ] 两个变体）。例如：秋 sou1 ｜ 寸 son3 ｜ 齐 sai2 ｜ 情 sieŋ2。(135-136 页)。这里未举文言音的例子，同时为了简化讨论也未提知照组的情形。

从音位归纳的角度看，儋州村话的 p^h q^h 也可以处理为 f x。[p^h fʰ] 是 /f/ 的自由变体，[q^h x] 是 /x/ 的条件变体。儋州村话也发生了 "送气清阻塞音→擦音" 的音变，但情形跟新英镇的儋州话又有所不同：

p^h	（滂並母字）	→	fʰ
t^h	（透定母字）	→	h
k^h	（溪群母字）	→	q^h/x （ie 前为 x）
ts^h	（清从、彻澄、初昌母字）	→	s

第一项变化大体相同，结果都是滂並母字和非敷奉母字相混，所不同的是变体的数量和音值。新英镇多了一个 [ɸ]，另外吴英俊没有说明 [f] 是否送气。第二项变化使儋州村

话的透定母字跟晓匣母字相混，而新英镇则 xh 有别，透定母字变 x 不变 h（如："兔"xu3 ≠ "虎"hu3｜"停"xeŋ2≠"行"heŋ2)。第三项变化可以说还没有完成。它一方面可以帮助我们理解新英镇溪群母变 x 的过程（$k^h → k^x → q^x → qχ →^qχ → χ → x$），另一方面也可以帮助我们理解何以新英镇会出现透定和溪群的合并（$t^h → t^x → tχ →^tχ → χ → x$)。即送气成分的前化在儋州村话里只发生在见组[①]，在新英镇还扩散到了端组。开平赤坎的送气成分仍是喉音，所以帮端见组的送气塞音擦音化后都是 h，跟晓匣母字相混。

有了以上的认识，给儋州话古全浊声母的今读类型定性就会跟纯共时的立论有所不同。丁邦新（1986）认为儋州村话的文言音"和粤语类似"，而白话音代表的则是"早期赣客语的一种类型"。儋州话的归属当然还可以探讨，但就其白话音古全浊声母的今读表现看，它属于 B 类方言大概是没有疑义的。

H 类中属 H4 的方言点最多，有 8 个，其古全浊声母的今读类型其实都可以归到 B 类里去，作为 B 类中的一个小类。王福堂（2002/2010）曾经指出：

> 湘南土话、粤北土话中的并定母（包括音值为塞音的奉澄母）则可能在清化前曾受壮侗族语言的影响变为 ɓɗ（或 ʔb ʔd）。这样，在以后全浊声母清化的过程中，某些土话中的 ɓɗ（或 ʔb ʔd）因为具有吸气的特性，就不再能参与方言中送气化的音变（这估计是由客赣方言的影响引起的），而只能变为不送气音，其他全浊声母则变为送气音。

LACD 的 8 个 H4 类方言为：永兴（赣语）、资兴（赣语）、汝城（客家话）、连南（客家话）、宜章（土话）、嘉禾（土话）、临武（土话）、连州（土话）。土话是归属待定的方言，既然 H4 特征也见于客家话和赣语，而且 H4 类方言的地理分布是连续的，跟 B1 类方言也浑然一体，因此 H4 类土话其实多数都可以归入客家话。Sagart（2001）认为南雄方言（一种粤北土话）和客家话源于几百年前赣南一带的某种方言，我们认为南雄方言就是一种客家话（项梦冰 2008/2009，206 页脚注）。庄初升（2008）也把以南雄话为代表的旧雄州辖地的方言和以韶关"本城话"为代表的旧韶州辖地的方言（都属于粤北土话）划归客家话。下面以宜章（赤石）的土话为例，说明划归客家话的依据（语料据沈若云 1999 的同音字表，下同）。宜章土话具有以下音韵方面的表现：

（1）古微母的一些口语常用字今读 m-。例如：尾 mi3｜问 mei5｜网 maŋ3｜望看 maŋ3。
（2）古日母的一些口语常用字今读 n-/ȵ-。例如：软 ȵye3｜人 ȵei2｜让 ȵiaŋ5｜弱 ȵiəu7。
（3）古浊上字的演变不同于官话的次浊上跟着清上走，全浊上跟着去声或浊去走。比较宜章和梅县、南昌、长沙（有文白异读的只取白读，梅县、南昌、长沙据北大中文系语言学教研室 2003）：

表十八 宜章和梅县、南昌、长沙古浊上字今读的比较

	古全浊上字					古次浊上字				
	被並	断定	坐从	丈澄	近群	马明	暖泥	懒来	软日	痒以
宜章	fi3	toŋ3	tsʰɯ3	tsʰaŋ3	kʰɛi3	mo3	noŋ3	lo3	ȵye3	iaŋ3
梅县	pʰi1	tʰɔn1	tsʰɔ1	tsʰɔŋ1	kʰiun1	ma1	nɔn1	lan1	ȵiɔn1	iɔŋ1
南昌	pʰi6	tʰɔn6	tsʰɔ6	tsʰɔŋ6	tɕʰin6	ma3	lɔn3	lan3	ȵyɔn3	iɔŋ3
长沙	pei6	tõ6	tso6	tsan6	tɕin6	ma3	lõ3	lan3	yẽ3	ian3

[①] 虽然我们无法确定儋州村话送气成分前化的范围，但由古溪群母字逢高元音 ie 读作摩擦性很重的 [x] 可以知道前化现象并非虚构。

宜章的文读层古全浊上字跟梅县一样今读去声，例如：静 tsʰɛi⁵ | 罪 tɕʰy⁵ | 住 tɕʰy⁵ | 弟 ti⁵。从表十七可知，宜章跟梅县一类，南昌跟长沙一类，前者的浊上字演变是非官话型的，而后者则是官话型的。宜章和梅县的不同在于阳上调的并调方向不同：宜章并入上声（原阴上调），梅县并入阴平。由于次浊上的文读层本来就读上声，宜章的阴上阳上合并后实际上就无法区分文白了。

（4）古全浊声母字今读清音，並定母字不送气，非並定母字逢阻塞音都送气，以定母和澄母为例：

表十九　宜章古定澄母字今读举例

古定母字				古澄母字			
桃平	淡上	豆去	读入	茶平	苎上	阵去	直入
tau²	to3	tai5	təu7	tsʰo2	tɕʰy3	tsʰei5	tsʰei7

按照王福堂（2006/2010）所假设的壮侗语和汉语方言声母在演变的不同阶段接触从而出现不同情况的假设，宜章大概属于第三种情况，其演变过程为：

b 並 d 定 → ɓ ɗ (ʔb ʔd) → p t

即变为吸气音的並定母字不再参与全浊并入次清的音变。如果立足于未受异化的全浊声母的演变，其清化方向仍然是并入次清，因此宜章仍可归为 B 类方言①。

根据（1）（2）两项可知宜章属于非官话方言，根据（3）可知宜章属于南部方言（闽客粤吴）而非中部方言（湘赣）②。在南部方言里，古全浊声母清化采取一律送气方式的只有客家话（当然方言接触会导致例外的出现，如前文图九所展现的情况）。上面已经说过，H4 类方言跟 B 类方言在地理上本来就是连成一片的，因此把宜章土话归入客家话大概是比较合适的。汉语方言的分组请参看项梦冰（2007）。

H5 只有 1 个方言点（道县梅花），LACD 定性为"澄床送 | 一澄床]不送"。不过根据图 103 "松"读如邪母（tɕʰ）的情况看，以"澄床"母作为清化后送气不送气的条件可能未必准确。表二十为道县（小甲）古全浊声母的读音举例（据周先义 1994）。

表二十　道县（小甲）古全浊声母读音举例

	平	上	去	入		平	上	去	入
並	平piu2	被pao4	步pu6	白pu6	从	财tɕʰiɛ2	坐tsʰə4	就tɕʰi6	贼tsʰə6
奉	冯piɛ2		份piɛ6		邪			寺tɕʰiɛ6	蓆tɕʰiəu6
定	桃ta2	断toŋ4	豆tɯ6	读to6	澄	长tsʰoŋ2	柱tsʰo4	撞tsʰoŋ6	择tsʰu6
群	桥tɕi2	舅tɕiɯ4	轿tɕi6	及tsɿ6	床	船tsʰuən2		状tsʰoŋ6	

---

① 前文 2.3 曾提到不以晚期的音变规律掩盖早期的古全浊声母清化规律，这里的处理则是不以吸气化浊音的清化规律掩盖不发生吸气化的浊音的清化规律。

② 岩田礼（2011）曾质疑用古浊上字的演变来区分南部方言和中部方言的有效性，认为这一标准是否满足"音韵差异的深度原则"还存疑。用古浊上字的演变作为汉语方言分区的标准之一，其有效性当然还需要继续检验，不过就我们根据 336 个地点方言对客家话和赣语所进行的考察来看，其有效性还是差强人意的（项梦冰 2008/2009）。我们认为，能推翻这条标准的只有成批的反例（特别是地理上连续分布的反例），而不是"音韵差异的深度"的不确定性，因为全浊上归去属于早期音变确定无疑。从文献情况看，晚唐—五代音系虽然还是平上去入四个声调，与隋—中唐时代的声调系统相同，但在归字上已发生了"浊上变去"，即全浊上声字并入了去声（王力 1985，258—259）。李无未、李红（2008，296）指出"宋元时期吉安方音声调'浊上变去'相沿一贯，也与《中原音韵》取得了一致"。可见赣语参与这一音变的时间也较早。

表二十当然只是反映一个大势，会有例外，空格也不一定是没有字。从表可见，道县（小甲）的並（包括读重唇的奉）定群母字今读不送气的清音，而从邪澄床（即古精知照组的浊音）今读送气的清音，古浊擦音今读清塞擦音的也送气。此外，从表二十还可以看到道县（小甲）属于保留阳上调的方言。可见道县土话一方面在保留阳上调这一点上比宜章更为保守，而另一方面其浊塞音吸气化的范围又比宜章土话更大，除了並定母，群母也吸气化了，所以其並（包括读重唇的奉）定群母字跟其他古全浊声母字的清化方式不同。上文把宜章土话归为客家话，那么道县土话也应当归为客家话。

本小节对 H 类方言的分析可小结为表二十：

表二十一　H 类方言古全浊声母今读类型的定性

LACD 原类清化:其他	LACD 的特征描述	表二的归类剩余特征	经本节分析后的归类
F1^1	平不送｜仄送	H1	H1 剩余特征，描述同 LACD
F4^3	上送｜平去入不送	H2	H2 剩余特征，描述同 LACD
F8^1	並送｜[－並]不送	H3	B 可作为表二的 B8
F9^8	並定不送｜[－並定]送	H4	B 可作为表二的 B9
F10^1	澄床送｜[－澄床]不送	H5	B 可作为表二的 B10

分析前的剩余特征是宽泛意义的，分析后的剩余特征是严格意义的。H1、H2 类的方言虽然古全浊声母的今读比较特别，但 H1 可归入客家话，H2 有 2 个可以归入平话，还有 1 个有待研究。

四　结　语[1]

本文根据"多发性""群集性"以及古全浊声母不同的今读表现相互之间的内在关系，把 LACD 语音卷图 39 所列的特征重新调整、概括为 A～H 八项特征，其中 A～G 七项特征本文都逐一绘制了同言线图。H 为剩余特征，不过真正的剩余特征只有 H1 H2 两项，仅涉及 4 个方言点，而 H3～H5 都可以归入 B 特征。

A—G 七项特征在汉语方言中的出现频率差异较大（A^{321} B^{229} C^{157} D^{94} E^{61} F^{41} G^{13}）。其中 G 特征几乎不能看作是多发特征和群集特征。

如果从正面规定性（具备某特征即为某方言）和负面规定性（不具备某特征即不是某方言）两个方面来衡量，A—G 七项特征用作方言分区的标准，其有效性也存在较大的差异：

表二十二　A～G 七项特征作为方言分区标准的效能

特征	正面规定性	负面规定性	总体效能
A—官话	好	不够好	比较好
B—客语赣语	差	差/比较好 取决于把客赣看成两个还是一个	差/不太好
C—吴语湘语	差	差	差
D—闽语	好	比较好	相当好
E—平话	差	比较好	不太好

---

[1] 本节原拟提供四幅综合地图，考虑到本文的篇幅已经过大，只好安排到下一篇论文里去。

| F—粤语 | 好 | 差 | 不太好 |
| G—湘语 | 差 | 差 | 差 |

表二十二里出现的八个方言只是针对 A—G 七项特征所设，并不代表笔者对汉语方言分区的意见。就这八个方言来说，同一方言出现不同的古全浊声母演变模式是普遍现象（由方言接触导致的例外不算在内），采取单一模式的反而是特例。请看表二十三。

表二十三　古全浊声母不同演变模式在同一方言里的并存

方言	主要清化模式	其他清化模式	说明
官话	A^{318}	$B^{34}\ E^{10}\ G^8$	G 指正在蜕变为 H6 的离石片方言。
客语	B^{80}	$H1^1\ E$	H3～H5 计入 B。LACD 未出现 E 类点。
赣语	B^{85}	$C^1\ E$	LACD 未出现 E 类点。
吴语	C^{119}	$B^{15}\ E^2$	包括徽语在内。B 有赣语影响的因素在内。
闽语	D^{94}		
平话	E^{33}	$H2^2$	
粤语	F^{41}	E^{11}	
湘语	C^{24}	$G^{12}\ E^1$	

本文的最后结论是：古全浊声母演变的七项特征（A～G），用来界定一级方言，比较有效的是 D（闽语），勉强有效的是 A（官话），而其他特征作为界定一级方言的单一标准，实际上都不太有效。

参考文献

鲍厚星　1998　《湖南汉语方言概况》（湖南方言研究丛书代前言），见李维琦（1998）。
北大中文系语言学教研室（2003）《汉语方音字汇》，语文出版社。
曹瑞芳　2004　《山西石楼方言音系》，《吕梁教育学院学报》第 3 期。
曹志耘　2008　《汉语方言地图集》，商务印书馆。
陈鸿迈　1996　《海口方言词典》，江苏教育出版社。
丁邦新　1986　《儋州村话》，历史语言研究所。
Ho Dah-an　1996/2009　Stages and strata in dialectal history——case studies of Heng County, Da County, and Shipo, 何大安著《汉语方言与音韵论文集》，何大安。
侯精一、温端政　1993　《山西方言调查研究报告》，山西高校联合出版社。
胡福汝　1990　《中阳县方言志》，学林出版社。
黄雪贞　1987　《客家话的分布与内部异同》，《方言》第 2 期 81-96 页。
蒋冰冰　2003　《吴语宣州片方言音韵研究》，华东师范大学出版社。
李连进　2000　《平话音韵研究》，广西人民出版社。
——　2005　《勾漏片的方言归属》，《民族语文》第 1 期。
——　2007　《平话的分布、内部分区及系属问题》，《方言》第 1 期。
李如龙、张双庆　1992　《客赣方言调查报告》，厦门大学出版社。
李维琦　1998　《祁阳方言研究》，湖南教育出版社。

李无未、李 红 2008 《宋元吉安方音研究》，中华书局。

李小凡 2005 《汉语方言分区方法再认识》，《方言》第4期 356—363 页。

—— 2011 《两广毗连地区汉语方言的归属》，《语文研究》第1期。

李小凡、项梦冰 2009 《汉语方言学基础教程》，北京大学出版社。

梁金荣 1994 《临桂两江平话的声韵调》，《方言》第1期。

骆明弟 1996 《临桂四塘平话同音字汇》，《方言》第3期。

Moulton, W. G. 1972 GeographicalLinguistics, T. A. Sebeok. *Linguistics in Western Europe*, The Hague·Paris: Mouton. Pp.196—222.

Norman, Jerry 1982/1987 《邵武方言的归属》，《方言》第2期。

—— 1988 *Chinese*, Cambridge University Press. [《汉语概说》，张惠英译，语文出版社 1995]

平田昌司 1988 《闽北方言"第九调"的性质》，《方言》第1期。

秋谷裕幸 2005 《浙南的闽东区方言》，中央研究院语言学研究所。

Sagart, Laurent 2001 Nanxiong and Hakka,《方言》第2期。

沈若云 1999 《宜章土话研究》，湖南教育出版社。

王福堂 2002/2010 《汉越语和湘南土话、粤北土话中并定母读音的关系》，王福堂著《汉语方言论集》，商务印书馆。

—— 2004/2010 《徽州方言的性质和归属》，王福堂著《汉语方言论集》，商务印书馆。

—— 2006/2010 《壮侗语吸气声母ʔb、ʔd 对汉语方言的影响》，王福堂著《汉语方言论集》，商务印书馆。

王 力 1985 《汉语语音史》，中国社会科学出版社。

吴英俊 1988 《海南省儋州方言单字音表》，《方言》第2期。

项梦冰 2007 《汉语方言的分组和官话方言的界定》，《语言学论丛》第35辑，商务印书馆。

—— 2008/2009 《客家话、赣语古浊上字的今读》，《民俗典籍文字研究》第6辑，商务印书馆。

—— 2012 《晋陕甘宁部分方言古全浊声母的今读》，《咸阳师范学院学报》第5期。

—— 2013 《赣语古全浊声母今读浊音的类型》，《语言学论丛》第47辑，商务印书馆。

项梦冰、曹晖 2005 《汉语方言地理学：入门与实践》，中国文史出版社。

岩田礼 2011 《书评：〈汉语方言地理学——入门与实践〉》，《语言学论丛》第43辑，商务印书馆。

杨时逢 1974 《湖南方言调查报告》，中央研究院历史语言研究所。

詹伯慧、张日昇 1987 《珠江三角洲方言字音对照》，广东人民出版社。

—— 1998 《粤西十县市粤方言调查报告》，暨南大学出版社。

张振兴 1997 《重读〈中国语言地图集〉》，《方言》第4期 241—248 页。

赵元任等 1948 《湖北方言调查报告》，商务印书馆。

郑张尚芳 1985 《浦城方言的南北区分》，《方言》第1期。

中国社会科学院、澳大利亚人文科学院 1987&1990 《中国语言地图集》，香港朗文（远东）有限公司。

周先义 1994 《湖南道县（小甲）土话同音字汇》，《方言》第3期。

庄初升 2008 《广东省客家方言的界定、划分及相关问题》，《东方语言学》第4辑，上海教育出版社。

福建漳平溪南方言数字串的连调组划分*

北京大学中文系/北京大学中国语言学研究中心　陈宝贤

摘　要　福建漳平溪南方言数字串一般要划分为若干个连调组，通常情况下，每个连调组都以末字为基字。连调组的划分分两步进行：一、将数字串划分为若干个停延段，每处停延为一处连调界；二、将每个停延段划分为若干个连调组，划分方式是：从左往右，每两个字为一个连调组，如果划到最后还剩一个音节，则并入前一个连调组，形成三字连调组。停延段内部连调组的划分方式受节奏制约，完全与音步的划分方式一致。数字串的内部结构对连调组划分有一定影响，这种影响体现于停延段的划分上。但如果有更容易记的念法，数字串也不一定按结构停延。溪南方言数字串有时出现四字连调组、不以基字为末字的连调组，这都是因语用强调而产生的。

关键词　溪南方言　数字串　连调组　基字　音步

一　引　言

1.1 漳平市位于福建省中南部，境内通行闽南方言，有菁城、永福、新桥、溪南、双洋五种口音。和其他闽南方言一样，漳平方言有丰富的连读变调现象，单字调进入语流后要划分为一个个连调组，连调组内部各字按一定变调规则变调。闽南方言句中连调组如何划分，和语法、语用、节律都有密切关系。节律方面，节奏对闽南方言连调组划分的影响，前人已有一些研究，如 Boyce（1980）、陈渊泉（1980、2001 等）、萧宇超（1991）、张洪明（1992）、许慧娟（1994）。前人的研究多是对闽南方言的代表方言厦门话及与之相似的台湾闽南话的研究，研究对象包括韵文（如民间歌谣）、成语、数字串及某些词组等。数字串内部无语法结构，可以说是研究节奏影响的重要对象，不过前人的调查研究很少，而且笔者发现，笔者的母语——漳平溪南方言与前人揭示的其他方言的现象看起来也有差异。本文将描写分析溪南方言数字串的连调组划分，语料系笔者对漳平市溪南镇上坂村方言的调查所得[1]。

1.2 进入正题之前，有必要对溪南方言语音层的连调规则、本文的语料标注方式等作一下介绍。关于溪南方言的连读变调，目前的研究成果主要有陈宝贤（2003、2008a、2008b、

---

* 本文的研究得到北京大学人文社会科学青年教师科研启动基金项目、教育部人文社会科学重点研究基地重大项目"区域类型视角下的汉语方言计量性比较研究"（项目批准号：2009JJD740002）、教育部人文社会科学重点研究基地重大项目"汉语多功能语法形式的语义地图研究"（项目批准号：08JJD740058）、北京高等学校青年英才计划项目（Beijing Higher Education Young Elite Teacher Project，项目编号：YETP0018）资助，特此致谢。

1 主要发音人是一位老年人：陈佳章（男，1951 年生）。笔者和另一位老年人（陈素枝，女，1953 年生）为次要发音人。

2010）及陈宝贤、李小凡（2008）等，主要是描写讨论连调规则的。据陈宝贤（2008b），溪南方言连调组由基字（J）及其前面的基前字（q）、后面的基后字（h）组成，每个连调组有且只有一个基字，基前字、基后字都可有可无。连调组可以用如下公式表示：

（q_n……q_2q_1）J（h_1……h_n）（n 为正整数，n≥1，括号表示其内音节可有可无）

一般情况下，基字读自身单字调，基前字、基后字分别读前变调和后变调。各单字调在连调组的不同位置上的连读变调调值如下表所示[1]：

表1　溪南方言一般性连读变调规则

位置 单字调	q_n(n≥3) 变调	q_2变调		q_1变调		J读 单字调	h_n(n≥1) 变调
阴平 33		33		24(中低调前)	33(高调前)	33	
阴去 21 阴入 2̱1̱	33/3̱3̱	33/3̱3̱(其他)	55/5̱5̱(q_1变调为 52/5̱2̱ 时)	55/5̱5̱ (非高平调前)	33/3̱3̱ (高平调前)	21/2̱1̱	33/3̱3̱
阳平 24 阳去 55 阳入 5̱5̱	21/2̱1̱	21/2̱1̱		52/5̱2̱ (中低调前)	21/2̱1̱ (高调前)	24 55/5̱5̱	21/2̱1̱
上声 52				24(中低调前)		52	

笔者调查的数字串主要有：公共汽车线路编号、门牌号、年份、邮政编码、电话号码等。数字串包含的数字若只有两三个，常常当作一个数来念，如称述某路公共汽车时，若是 62 路，则一般念"六十二路"；若是 320 路，则可念为"三百二十路"。这里的"六十二""三百二十"是"数词结构"（参见朱德熙 1958)，因此这种念法不是本文讨论的对象。本文讨论的对象是溪南方言按字面读的数字串，如公交路线"三二零"。

出现于数字串的数字不外乎零及小于十的正整数，溪南方言这些数字的单字音如下：[2]

表2　溪南方言数字的文白异读

零[￰lin³³]	一[iɛʔ₃ 2̱1̱]	二[￰li³³]	三文[￰sam³³]	四文[su˧ ²¹]	五文[￰gu⁵²]
			三白[￰sã³³]	四白[sʅ˧ ²¹]	五白[gu⁵⁵]
六文[liɛʔ₃ 5̱5̱]	七[tsʰiɛʔ₃ 2̱1̱]	八文[paʔ₃ ²¹]	九文[￰kiu⁵²]		
六白[laʔ₃ 5̱5̱]		八白[pi˧ ²¹]	九白[￰kɔ⁵²]		

有文白异读的，在念数字串时多用文读音，例如（例子中的竖线表示连调界，下同）：
（1）公共汽车 968 路：九 $_{q_2}$ 六 $_{q_1}$ 八 $_J$ [kiu$_{21}^{52}$ liɛʔ$_{5̱5̱}^{55}$ paʔ²¹]

---

1 此表是在陈宝贤 2008b 的表 2 中加入变调的条件、并删除最后一列"所有变调调值"后所得。表中舒声调变舒声调，促声调变促声调。中低调指 33、21/2̱1̱，高调指 24、52、55/5̱5̱。各调类变调调值一般不同于自身单字调，只有阴平有一个变调 33 是等同自身单字调的。

2 两位老年发音人韵母系统中比笔者多个一个元音音位[e]（实际音值偏高，比 i 略低略后），出现于[e]、[ue]两个韵母中，这两个韵母分别区别于韵母[i]、[ui]。例如：买[￰bi]≠米[￰be]、配[pʰui˧]≠屁[pʰue˧]，笔者已将这两对韵母分别混同为[i][ui]，"买、米"皆读[[￰bi]，"配、屁"皆读[pʰui˧]。小于十的数字只有"八""二"属于这四个韵母，两位老年人读作[pi˧]、[￰le]，笔者这两字韵母都是[i]。韵母的分混与本文讨论的问题无关，本文按笔者口音将"二"标为[li]。

（2）座机号 51 63 77 35：五 $_{q1}$ 一 」六 $_{q1}$ 三 」七 $_{q1}$ 七 」三 $_{q1}$ 五 」[gu$_{52}^{55}$ iɛʔ^{21} liɛʔ$_{52}^{55}$ sam^{33} tsʰiɛʔ$_{55}^{21}$ tsʰiɛʔ^{21} sam^{33} gu^{52}]

例（1）所有数字都用文读音；例（2）有文白异读的数字中，"六""三"及末字"五"都用文读。

有时也可以用白读音，如例（1）可以都用白读音：

（3）公共汽车 968 路：九 $_{q2}$ 六 $_{q1}$ 八 」[kɔʔ$_{21}^{52}$ laʔ$_{52}^{55}$ pi^{21}]

又如例（2）首字"五"为白读音，这里"五"读变调，但我们从连调规则可以判断出用的是白读音[gu^{55}]，若是文读音[⁻gu^{52}]，变调应该像"解 $_{q1}$ 决 」"[kɛ$_{24}^{52}$ kuaʔ^{21}]的"解"一样为 24。

数字串一般划分为若干个连调组，如例（2）划分为四个连调组。连调组内各字的变调都遵循一般性连读变调规则，基字读自身单字调，其他字读变调。如例（1）基字"八"不变调，基前字"九"读前变调，遵循 q_2 为上声时的一般变调规则。

数字读文读音还是白读音，并不影响数字串内部连调组的划分。如公共汽车线路编号"九六八"不论用文读音（见例1）还是用白读音（见例3），都构成一个连调组，连调组构造都为 q_2q_1」。

本文要讨论的是数字串内部连调组的划分。因此，同一数字串有多种念法时，只要连调组划分方式一致，下文举例时只取其中一种，且均不标示文白。

1.3 研究连调组的划分，所用语料应该是根据连读变调作了连调组标注——即标示了连调界及各字的连调组位置的语料。但是溪南方言连调组标注常常存在两可的情形。这与溪南方言存在变调读同自身单字调的现象以及前后变调中和的现象（参见陈宝贤 2008b）有关，前者引发基字还是非基字标注两可的情形，后者引发基前字还是基后字标注两可的情形。这些标注两可的情形，本文以可以明确标注的同类语料为依据，从连调系统的内部一致性考虑，都作了判断并进行标注。

溪南方言只有阴平字在某些情况下变调读同自身单字调，基字、非基字的标注两可情形因而也主要见于阴平字。如例（2）倒数第二字"三"，单从调值看，也可视为基字，则整个数字串标注为：

（4）五 $_{q1}$ 一 」六 $_{q1}$ 三 」七 $_{q1}$ 七 」三 」五 」

但试把这个"三"换成其他数字，可以发现都是要变调的，例如，换成"一"——"51637715"，则最后两字读为"一五"[iɛʔ$_{55}^{21}$ gu^{52}]，即要标注为：

（5）五 $_{q1}$ 一 」六 $_{q1}$ 三 」七 $_{q1}$ 七 」一 $_{q1}$ 五 」

试把末字"五"换成其他数字，则前字"三"也有读变调的，如末字换成"一"——"51637731"，则最后两字读为"三一"[sam$_{24}^{33}$ iɛʔ^{21}]，"三"读前变调，即要标注为：

（6）五 $_{q1}$ 一 」六 $_{q1}$ 三 」七 $_{q1}$ 七 」三 $_{q1}$ 一 」

因此，参照例（5）（6），例（2）的"三"实质上读的是前变调，应当视为基前字，例（4）中的标注方式是不可取的。

溪南方言每个调类都存在前、后变调中和的情形，因此每个调类都存在基前字还是基后字标注两可的情形。如例（2）电话号码倒数第二个字若是"9"，即"51637795"，则最后两字"九五"读[kiu$_{21}^{52}$ gu^{52}]，"九"变调既符合前变调规则，又符合后变调规则，因此既可视为基前字，如例（7）所示；也可视为前一连调组的基后字，如例（8）所示。

（7）五 $_{q1}$ 一 」六 $_{q1}$ 三 」七 $_{q1}$ 七 」九 $_{q1}$ 五 」
（8）五 $_{q1}$ 一 」六 $_{q1}$ 三 」七 $_{q1}$ 七 」九 $_{h1}$ 五 」

考察同类数字串的变调情况，我们发现，处于"九"这个位置的字，或者是像"九"一样标注两可；或者是只能视为前变调，标为基前字，上文例（5）、（6）便是。因此，这里的"九"实质上读的是前变调，应当视为基前字。

总的来说，虽然溪南方言数字串的连调组标注存在不少两可情形，但大都可以参照可明确标注的语料、从连调系统的内部一致性考虑而选定一种。下文的语料标注将略作简化，对那些无法凭自身变调判定是基前字还是基后字的非基字，将不标数字编号（即只标为 q 或 h）。如例（2）简化标注为：

（9）五 $_{q1}$ 一 」六 $_{q1}$ 三 」七 $_{q1}$ 七 」三 $_{q}$ 五 」

倒数第二字"三"标为 q 而不标为 q_1。

那些变调同时合乎前后变调规则、但可以凭数字串首末连调界判定为基前字或基后字的非基字，实际上也属于无法凭自身变调判定的。如例（1）"九 $_{q2}$ 六 $_{q1}$ 八 」"的"九"从变调看其实也是标注两可的，但前面没有基字，即前面就是连调界，因此只能认为与后面的基字"八"在一个连调组，为基前字。像这里的"九"这样的情况下文也不标数字编号，如例（1）标注为：

（10）九 $_{q}$ 六 $_{q1}$ 八 」

简化的标注方式可以较为细致地显示出语料的情况，也要简洁些。

二 溪南方言数字串的连调组划分

下面将描写分析溪南方言数字串的连调组划分，并对不同闽南方言的数字串连调组划分情况作初步比较分析。

2.1 溪南方言连调组划分与停延

2.1.1 溪南方言数字串的连调组划分首先与哪儿有明显的无声停顿有关。学界近年来倾向于用"停延"指称语句中节奏单位之间的停顿和延时，由停延而划分出的节奏单位则称为"停延段"。停延分不同的等级，停延段也有大停延段、小停延段之分。大停延段内部还有小停延段。本文所说的溪南方言数字串中的明显停顿是大停延，有明显的无声段，发音人能明显感觉到。下文只讨论这种停延，为行文方便，直接称为"停延"，下文的"停延段"也只指大停延段。

数字串中有停延的地方，前后数字不连读，也就构成了一处连调界。例如（阿拉伯数字串内部的顿号表示停延，下同）：

（11）手机号 131、41 31、17 97：$_{q}$三 $_{q1}$ 」四 $_{q1}$ 」三 $_{q1}$ 」$_{q1}$七 」九 」七 」
[iɛʔ$_{33}^{21}$ sam$_{24}^{33}$ iɛʔ^{21} su$_{55}^{21}$ iɛʔ^{21} sam$_{24}^{33}$ iɛʔ^{21} iɛʔ$_{55}^{21}$ tsʰiɛʔ^{21} kiu$_{24}^{52}$ tsʰiɛʔ^{21}]

念数字串分出的停延段含几个数字，可能因人而异。本文的主要发音人——男老年发音人念数字串时，七字以下[1]的数字串一般一口气念下来，中间没有停延；而八字以上的数字的数字串则一般要分段念，中间有停延。这样，七字以下的数字串本身相当于一个停延

---

1 "七字以下"包括七字。本文凡提到某个数目"以上"或"以下"，皆包含所提到的数目本身，下文不再说明。由于一个数字就是一个字、一个音节，因此数字串有几个数字就有几字，为行文简洁，本文常直接说某数字串有几字。

段。数字串里划分出的停延段，总字数最多也是七个，如七字的数字串：

（12）座机号 77 12 589：七 $_{q1}$ 七 $_J$ | 一 $_{q1}$ 二 $_J$ | 五 $_q$ 八 $_{q1}$ 九 $_J$ [tsʰiɛʔ$_{55}^{21}$ tsʰiɛʔ$_{55}^{21}$ iɛʔ$_{55}^{21}$ li^{33} gu$_{21}^{55}$ paʔ$_{55}^{21}$ kiu^{52}]

八字以上的数字串也可分出七个字的停延段：

（13）手机号 13 14 131、17 97：一 $_{q1}$ 三 $_J$ |一 $_{q1}$ 四 $_J$ |一 $_q$ 三 $_J$ |一 $_{q1}$ 一 $_J$ 七 $_J$ |九 $_{q1}$ 七 $_J$ [iɛʔ$_{55}^{21}$ sam^{33} iɛʔ$_{55}^{21}$ su^{21} iɛʔ$_{33}^{21}$ sam$_{24}^{33}$ iɛʔ^{21} iɛʔ$_{55}^{21}$ tsʰiɛʔ^{21} kiu$_{24}^{52}$ tsʰiɛʔ^{21}]

不过，男老年发音人念八字以上数字串时，停延段一般在六字以下，七字停延段比较少。而笔者调查的其他发音人，也很少出现七字停延段。男老年发音人认为，念七字的数字串时，也可以念完四个数字后稍停一下，再念后三个。而六字的数字串，则认为一般不停，认为加停顿念起来不顺口；八字的数字串则认为一般要停，否则念起来有点儿太快。可见，念数字串时隔几字停延，七字是个临界点，虽然也有七字一停的念法，但由于音节数目还是有点多，也存在中间加小停延的念法。

调查中未发现单字停延段。笔者主动询问是否可以有单字停延段，造了一些单字停延段的念法让两位老年发音人判断能不能念，一般都被强烈否定或认为很不顺口。

2.1.2 同一个数字串，停延段的划分方式可以不止一种。如，男老年发音人认为八位座机号可以有不只一种念法，不同念法的停延位置不同：

（14）a. 座机号 82 78、71 89：八 $_{q1}$ 二 $_J$ 七 $_{q1}$ 八 $_J$ |七 $_{q1}$ 一 $_J$ |八 $_{q1}$ 九 $_J$ [paʔ$_{55}^{21}$ li^{33} tsʰiɛʔ$_{55}^{21}$ paʔ$_{55}^{21}$ tsʰiɛʔ$_{55}^{21}$ iɛʔ^{21} paʔ$_{55}^{21}$ kiu^{52}]

b. 座机号 827、87 189：八 $_q$ 二 $_{q1}$ 七 $_J$ |八 $_{q1}$ 七 $_J$ |一 $_q$ 八 $_{q1}$ 九 $_J$ [paʔ$_{33}^{21}$ li$_{24}^{33}$ tsʰiɛʔ^{21} paʔ$_{55}^{21}$ tsʰiɛʔ^{21} iɛʔ$_{33}^{21}$ paʔ$_{55}^{21}$ kiu^{52}]

又如，十一位的手机号可以有多种停延段划分方式，上文例（11）和（13）的停延段划分方式就是不同的，前者划分为三个停延段，前面一个三字、后面两个四字，后者划分为前七后四两个停延段。此外还有其他方式，例如：

（15）手机号 13 860、69 19 17：一 $_{q1}$ 三 $_J$ |八 $_{q2}$ 六 $_{q1}$ 零 $_J$ |六 $_q$ 九 $_J$ |一 $_{q1}$ 九 $_J$ |一 $_{q1}$ 七 $_J$ [iɛʔ$_{55}^{21}$ sam^{33} paʔ$_{55}^{21}$ liɛʔ$_{52}^{55}$ lin^{33} liɛʔ$_{21}^{55}$ kiu^{52} iɛʔ$_{55}^{21}$ kiu^{52} iɛʔ$_{55}^{21}$ tsʰiɛʔ^{21}]

（16）手机号 13 860、691、917：一 $_{q1}$ 三 $_J$ |八 $_{q2}$ 六 $_{q1}$ 零 $_J$ |六 $_q$ 九 $_{q1}$ 一 $_J$ |九 $_q$ 一 $_{q1}$ 七 $_J$ [iɛʔ$_{55}^{21}$ sam^{33} paʔ$_{55}^{21}$ liɛʔ$_{52}^{55}$ lin^{33} liɛʔ$_{21}^{55}$ kiu$_{24}^{52}$ iɛʔ^{21} kiu$_{21}^{52}$ iɛʔ$_{55}^{21}$ tsʰiɛʔ^{21}]

例（15）划分为前五后六两个停延段，例（16）划分为三个停延段，前面一个五字，后面两个三字。

2.2 溪南方言连调组划分与音步

2.2.1 虽然有停延的地方就有连调界，但连调组的划分并不是到此为止，并非一个停延段就是一个连调组，停延段还要进一步划分为若干个连调组。从纯韵律单位的层级[1]来看，停延段下面也还有音步等更小的韵律单位。下面先描写停延段内部连调组的划分，再讨论连调组划分与更低层级的韵律单位之间的关联。

停延段内部的连调组划分方式，笔者调查的发音人之间很一致。字数相同的停延段内部连调组划分的方式也相当一致，一般如下[2]：

---

[1] 普通话纯韵律单位层级为：语调段——大停延段——小停延段——音步——音节——mora（参见王洪君 2008:251），这也适用于其他汉语方言。

[2] 连调组划分方式一行中，数字表示连调组所含的字数，分成多个连调组的，用加号连接，从左往右依次为各连调组的

表 3 停延段内部的连调组划分

停延段总字数	2	3	4	5	6	7
连调组划分方式	2	3	2+2	2+3	2+2+2	2+2+3
连调组个数	1	1	2	2	3	3

从表中可见，连调组划分实际上是这样进行的：从左往右，每两个字为一个连调组，如果划到最后还剩一个音节，则并入前一个连调组，形成三字连调组。例如：

（17）5月1日的简称：五 $_{q1}$ 一 $_˩$ [gu$_{52}^{55}$ iɛʔ^{21}]

（18）a. 公共汽车 731 路：七 $_{q1}$ 三 $_{q1}$ 一 $_˩$ [tsʰiɛʔ$_{33}^{21}$ sam$_{24}^{33}$ iɛʔ^{21}]
　　　b. 公共汽车 805 路：八 $_q$ 零 $_{q1}$ 五 $_˩$ [paʔ$_{33}^{21}$ lin^{33} gu^{52}]
　　　c. 门牌号 401：四 $_q$ 零 $_{q1}$ 一 $_˩$ [su$_{33}^{21}$ lin$_{24}^{33}$ iɛʔ^{21}]

（19）a. 年份 19 89：一 $_{q1}$ 九 $_˩$ 八 $_{q1}$ 九 $_˩$ [iɛʔ$_{55}^{21}$ kiu^{52} paʔ$^{21}_{55}$ kiu^{52}]
　　　b. 年份 19 94：一 $_{q1}$ 九 $_˩$ 九 $_{q1}$ 四 $_˩$ [iɛʔ$_{55}^{21}$ kiu^{52} kiu$_{24}^{52}$ sɿ^{21}]
　　　d. 门牌号 12 04：一 $_{q1}$ 二 $_˩$ 零 $_q$ 四 $_˩$ [iɛʔ$_{55}^{21}$ li^{33} lin$_{24}^{33}$ sɿ^{21}]
　　　e. 门牌号 10 35：一 $_q$ 零 $_˩$ 三 $_q$ 五 $_˩$ [iɛʔ$_{55}^{21}$ lin^{33} sam^{33} gu^{52}]

（20）a. 邮编 10 08 71：一 $_q$ 零 $_˩$ 零 $_q$ 八 $_˩$ 七 $_{q1}$ 一 $_˩$ [iɛʔ$_{55}^{21}$ lin^{33} lin$_{24}^{33}$ paʔ^{21} tsʰiɛʔ$_{55}^{21}$ iɛʔ^{21}]
　　　b. 邮编 21 21 43：二 $_q$ 一 $_˩$ 二 $_q$ 一 $_˩$ 四 $_q$ 三 $_˩$ [li$_{24}^{33}$ iɛʔ^{21} li$_{24}^{33}$ iɛʔ^{21} su$^{21}_{55}$ sam^{33}]
　　　c. 邮编 36 44 08：三 $_{q1}$ 六 $_˩$ 四 $_q$ 四 $_˩$ 零 $_q$ 八 $_˩$ [sam^{33} la$_{55}^{55}$ su$_{55}^{55}$ su^{21} lin$_{24}^{33}$ paʔ^{21}]

（21）a. 电话号码前加拨的号码 11 808：一 $_{q1}$ 一 $_˩$ 八 $_q$ 零 $_q$ 八 $_˩$ [iɛʔ$_{55}^{21}$ iɛʔ^{21} paʔ$_{33}^{21}$ lin$_{24}^{33}$ paʔ^{21}][1]
　　　b. 中国工商银行电话号码 95 588：九 $_q$ 五 $_˩$ 五 $_q$ 八 $_{q1}$ 八 $_˩$ [kiu$_{21}^{52}$ gu$_{21}^{52}$ gu^{55} paʔ$_{55}^{21}$ paʔ^{21}]

（22）a. 座机号 82 23 461：八 $_{q1}$ 二 $_˩$ 二 $_q$ 三 $_˩$ 四 $_{q2}$ 六 $_{q1}$ 一 $_˩$ [paʔ$_{55}^{21}$ li^{33} li$_{24}^{33}$ sam^{33} su$_{55}^{21}$ liɛʔ$_{52}^{55}$ iɛʔ^{21}]
　　　b. 座机号 75 38 831：七 $_{q1}$ 五 $_˩$ 三 $_q$ 八 $_˩$ 八 $_q$ 三 $_˩$ 一 $_˩$ [tsʰiɛʔ$_{55}^{21}$ gu^{52} sam$_{24}^{33}$ paʔ^{21} paʔ$_{33}^{21}$ sam$_{24}^{33}$ iɛʔ^{21}]

上面的例子都是七字以下的数字串。八字以上的数字串划分出的停延段也按同样的方式划分连调组，如上文例（11）里的三字和四字停延段、例（13）的七字和四字停延段、例（14b）的三字和五字停延段都是按表 3 中的连调组划分方式划分连调组的。又如下面例子的六字和三字停延段：

（23）十五位旧身份证号 35 26 26、65 08 09、121：三 $_q$ 五 $_˩$ 二 $_q$ 六 $_˩$ 二 $_q$ 六 $_˩$ 六 $_q$ 五 $_˩$ 零 $_{q1}$ 八 $_˩$ 零 $_q$ 九 $_˩$ 一 $_q$ 二 $_{q1}$ 一 $_˩$ [sam^{33} gu^{52} li^{33} liɛʔ$_{55}^{55}$ li^{33} iɛʔ^{55} liɛʔ$_{21}^{55}$ gu^{52} lin$_{24}^{33}$ paʔ^{21} lin^{33} kiu^{52} iɛʔ$_{33}^{21}$ li$_{24}^{33}$ iɛʔ^{21}][2]

2.2.2 停延段内部划分出的连调组，是否与停延段下的更小的韵律单位有对应关系？答案是肯定的。据前人研究，闽南方言连调组的划分受音步划分的影响，由此而形成的连调组一般为两音节或三音节。这在民间歌谣、成语、一些词组的连调组划分中都有反映。

字数。例如"2+3"表示数字串分成两个连调组，先是两字连调组，再是三字连调组。

1 两位老年发音人说当地用座机打电话时前面加拨此号码资费较优惠。

2 调查时起初问的是发音人自己的身份证号，笔者将其中反映出生日期的数字随意作了改动并让发音人念，连调组划分方式没有变化。为保护发音人的隐私，这里举的是笔者改动过的身份证号。

例如¹：

（24）目屎|流落|心头酸[bak-sai lau loʔ sim-tʰau sŋ]
（25）寿比|南山[siu pi nam-san]
（26）金木|水火土[gim bok zui hui to]
（27）过敏性|鼻炎[kue-bin-sing pʰe-iam]

根据句法层面的连调组划分规则²，NP 后应该有连调界，则例（24）"心头"后应该有连调界、例（25）的"寿"后应该有连调界，例（26）有五个单音节的名词性成分，应该划分为五个连调组。但"心头"与后面的"酸"形成了三字连调组；"寿"与后面的"比"形成了两字连调组，而"比"与后面的 NP"南山"之间反而有连调界，这也不合句法层面的规则；"金木水火土"划分为两个连调组，字数为前二后三。例（27）的"过敏性"为修饰成分，后面应该无连调界，与"鼻炎"连成一个连调组，但实际上却分为两个连调组，字数前三后二。

闽南话数字串的连调组划分，据笔者所见的前人研究成果，学者们一般也都认为受音步划分的影响。洪惟仁《台湾话发音学入门》³对台湾闽南话号码的连调组划分作了详细的描写分析。其中两字以上的号码都属于本文所说的数字串。据文中（参见 11.6.2）描写，这些号码的连调组划分"纯粹受到节律的制约，与句法无关"，连调组的大小上，文中也认为与音步一致，与两音节音步或三音节超大音步对应。例如⁴：

（28）一九|九九
（29）八八|三八四

施其生（2001）分析汕头方言连读变调时也认为"连调组的划分常与韵律中一定的气群（或音步）相应"，认为"手机号或账号等是一连串数字，没有词汇、语法结构，只有韵律结构，便于观察连调组与韵律的关系"，并举了两个例子说明。但文中认为音步除了有两三音节的，还有四音节甚至五音节的。文中所举的例子如下：

（30）a. 四二|九五|二四|二五
　　　 b. 四二九五|二四二五
（31）a. 四九五二四
　　　 b. 四九|五二四
　　　 c. 四九五|二四

例（30）的 b 读法分成了两个四字连调组，文中认为这"与四个音节一个音步的韵律相应"，例（31）的 a 读法构成了一个五字连调组，文中认为这"与一个音步的韵律相应"。

---

1 皆为厦门或台湾闽南话的例子。例（24）引陈渊泉（1980:23），他后来（2001:472）又引此例来说明节奏对厦门话连调组划分的影响。例（25）引自许慧娟（1994:88）。例（26）引自萧宇超（1991:157），原文标音不用国际音标，此处依原文。例（27）引自张洪明（1992:265）。这些例子原文有的没有注汉字，标示连调界的符号也与本文不同。这里注出汉字，并一律用竖线标示连调界。以上例子都出自英文文献。这里要感谢台湾的著名学者许慧娟老师和台大的博士生陈筱琪，她们或寄来自己的大作、或帮我找其他学者的论文，对拙文的写作帮助很大。

2 句法层面的规则可用陈渊泉早期论文中提出的规则：Mark the right edge of every XP with #, except where XP is an adjunt（陈渊泉 1987:117）。通俗地说，其意思是，每个短语后面为连调界，除非它是一个修饰成分。

3 笔者 2011 年 11 月在台北参加第 12 届闽方言国际研讨会时，洪先生将他待刊的《台湾话发音学入门》一书的书稿电子版中谈及连调的部分拷给笔者，谨向洪先生表示感谢。书中对号码连调组划分的描写分析是笔者目前所见的对闽南话数字串的最详细的研究。连调组的划分，书中称为"断音法"；英文的 foot，书中译为"韵步"。

4 原文用#号表示连调界，这里改用竖线。原文例子中还标示节律词，这里略去不标。下文再引该书中例子时同此。

闽南方言的音步的大小，据前人研究，一般认为跟普通话一样是两音节或三音节的。洪惟仁《台湾话发音学入门》中所举的台湾闽南话数字串的例子有的也出现了超过三音节的连调组，但文中并不认为与音步对应，而是从其他角度去解释。例如：

（32）五七一五｜一三一

这个号码是"七一五｜一三一"的增码，增码初期出现了上面这种念法，前面有一个四音节连调组"五七一五"。文中认为这是"为了保持原码的习惯"而造成的念法。

溪南方言停延段内部的连调组如上面 2.2.1 所描写的那样，一般也是两三音节的，这实际上也是与音步相对应的。溪南方言数字串中有时也有四音节连调组，但其形成不是节奏的影响所致，而是语用层面因素的影响，参见下文 2.4.1。

洪惟仁《台湾话发音学入门》对台湾闽南话的数字串如何一步步划分为音步没有明确的说明。从溪南方言数字串看，如前文所描写的那样，音步的划分不是一步到位的，数字串是先划分停延段、再在停延段内部作音步划分的。溪南方言停延段内部的连调组划分方式与音步划分规则的一致性相当高，这与那些同样受音步划分影响的词组等有语法结构的片段稍有区别。

根据前人对闽南方言节奏的研究，厦门话等闽南方言音步划分的规则与普通话是一样的。[1]一般认为普通话的音步划分规则[2]如下：以两音节为常规，从左向右每两个音节为一个音步。如果划到最后还剩一个音节，则并入前一个音步，形成三音节的超音步。溪南方言停延段内部的连调组划分正好也是以这样的方式进行的，这从 2.2.1 的表 3 可以看得很清楚：停延段内部如果有三音节连调组，都是最末一个连调组。显然，溪南方言与厦门等其他闽南方言有一样的音步划分规则，而这规则又决定了数字串的停延段内部的连调组划分方式。

溪南方言停延段内部的连调组划分与音步划分规则的一致性相当高，三字连调组只出现于末尾。而词组等有语法结构的片段则不一定，如上文例（27），连调界落在修饰语"过敏性"与中心语"鼻炎"之间，三音节连调组并不出现于末尾。这是兼受句法上结构分界的制约所致。

综上所述，溪南方言数字串的连调组划分分两步进行：一、将数字串划分为若干个停延段，每处停延为一处连调界；二、将每个停延段划分为若干个连调组，划分方式是：从左往右，每两个字为一个连调组，如果划到最后还剩一个音节，则并入前一个连调组，形成三字连调组。停延段内部的连调组划分方式实际上是节奏的影响所致，与音步的划分规则完全一致。

这里还要提到的是，虽然停延对连调组划分有影响，但是一旦发音人确定了某个数字串的连调组划分方式，他在快速地念该数字串时，即便中间都不停延，连调组也并不会出现合并现象。例如，发音人可以将例（11）的十一位手机号一口气念下来，而仍然分成五个连调组，并不会因此并成一个连调组。

---

[1] 陈渊泉（2001:473）在分析节奏对厦门方言连调组划分的影响时明确提到了这一点："In any case, where connected speech is broken up into MRUs, the procedure is entirely consistent with the foot-formation rules for Mandarin Chinese"。

[2] 这方面的研究成果很多（如石基琳 1986、冯胜利 1998、王洪君 2008 等），术语使用上，一般用"音步"，英文为 foot。但最早使用"音步"一词来讨论普通话节奏的陈渊泉先生后来（2001）放弃了"音步"之称，而改称为"最小节奏单元"（Minimal Rhythmic Unit，简称 MRU）。本文仍使用"音步"。

2.3 溪南方言连调组划分与数字串的内部结构

数字串内部无语法结构，但日常生活中常见的身份证号等数字串一般都有其编码方式，因此数字串内部也是有结构的。数字串的内部结构对连调组划分有一定影响，这种影响体现于停延段的划分上，而停延段内部连调组的划分则不受影响。

停延段内，不管结构与音步划分方式是否有冲突，连调组划分方式都与音步划分一致。如例（18c）门牌号401，发音人知道"4"为楼层号，"01"为房间号，但并不将二者分为前一后二两个连调组，而是构成一个三字连调组。又如例（19e）门牌号1035是某学生宿舍楼第1单元第35个房间的号码，"1"为单元号，"035"为房间号，但也不分成前一后三两个连调组，而是构成两个两字连调组。上述这些例子的连调界都不落在结构分界上。当然，也有不少例子连调界落于结构界，如例（19d）的门牌号1204前两位"12"是楼层号，后两位"04"是房间号，连调界落于二者之间，与结构界重合。但这样的连调组划分方式也合音步划分规则。所有的四字停延段不论结构如何一般都采用这种"2+2"的连调组划分方式。因此，从总体上看，例（19d）的连调组划分实际上还是受音步划分规则制约的结果，只是连调界刚好与结构界重合而已。由于停延段内部连调组划分不受结构影响而皆与音步划分一致，因此，同样字数的停延段一般只有一种连调组划分方式，相当一致（如2.2.1的表3所示）。

数字串的结构不影响停延段内部的连调组划分，但会影响停延段的划分。例如，不少人都知道旧身份证号从左至右分别为地址码（六位）、出生日期（六位）、顺序号（三位），因此念身份证号码时在地址码及出生时期后会分别停延，如上例（23）所示。又如，十一位的手机号前三位是移动业务接入号，这是许多人都知道的，因此手机号前三位常常构成一个停延段，如上例（11）所示。

不过，数字串也不一定按结构停延。例如笔者调查的老年发音人知道手机号前三位的含义，但有时念完前五位才停延：

（33）手机号13 860、666、917：一 $_{q1}$ 三 $_{」}$ 八 $_{q2}$ 六 $_{q1}$ 零 $_{」}$ 六 $_{q}$ 六 $_{q}$ 六 $_{」}$ 九 $_{q}$ 一 $_{q1}$ 七 $_{」}$
[ieʔ$_{55}^{21}$ sam^{33} paʔ$_{55}^{21}$ lieʔ$_{52}^{55}$ lin^{33} lieʔ$_{21}^{55}$ lieʔ$_{21}^{55}$ lieʔ$_{21}^{55}$ kiu$_{21}^{52}$ ieʔ$_{55}^{21}$ tsʰieʔ^{21}]

发音人的解释是，这个号码中间连续出现了三个"6"，将它们合在一起念更容易记忆。可见，如果有更容易记的念法，就不一定按结构停延。看来，停延不仅能满足换气的需求，还有使数字串更便于记忆的作用。

2.4 溪南方言数字串中划分出的特殊连调组
2.4.1 四字连调组

溪南方言数字串中划分出的连调组一般都是两字或三字的，但在特定的条件下也可能有四字连调组。区号加座机号组成的电话号码，区号一般三至四位，在溪南方言中通常构成一个停延段。四位区号一般遵循音步划分的规则分成两个两字连调组，如例（34）、（35a）。但有的也可以连成一个四字连调组，如例（35b）、例（36）。

（34）区号加座机号07 16、33 21 429：零 $_{q1}$ 七 $_{」}$ 一 $_{q}$ 六 $_{」}$ 三 $_{q1}$ 三 $_{」}$ 二 $_{q1}$ 一 $_{」}$ 四 $_{q}$ 二 $_{q}$ 九 $_{」}$
[lin$_{24}^{33}$ tsʰieʔ^{21} ieʔ$_{33}^{21}$ lieʔ^{55} sam$_{24}^{33}$ sam^{33} li^{33} ieʔ^{21} su$_{33}^{33}$ li^{33} kiu^{52}]

（35）a. 区号加座机号05 91、83 35、72 30：零 $_{q}$ 五 $_{」}$ 九 $_{q1}$ 一 $_{」}$ 八 $_{q1}$ 三 $_{」}$ 三 $_{q}$ 五 $_{」}$ 七 $_{q1}$ 二 $_{」}$ 三 $_{q1}$ 零 $_{」}$[lin^{33} gu$_{24}^{55}$ kiu$_{24}^{52}$ ieʔ^{21} paʔ$_{55}^{21}$ sam^{33} sam^{33} gu^{52} tsʰieʔ$_{55}^{21}$ li^{33} sam$_{24}^{33}$ lin^{33}]

b. 区号加座机号05 91、83 35、72 30：零 $_{q}$ 五 $_{q}$ 九 $_{q1}$ 一 $_{」}$ 八 $_{q1}$ 三 $_{q}$ 三 $_{q}$ 五 $_{」}$ 七 $_{q1}$

二ˍ|三 q1 零ˍ [lin³³ gu$_{21}^{52}$ kiu$_{24}^{52}$ iɛʔ$_{55}^{21}$ paʔ$_{55}^{21}$ sam³³ sam³³ gu$_{21}^{52}$ tsʰiɛʔ$_{55}^{21}$ li³³ sam$_{24}^{33}$ lin³³]

（36）区号加座机号 05 97、77 13 196：零 q 五 q 九 q1 七 ˍ|七 q1 七 ˍ| 一 q1 三 ˍ| 一 q 九 q 六 ˍ [lin³³ gu$_{21}^{52}$ kiu$_{24}^{52}$ tsʰiɛʔ$_{55}^{21}$ tsʰiɛʔ$_{55}^{21}$ tsʰiɛʔ$_{55}^{21}$ iɛʔ$_{55}^{21}$ sam³³ iɛʔ$_{33}^{21}$ kiu$_{21}^{52}$ lieʔ⁵⁵]

  四字连调组从大小上看与音步不一致，它形成的原因不在于节律因素，而在于语用层面的因素，具体来说是语用强调。四字区号连成一个连调组相比分成两个连调组，少了一个基字，而基字是连调组的核心且一般也是连调组中唯一保持单字调不变的音节，语音凸显，因此连成一个连调组的念法语音上较不凸显，强调的意味减弱。相对而言，分成两个连调组属于强调的念法，连成一个连调组属于不强调的念法。溪南方言能连成四字连调组的区号一般只限于发音人熟悉的区号，如例（36）的 0597 是溪南本地的区号，例（35）的 0591 是福州的区号，都是福建省内的；例（34）的区号 0716 不是福建省的，发音人感到陌生。福建省内的区号由于为本地人所熟知，因此从信息的传递、存储来看都不需要凸显的语音，发音人因而倾向于采用不强调的念法。而非省内的区号则相反。越是熟悉的号码，发音人越排斥强调的念法；越陌生则越倾向于用强调的念法。比如，对男老年发音人而言，本地区号 0597 是最熟悉的，他认为一般没必要分成两个连调组念；同是省内但属于外地的福州区号 0591，相对陌生，他认为分成两个连调组念也可以，因此兼有两种念法，如例（35a）、（35b）；而外省的区号由于很陌生，他认为不能并成一个四字连调组，如例（34）。

2.4.2 不以基字为末字的连调组

  溪南方言数字串里划分出的连调组通常以末字为基字，前文所举的例子皆是如此。但数字串的非最末连调组里的数字受对比强调时，会出现不以基字为末字的连调组。请看以下对话：

  （37）A：汝ˍ|电 q 话 q 号 q 码ˍ|偌 q1 侪ˍ？_{你电话号码多少？}|电 q 话 q 号 q 码ˍ [li⁵² tien$_{21}^{55}$ gua³³ hɯ³³ ba⁵² lua$_{52}^{55}$ tsi³³]

    B：七 q1 七ˍ| 一 q1 二ˍ| 五 q 八 q1 九ˍ。_{7712589。} [tsʰiɛʔ$_{55}^{21}$ tsʰiɛʔ²¹ iɛʔ$_{55}^{21}$ li³³ gu$_{21}^{55}$ paʔ$_{55}^{21}$ kiu⁵²]

    A：七 q1 一ˍ| 一 q1 二ˍ| 五 q 八 q1 九ˍ啊？_{7112589啊？} [tsʰiɛʔ$_{55}^{21}$ iɛʔ²¹ iɛʔ$_{55}^{21}$ li³³ gu$_{21}^{55}$ paʔ$_{55}^{21}$ kiu⁵² a⁵⁵]

    B：是 q 七 q1 七ˍ 一 h 二 h 五 h 八 h 九 h！_{是7712589！} [sʅ$_{21}^{55}$ tsʰiɛʔ$_{55}^{21}$ tsʰiɛʔ$_{33}^{21}$ iɛʔ$_{33}^{21}$ li³³ gu$_{21}^{55}$ paʔ$_{33}^{21}$ kiu$_{21}^{52}$]

  电话号码 7712589 通常划分为三个连调组，每个都以末字为基字，对话中说话者 B 第一次给说话者 A 报该号码时便是采用这种念法。但说话者 A 把第二个数字"7"错听成了"1"，以为是 7112589，于是说话者 B 为纠正其错误再报了一遍号码，这次采用了不一样的念法。重报的电话号码的念法带有"不是 71 而是 77"之意，第二个数字"7"是受对比强调的，它所在的连调组"七七"连调还和通常念法一样，但它后面的两个连调组都取消了，所有字全变成了基后字，语音上由于没有基字而变得不凸显，这便把前面的"七七"从语音上凸显了出来。也就是说，"七七"后面的连调组取消是为了从语音上凸显前面的"七七"，从而达到对比强调的目的。被取消的连调组里的字都成了基后字，依附于前面的基字，由此形成不以基字为末字的连调组。

  从上面的分析可见，溪南方言的四字连调组、不以基字为末字的连调组等特殊现象都是因语用强调而产生的。

2.5 不同闽南方言数字串连调组划分的初步比较分析

将溪南方言数字串的连调组划分情况与目前能见到的其他闽南方言的情况作对比，可以发现同样字数的数字串在不同方言中的表现并不完全相同。下面来看看洪惟仁《台湾话发音学入门》所描写的台湾闽南话数字串的表现。

表 4　台湾闽南话数字串的连调组划分[1]

数字串总字数	连调组划分方式	连调组个数	例子
2	2	1	38：三八
3	3	1	384：三八四
4	2+2	2	19 99：一九|九九
5	2+3	2	88 384：八八|三八四
6	2+2+2 或 3+3	3 或 2	36 35 48：三六|三五|四八 363 548：三六三|五四八
7	3+2+2	3	643 61 97：六四三|六一|九七
8	2+2+2+2 或 4+2+2	4 或 3	26 43 61 97：二六|四三|六一|九七 2643 61 97：二六四三|六一|九七
9	3+3+3	3	226 436 197：二二六|四三六|一九七
10	2+2+3+3 或 2+2+2+2+2	4 或 5	09 35 436 197：〇九|三五|四三六|一九七 09 35 04 99 99：〇九|三五|〇四|九九|九九

如前文所述，溪南方言七字以下的数字串可以只构成一个停延段（参见 2.1.1），此时同样字数的数字串内部的连调组划分方式只有一种，如 2.2.1 表 3 所示。将表 3 与表 4 对比，可发现，溪南方言和台湾闽南话在六、七字数字串的连调组划分上有差异。台湾闽南话六字数字串比溪南方言多了"3+3"的连调组划分方式，七字数字串则采用不同于溪南方言的"3+2+2"划分方式。

上述六字、七字数字串连调组划分方式的差异，笔者通过初步调查认为可能是停延段划分的差异所致。溪南方言的六字、七字数字串都只构成一个停延段，其内部的连调组划分方式"2+2+2"和"2+2+3"都完全合乎音步划分规则。台湾闽南话的六字数字串的"3+3"和七字数字串的"3+2+2"的连调组划分方式，连调组的大小虽然都与音步一致，但划分方式与音步的划分方式不一致：三音节音步并不都是最后一个音步。因此，其形成原因不在于音步划分。从溪南方言的情况看，数字串是先分停延段、再在停延段内部作音步划分的。笔者因此推测，台湾闽南话连调组划分为"3+3"的六字数字串和划分为"3+2+2"的七字数字串并不像溪南方言那样只构成一个停延段，而可能是先分成两个停延段后再划分音步的：六字数字串先分成两个三字停延段，七字数字串先分成前三后四两个停延段，然后再对各停延段进行音步划分，三字停延段构成一个音步，四字停延段则分成两个两音节

---

[1] 此表是根据洪惟仁《台湾话发音学入门》书中的描写（参见 11.6.2）进行归纳所得。表中例子取自原文。表中阴影部分表示台湾闽南话七字以下数字串有别于溪南方言的连调组划分方式。十字数字串有多种连调组划分分式，这里没有都列出来。

音步。洪惟仁《台湾话发音学入门》没有对停延的情况作描写，因此这个推测还需要通过对台湾闽南话的调查来证实。不过，从溪南方言的调查来看，这是很有可能的。据笔者初步调查，溪南方言六字数字串也可以有"3+3"的读法，且必须分成两个三字停延段，如笔者调查的女老年发音人认为六字邮编可以这么念：

(38) 邮编 100、871：一 $_q$ 零 $_{q1}$ 零 $_J$|八 $_q$ 七 $_{q1}$ 一 $_J$ [iɛʔ$^{21}_{33}$ lin$^{33}_{24}$ lin^{33}pi$^{21}_{33}$ tsʰiɛʔ$^{21}_{55}$ iɛʔ^{21}]

不过，虽然数字串的连调组划分由于停延段划分的灵活性而也具有多样性，但字数少的数字串在连调组的划分上似乎不那么灵活，发音人常常倾向于某种连调组划分方式甚至排斥其他连调组划分方式，不同方言的连调组划分方式的差异可能与此有关。笔者调查溪南方言时发现，七字以下的数字串，两个发音人都倾向于直接按音步划分的规则来划分连调组。虽然女老年发音人认可六字数字串像例（38）那样以"3+3"划分连调组的念法，但调查时她的第一反应是按例（20a）那样念的，采用"2+2+2"的方式划分连调组。而且调查时，在她认可例（38）的念法并也念了一遍之后，笔者再让她快速念一遍时，她竟然又念回"2+2+2"的方式了。这种习惯在她用普通话念邮编时也有体现，笔者告诉她北京的某邮编是"100、192"，笔者念时是分成两个停延段的，而她再慢慢重复一遍时却变成了"10、01、92"，显然是受了母方言最常用的"2+2+2"连调组划分方式的影响。男老年发音人对其他连调组划分方式的排斥更强烈。像例（38）那样以"3+3"划分连调组的念法他认为是不顺口的，中间加停延也不顺口。但三字停延段在溪南方言数字串的停延段划分中是极其常见的。从停延段的划分本身难以找到发音人排斥将六字数字串分成两个三字停延段的原因。从女发音人也认可这种停延段划分方式看，两位老年发音人在停延段划分上的倾向性大概只是一种习惯。由于念七字以下的数字串习惯于只构成一个停延段，因此也习惯于严格按音步划分的方式划分连调组，当被要求加停延时，所习惯采用的连调组划分方式又会反过来影响停延加的位置。比如男老年发音人认为，邮编 364408 中间实在要停那就分成前四后二两个停延段，念成"36|44、|08"，停延实际上加在了连调界处。而七字数字串他认为可以分成前四后三两个停延段，停延也加在了连调界处。例如：

(39) 座机号 77 12、589：七 $_{q1}$ 七 $_J$| 一 $_{q1}$ 二 $_J$| 五 $_q$ 八 $_{q1}$ 九 $_J$ [tsʰiɛʔ$^{21}_{55}$ tsʰiɛʔ^{21} iɛʔ$^{21}_{55}$ li$^{33}_{21}$ gu$^{55}_{55}$ paʔ$^{21}_{55}$ kiu^{52}]

而分成前三后四两个停延段他认为不顺口。例如（例前星号表示不成立）：

(40) *座机号 771、25 89：七 $_q$ 七 $_{q1}$ 一 $_J$|二 $_q$ 五 $_J$|八 $_{q1}$ 九 $_J$ [tsʰiɛʔ$^{21}_{33}$ tsʰiɛʔ$^{21}_{55}$ iɛʔ^{21} li^{33} gu^{52} paʔ$^{21}_{55}$ kiu^{52}]

(41) *座机号 753、88 31：七 $_q$ 五 $_{q1}$ 三 $_J$|八 $_{q1}$ 八 $_J$|三 $_{q1}$ 一 $_J$ [tsʰiɛʔ$^{21}_{33}$ gu$^{52}_{24}$ sam^{33}paʔ$^{21}_{55}$ paʔ^{21} sam$^{33}_{24}$ iɛʔ^{21}]

这两个例子无论从停延段的划分还是停延内音步的划分来看都没有什么问题，但男发音人认为不顺口。再看七字数字串溪南方言与台湾闽南话在连调组划分方式的互相排斥的事实，更让人迷惑。像例（40）（41）这种"3+2+2"的连调组划分方式恰恰是台湾闽南话七字数字串的一般划分方式，而溪南方言发音人倾向使用的"2+2+3"的划分方式，洪先生书中明确指出台湾闽南话一般不用。据洪先生书中描写，台湾闽南话七字号码很少按"2+2+3"念，书中认为，这是因为前四字有两个音步，构成了一个节律词，重于后三字构成的超音步，显得"头重脚轻"。可是，从溪南方言的情况看，这种在台湾闽南话中被认为头重脚轻的念法反倒是很普遍的。因此，从闽南话的整体情况看，七字数字串连调组划分方式不同闽南话之间的内部差异很可能只是停延段划分方式的习惯造成的。

八字以上数字串，字数相同的数字串，台湾闽南话也不一定只有一种连调组划分方式，与溪南方言类似。划分出的连调组一般也都是两三音节的，合乎音步的大小[1]，与溪南方言也没什么区别。

四 结 语

本文对福建漳平溪南方言数字串的连调组划分作了描写分析。溪南方言数字串一般要划分为若干个连调组，通常情况下，每个连调组都以末字为基字。连调组的划分分两步进行：一、将数字串划分为若干个停延段；二、将每个停延段划分为若干个连调组，通常的划分方式是：从左往右，每两个字为一个连调组，如果划到最后还剩一个音节，则并入前一个连调组，形成三字连调组。停延段内部连调组的划分方式受节奏制约，完全与音步的划分方式一致。数字串的内部结构对连调组划分有一定影响，这种影响体现于停延段的划分上。但如果有更容易记的念法，数字串也不一定按结构停延。

溪南方言数字串有时出现四字连调组、不以基字为末字的连调组，这都是因语用强调而产生的。

参考文献：

陈宝贤 2003 闽南漳平方言的"仔"化变调，《语言学论丛》第 28 辑，商务印书馆。

陈宝贤 2008a 闽南漳平（溪南）方言"仔"[a]的连读，《北京大学学报》博士后专刊。

陈宝贤 2008b 闽南漳平（溪南）方言的连读变调，《语言学论丛》第 37 辑，商务印书馆。

陈宝贤 2010 漳平溪南方言三叠式形容词连读变调，《汉语学报》第 3 期。

陈宝贤、李小凡 2008 闽南方言连读变调新探，《语文研究》第 2 期。

冯胜利 1998 论汉语的"自然音步"，《中国语文》第 1 期。

洪惟仁《台湾话发音学入门》（待刊）。

施其生 2011 汕头方言连读变调的动态进行，《中国语文》第 4 期。

王洪君 2008 《汉语非线性音系学》（增订版），北京大学出版社。

朱德熙 1958 数词和数词结构，《中国语文》第 4 期。

Boyce, Conal 1980. Min sandhi in verse recitation. Journal of Chinese Linguistics 8: 1-14.

Chen, Matthew Y.（陈渊泉）1980. The primacy of rhythm in verse: a linguistic perspective. Journal of Chinese Linguistics 8:15-41.

——1987. The syntax of Xiamen tone sandhi. Phonology Yearbook 4:109-150.

——2001. Tone sandhi: patterns across Chinese dialects (《汉语方言的连读变调模式》), 外语教学与研究出版社。

Hsiao, Yuchau（萧宇超）1991. syntax, rhythm and tone: a triangular relationship. Ph.D. dissertation, University of California, San Diego.

Hsu, Huichuan（许慧娟）1994. Constraint-based phonology and morphology: a survey of languages in China.

---

1 台湾闽南话八字以上的数字串划分出的连调组个别可为四字连调组，如表 4 中八字数字串前四字可构成四字连调组。溪南方言也有四字连调组，见前文 2.4.1。四字连调组在两个方言中都属于特例。

Ph.D.dissertation，University of California，San Diego.

Shih, Chilin（石基琳）1986. The prosodic domain of tone sandhi in Chinese. Ph.D.dissertation, University of California，San Diego.

Zhang, Hongming(张洪明)1992. Topics in Chinese phrasal tonology. PhD dissertation, University of California, San Diego.

汉语虚字研究成果对清代满语语法研究的影响*

中央民族大学中国少数民族语言文学学院　关辛秋

摘　要　在清代满语语法教材的编写者、讲授者、学习者看来满语的各种语法现象均如同汉语的虚字；清时满语语法研究者已将实字、虚字概念分开；汉人满语文学者沈启亮可能是用虚字概念研究满语语法的第一人，汉语重要虚词著作《助字辨略》可能对《清文启蒙》语法卷的编撰产生较大影响。

关键词　汉语虚字　满语语法　影响

一　引　言

清朝的满洲人是怎样学习满语语法的？他们学习满语语法的方法是怎样的？满语文教材的编写者是怎样理解、研究满语语法的？这引起了笔者的研究兴趣。

本文主要以下三部文献为依据：

1. 成书于康熙二十一年（1682）的满语文教材《清书指南》卷三：翻清虚字讲约（京都西河沿宛羽斋李伯龙书坊发兑），刻于康熙壬戌年（1682），娄东人沈弘照先生定本。

2. 刊行于雍正八年（1730）的满语文教材《满汉字清文启蒙》第三卷：清文助语虚字（三槐堂梓行），长白人舞格撰，文中简称《清文启蒙》。

3. 刻于光绪三十一年（1905），成书于光绪二十年（1894）的满语语法用书《重刻清文虚字指南编》（京都隆福寺聚珍堂书坊梓行），此书为《清文虚字指南编》的重刻本。文中简称《指南编》。

《清文启蒙》和《指南编》是清代影响最大的两部满语文教材，尤其是《清文启蒙》更有英文版行世。据《北京地区满文图书总目》[1]，距今最近的一部咸丰六年（1856）刻本《清文启蒙》现存于中央民族大学图书馆。从 1730 至 1856，历时 126 年，可见《清文启蒙》还是一部历久不衰的教材。《清文虚字指南编》的最早刻本为光绪十一年（1885），最晚近的刻本在宣统元年（1909），由镜古堂刊印。《清文启蒙》和《指南编》可能一直沿用到清末。和《清书指南》不同，如今在国内外藏有满文文献的图书馆一般都存有《清文启蒙》《指南编》两部书。当代重要的满语语法教材、满汉词典，如《满语语法》（季永海

---

* 2010 年 2 月 15-17 日 Religion and Manchu Society 1600—2009 (宗教与满族社会 1600—2009)研讨会在伦敦大学亚非学院举行，本文为提交论文，原题目为《Manchu Language life(满洲人的语言生活)》，文中还介绍了清代满族人学习满语的一种特别方法"几何图形标注法"，此次又据一些新材料进行了修改，略去了"几何图形标注法"的部分。

1 详见《北京地区满文图书总目》，北京市民族古籍整理出版规划小组办公室满文编辑部编，辽宁民族出版社，2008 年 2 月第一版

等,民族出版社,1986)、《新满汉大词典》(胡增益主编,新疆人民出版社,1994)均将《清文启蒙》《指南编》中的例句作为援例。

二 清时满语文教材编写者、讲授者、学习者眼中的满语语法
——满语语法就如同汉语中的虚字

满语中的所有语法现象都是虚字 经过研读《清书指南》语法卷、《清文启蒙》语法卷和《指南编》发现,在这三部书的著者看来,各种各样的满语语法现象,不管是简单的还是复杂的都如同汉语的虚字。满语教材的编写者、满语文的讲授者以汉语虚字理论为指导编写、教授满语语法,满语学习者以汉语的虚字概念感知、理解、学习满语语法。《清书指南》《清文启蒙》和《指南编》的编写者将满语的虚词、构词法、短语、时态、疑问句、被动句、复句等多种语法现象都归于虚字,用汉语文学者所使用的对汉语虚字的解读方法来描述满语语法。以《清文启蒙》第三卷〈清文助语虚字〉为例。见表一:

举例编号	满语文拉丁转写	相当于汉字、语义及用法	根据书中例句对所述语法现象的归类
一	de	时候字。又地方字。处字。往字。又给字。与字。又里头字。上头字。在字。于字。 乃转下申明语。单用连用俱可。	1. 虚词中的格助词,是时间格、方向格、位置格。
二	be	把字。将字。也字。又以字。用字。又使字。令字。教字。 联用单用俱可。	1. 虚词中的格助词,是宾格,工具格 2. ？虚词中的语气词,名词谓语句中用 be 煞尾。 例如:hiyoo serengge tacibure be(校者,教也)
三	kai	哉字。也字。啊字口气。 乃将然已然。自信决意之词。	1. 虚词中的感叹语气词。
四	me	着字。 在字尾联用。乃结上接下。将然未然之语。句中或有连用几 me 字者。义並同。总皆断煞不得。	1. 连接两个或多个动词,以 me 结尾的动词做后面动词方式状语,有将来意。 例如:gisureme tuwa(说着看,意为"等事情发展到某种程度时再看")
五	ci	如字。若字。则字。又自字。从字。由字。又第字。又离字。又比字。又是字在字尾联用。乃结上起下。未然之语。	1. 条件(假设)复句的关联词。 2. 虚词中的格助词,方向格。 3. 比较句式的构成成分。 4. 构词法,序数词的构成成分。 5. ？与疑问代词"谁"相连构成主语或谓语。例如,作主语:yaci neneme jihe bihe(是那一个先来

			着。意为"谁先来的？"）
六	ki	欲字。要字意。又让人请字意。在字尾联用。亦可直煞住。语甚活泼。若此字之下有 se 字，乃实在欲字要字也。	1. 动词的请愿式，表示祈请、愿望的语气。 2. 简单句中的祈使句。
七	Kao hao koo hoo keo heo	此六字俱是，了么字、乎字、欤字。乃上六字作已然疑词，在字尾联用。	1. 动词过去时的疑问式。 2. 简单句中的疑问句。

说明：1. 为印刷方便，《清文启蒙》原书中的满文，在表中均由笔者转写为拉丁字母。
    2. 表中第三栏，"相当于汉字、语义及用法"抄录自《清文启蒙》原书。
    3. 表中第四栏，"根据书中例句对所述语法现象的归类"为笔者根据《清文启蒙》所讲授的语法现象，用中国国内较通行的语法术语进行的语法归类，例句引自原书。

从表一可以看到，《清文启蒙》编写者所认为的助语虚字涉及现代语言学术语里称说的多个语法现象，有构词法（例五中的第 4 项，序数词的构成），有虚词中格助词（例一中的时间格、方向格、位置格，例二中的第 1 项宾格、工具格，例五中的第 2 项方向格）、语气词的用法（例三，表感叹语气），有动词的时、式（例六中的第 1 项动词的请愿式、例七中的第 1 项动词过去时的疑问式），动词短语结构(例四)，句子层面的简单句、复合句的构成（例六中的第 2 项简单句中的祈使句、例七中的第 2 项简单句中的疑问句、例五中的第 1 项条件（假设）的复句关联词），常用句式（例五第 3 项比较句的构成），还有两处语法现象是笔者把握不准的（例二中的第 2 项、例五中的第 5 项）。总之，其范围远远大于当时的汉语语法学家界定的"助语虚字"。中国"古代的虚词著作，大体上可分为两个流派。一是修辞派，一是训诂派。……修辞派着重研究文言虚词的运用规律，研究文言虚词所表现的语气神情"。[1]训诂派注重研究古书字句的解释。在表中列举的多个语法现象中，除了例三感叹语气词"kai"的释义与汉语虚字的研究范围非常切合外，其他各例应该都不在汉语文虚字研究的视野内。从表中所举例子可以看出，在《清文启蒙》的编写者看来，满语中的诸多语法现象都属于助语虚字。

满语学习的难点在于虚字 满语文研究者一直在思虑满文学习的难点。《清书指南》的作者沈启亮花了几年时间反复思忖，《指南编》的著者厚田万福也一直在思考。两位先行者虽然相距二百多年，但是他们得出的结论是一样的，满语的难点就在于虚字。这些虚字就如同汉语中的"之乎者也"。沈启亮在《清书指南》的自叙中说："夫汉书中有之乎者也等虚字，连贯得法，斯为章句通儒。然汉文于吟咏之间，抑扬高下，寻绎其理，或可自悟一二。若清书中亦有如之乎者也等虚字，不得其傅，则翻清之法，虽有深心者，不能自悟也。清书中有一定不移之体，失其体，纤毫之间，如隔千里"[2]沈启亮所说的"不移之体"就是和汉文中相似的虚字，虚字用错了，就会失之千里；用的得法，就能写出语句通顺的文章。光绪十年厚田万福在《清文虚字指南编》序中也道出了学习满语文的难点。"清文之难，纯在虚文，而不在实字。起合之准绳，非虚文无以达其意；贯穿之脉络，非虚文无

---

[1] 何九盈《中国古代语言学史》（新增订本）第 234 页，北京大学出版社，2007 年。
[2] 沈启亮《清书指南》所附：自叙。刻于康熙壬戌年（1682），京都西河沿宛羽斋李伯龙书坊发兑。

克传其神。学者不得其准绳,则起合无以辨,则贯穿无由明。"满语文难就难在虚字,虚字弄清楚了,文章就能表情达意传神。厚田万福对虚字重要性的认识与沈启亮可谓英雄所见略同。[1]

清时的三部满语语法著作总结出的虚字字数越来越多。经过笔者统计,《清书指南》语法卷共总结归纳出 65 个(组)满语文虚字的用法。《清文启蒙》语法卷 99 个(组[2])加上 140 条满语常用短语。《指南编》收字最多,分上下两卷,共 268 个满文虚字。328 年前(1682)出版的《清书指南》、280 年前(1730)付梓的《清文启蒙》,都专辟一卷讲授满语语法,总结出满语的许多主要特点,以方便第二语言学习者,后来的《指南编》将这一传统延续并发扬光大,并将满语语法独立成专书梓行,今天的人们应该为他们大声喝彩。

三 汉语虚字研究成果对满语语法研究、教材编写的影响

《清书指南》卷三名为"翻清虚字讲约",《清文启蒙》第三卷取名"清文助语虚字",光绪十年(1884)首次付梓的语法教材《清文虚字指南篇》以及十年后(光绪二十年)重刊的《重刻清文虚字指南篇》,这三部书的书名皆选择"虚字"二字,不是著者新创。我们将这三部书的编撰体例、书中各种语法现象的释义方式(见表一第三栏)和其时的汉语虚字著作相比照,均可见当时的汉语虚字研究成果对满语文教材的编写者影响至深。

三部满语语法书出版前后的汉语虚字研究小史 虚字与实字相对,《马氏文通》卷一〈界说一〉定义为,"凡字有事理可解者,曰实字。无解而惟以助实字之情态者,曰虚字。"[3]中国语言学家对虚字的概念早在汉代许慎撰《说文解字》就有了。王力先生说"许慎不叫做虚字,而叫做'词'(王引之的《经传释词》由此得名)。"说文中大量例子"都可以说明许慎能把虚词从实词中辨别出来。"[4]最早把虚词叫做虚字的当属宋代的周煇,《清波杂志》卷七记载:"东坡教诸子作文,或辞多而意寡,或虚字多、实字少,皆批谕之。"[5]中国古代研究虚词的专书不多,"元代卢以纬泰定元年(1324)写了一本《语助》,这可能是第一本专讲虚词的书。"[6]它出现在《清书指南》之前。清代"在二百六十多年的时间内,产生了一大批著名的音韵学家、文字学家、训诂学家,传统语言学的各个领域都取得了丰硕成果。"[7]康熙四十九年(1710)、康熙五十年(1711)出版了两部在中国语法学史上有着重要地位的虚字专著,一部叫《虚字说》(袁仁林撰),另一部叫《助字辨略》(刘淇撰)。这两部书在《清文启蒙》之前出版。嘉庆三年(1798),又一部中国古代语言学史上的重要语法著作问世,即王引之的虚词专著《经传释词》。继王引之之后,又有江西南丰人吴昌莹于同治年间著《经词衍释》十卷,《补遗》一卷。这两部书在《指南编》之前出版。

清时的满语文学者已将虚字、实字概念分开 我们以 be 为例,观察清时的三部语法著作与现今的语法书、满汉辞典的释义方式。见表二:

---

[1] 下文"汉人满语文学者沈启亮可能是用虚字概念研究满语语法的第一人"部分将详述沈启亮对虚字的认识。
[2] 例如,表一中的例七 Kao hao koo hoo keo heo 就是一组。
[3] 马建忠《马氏文通》第 19 页。商务印书馆,1983 年。
[4] 王力《汉语史稿》上册,第 12 页。中华书局,1980 年。
[5] 龚千炎《中国语法学史》第 11 页,语文出版社,1997 年。
[6] 杨伯峻《助字辨略》词条,收入《中国大百科全书》语言文字卷,第 539 页。中国大百科全书出版社,1988 年。
[7] 何九盈《中国古代语言学史》第 199 页,河南人民出版社,1985 年。

书名	be 作为虚词的解释	be 作为实词的解释
《清书指南》语法卷 1682	be 虚字解，即汉文将字、把字。	实字解，我等、雀食、饵、輗。
《清文启蒙》语法卷 1730	be 把字。将字。也字。又以字。用字。又使字。令字。教字。联用单用俱可。	实解我们。鱼食。鸟食。牛车辕头横木。
《指南编》 1894	把将以使令教字，共是七样尽翻 be。下边必有 bu 字应，不然口气亦可托。	
《满语语法》[1] 1986	be 是宾格和经格的格助词。 1. 表示宾格的用法 当 be 表示宾格时，有"将""把""以""使""令"的意义，用在名词、代词、动名词和名词性词组之后，表示动作所涉及的对象，在句子中充当宾语成分。 2. 表示经格的用法 当 be 表示经格时，有"经过"的意义，用在名词、表示地点的代词等之后，表示动作所经过的场所，在句子中充当宾语成分。	be 我们，第一人称代词复数排除式复数第一人称代词 be 和 muse 虽然都当我们讲，但在意义上有所不同。be 不包括对方听话的人，为排除式；muse 则包括对方听话的人，相当于汉语的"咱们"一词，为包括式。
《满汉大辞典》[2] 1993	[助]把、将、以。 [语]也。	[名]①饲料，专指鸟类家禽之食物。②鱼饵。③车輗。④伯，即公侯伯子男的音译词。 [代]我们，我等。

表二显示：
1. 《清书指南》《清文启蒙》已经把实字、虚字分开。
2. 《指南编》只讲虚字，不讲实字。
3. 《清文启蒙》《指南编》虚字解中的"联用单用俱可"，"下边必有 bu 字应，不然口气亦可托"两句解释虚字的用法，这与现代语法书的思路相像。
4. 《清书指南》《清文启蒙》的释义方式更像现在的满汉辞典。
5. 《清书指南》《清文启蒙》《指南编》三部书的相同点是，在虚字解部分，他们都把 be 看作是虚字。

沈启亮和舞格先生放在实字解中的词均为名词和代词，可见他们对实字的理解是十分正确的，但是他们把实字解放在专讲虚字的语法卷里就有些像字典了。还是厚田万福先生的做法更纯粹，讲虚字就专讲虚字，实字解一个都不涉及。《清书指南》《清文启蒙》语法卷和《指南编》的释文细节倒是告诉我们，那时他们已经把实字和虚字的概念分开了。

汉人满语文学者沈启亮可能是用虚字概念研究满语语法的第一人 据已掌握的资料，《清书指南》是笔者见到的最早的（康熙二十一年，1682）专辟一卷讲授满语语法的满语

---

[1] 季永海、刘景宪、屈六生《满语语法》，民族出版社，1986 年。
[2] 安双成主编《满汉大辞典》，辽宁民族出版社，1993 年。

文教材。《清书指南》的著者为江苏娄东人沈启亮，字弘照，他也是清代第一部大型满汉文对照词书《大清全书》的著者。佟永功先生赞叹道："一个汉人，独自完成清代第一部大型满汉文对照词书，实属难能可贵！"[1]

从学习满文到《清书指南》成书，沈启亮经历了五年多（1677—1682）的摸索，我们从《清书指南》的编撰内容可以看到沈启亮这位有着深厚汉文基础的第二语言（满语）学习者的满语文学习心得。他在《清书指南》序中介绍了自己的学习过程。他"游学京师，且生平好笔墨。于清书向往尤笃。丁巳春（注：康熙十六年，1677）适馆于厢黄旗，通问于满洲诸先生。"[2]他钟情学习满文，就学于满洲人门下，先学十二字头，接着读"德喜乌朱"。"德喜乌朱（注：dehi uju），乃四十段（注：意为，嘉、美）满洲文也。其词直劲而不繁，短切而不促。所用虚字眼之法，步步在理、井井有条、承上接下、一气呼成、间不容发。"[3]德喜乌朱就是四十句用满语写成的美文，满文的虚字用法准确。沈启亮先生把"德喜乌朱"比作汉文的《千字文》。他原以为读会了德喜乌朱，就可以看满文书了（"始读十二字头，以识单字，继读德喜乌朱，以识连字，既识连字，则诸书从可窥矣。"[4]）。但他发现"虽然犹未也。翻译勿通诸奥，尚隔数十层。"[5]也就是说，学了十二字头和德喜乌朱以后，距离能够精确地满译汉还差得远呢。他很苦恼，学了两三个月，[6]结果还是老师讲一句知道一句话的意思（"唯求讲一句，止知一句之义"[7]），没教过的还是不懂。"所谓触类旁通者何在乎？"[8]这句话恐怕在他学习上遇到瓶颈时在他的脑海中反复发问，他打算自己探求学习满语文触类旁通的途径，为自己也为其他的学习者。他反思汉文的学习过程，总结出其中有两点最重要，一是，汉文中"之乎者也"这些虚字，如果连贯得法，就可以写出通顺的文章。二是，有节奏、有韵调地诵读诗文，慢慢地就可以明白一些写诗文的章法。（"夫汉书中有之乎者也等虚字，连贯得法，斯为章句通儒。然汉文于吟咏之间，抑扬高下，寻绎其理，或可自悟一二。"[9]）他想，如果满文中也有像"之乎者也"这些虚字，而我们没有发现它们，不能得文章经营缔造之法，找不到学习满语的路径，即使学习者再全身心投入，还是不能学会啊。（"若清书中亦有如之乎者也等虚字，不得其傅，则翻清之法，虽有深心者，不能自悟也。"[10]）经过"苦心搜索"，他发现满语文中确实存在着类似汉文中的虚字，并且这些字在满语文中十分重要，稍微用的不对，所表达的意思就可能谬之千里。（"清书中有一定不移之体，失其体，纤毫之间，如隔千里。"[11]）牢牢把握满文虚字、吟咏诵读满文经典名篇和满语对话，沈启亮把这两点体会都体现在他的满语文教材《清书

---

[1] 引自佟永功著《满语文与满文档案研究》第67页，《沈启亮与〈大清全书〉》辽宁民族出版社，2009年。

[2] 引自沈启亮《清书指南》所附：自叙。刻于康熙壬戌年（1682），京都西河沿宛羽斋李伯龙书坊发兑。

[3] 引白沈启亮《清书指南》所附：清书指南说。刻于康熙壬戌年，京都西河沿宛羽斋李伯龙书坊发兑。

[4] 同注3。

[5] 同注3。

[6] 沈启亮在其《清书指南》自叙中谈到，他曾听别人说满语文容易学，不到两三个月就能学成，他信以为真。两三个月到了，虽然能识字了，但用满语对话还是不行。（"亮尝误听人言，清书易学，可不两三月而成，斯时信以为真，及期，虽诸书果能识矣，至问对茫然。"）

[7] 同注2。

[8] 同注2。

[9] 同注2。

[10] 沈启亮《清书指南》所附：自叙。刻于康熙壬戌年（1682），京都西河沿宛羽斋李伯龙书坊发兑。

[11] 同上。

指南》里了，他专门用一卷书讲虚字，一卷书教满语口语会话。

我们不能确定沈启亮先生是否读到过元代卢以纬泰定元年（1324）成书的虚词著作《语助》，但至少汉文中已有的虚字概念影响到了他的教材编写。卢以纬在中国汉语语法学史上第一次将虚字独立成书，《语助》属前文讲的修辞派，着重研究虚字的运用规律。研究虚字的运用规律，将虚字研究结集独立成书，这两点，在沈启亮撰写《清书指南》语法卷之前汉语语法学家已经做出了榜样。《清书指南》将满语的各种语法现象称作虚字，语法、口语对话单列成卷，这种理念和编撰样式《清文启蒙》都沿用了下来。《指南编》更是将满文虚字研究扩充为两卷本的满语语法专著。

汉语虚词著作《助字辨略》可能对《清文启蒙》语法卷的编撰影响至深　前文谈到康熙四十九年（1710）、康熙五十年（1711）出版了两部在中国语法学史上有着重要地位的虚字专著，一部叫《虚字说》（袁仁林撰），另一部叫《助字辨略》（刘淇撰）。它们诞生在《清文启蒙》正式出版的二十年前。[1]《虚字说》总计收有虚字155条。"袁书对《马氏文通》的虚词诠释甚有影响。"[2]《马氏文通》中15个虚字的解释，"从立论到所用词句都采自《虚字说》。足见马氏对袁书的重视。"[3]虽然《虚字说》对"中国第一个语法学家"[4]马建忠甚有影响，但是对当时和后世影响最大的要属成书于康熙五十年的《助字辨略》。"值得重视的专讲虚词的书，创始者要算刘淇的《助字辨略》。……《助字辨略》实是第一本有较高水平的研究古籍虚词的书。"[5]据何九盈先生的研究，"在清代的文言虚字著作中，《助字辨略》收字最多，计470多个。……《助字辨略》的编排体例、释词方式都比《虚字说》要好，但体例还是不够严密。"[6]

比起《虚字说》，《助字辨略》对满语语法研究、语法教学、语法学习的影响都要远远大于《虚字说》，它可能直接催生了《清文启蒙》语法卷〈清文助语虚字〉。理由有二：一是《助字辨略》的研究可能为舞格先生的满语语法研究打开了一扇窗。刘淇将汉语虚字分为三十类，虚字是上位概念，虚字之下包含三十个下位概念。其中第三个分类取名为"助语"。"助语"被《清文助语虚字》选进了书名。也就是说，《清文启蒙》把上位概念"虚字"和下位概念"助语"放在一起作为了书名。刘淇在解释"助语"时举了一个例子，"如'无宁蔷患'之'宁'"，"宁"的意思是"曾"，"无宁蔷患"就是"不曾有过灾患"。这个"曾"和满语语法的过去时态非常相像，满文学者研读到此或许心中豁然开朗之感。因而将"助语虚字"一个下位概念和一个上位概念作为并列结构来冠书名，不是概念混乱，而是深思熟虑。二是，满语文学者的语法研究受到《助字辨略》的较大影响，可能与《助字辨略》著者刘淇的身世有关。乾隆己亥年，即乾隆三十六年版《助字辨略》增加了长白

---

1 《清文启蒙》付梓在1730年，它成书最晚可能在1727或1728。理由有三：1. 该书序文写于雍正八年（1730）的孟春朔日，也就是正月初一，是一年的肇始之日，书当在前一年（1729）就写完了。2. 此书共分4卷，在一年（1729）内写完不太可能。3. 该书序中介绍说，著者最早用此书在家中教孩子们，程明远先生"尝目睹先生以此课蒙"，学习效果又快又好。他"久欲请稿刊刻"，著者都不同意，最后程先生"力请再三，始获校梓"。说明该书经历过试用阶段。据此三点推算该书初稿完成最晚在1727或1728年，也可能更早些。

2 许嘉璐主编《传统语言学词典》第490页，《虚字说》词条，河北教育出版社1990年。

3 同上。

4 王力《汉语史稿》（上册，第13页）中说："中国第一个语法学家是马建忠（1845—1899）。"中华书局1980年。

5 杨伯峻撰《助字辨略》词条，收入《中国大百科全书》语言文字卷，第539页。中国大百科全书出版社1988年。

6 何九盈著《中国古代语言学史》第199页，河南人民出版社1985年。

人国泰所撰国序，他在序中介绍了刘淇的背景。

> 《助字辨略》者，确山刘老人所著也。老人世为济宁人，博闻强记，生平喜著书。性恬淡，不妄与人交，然亦以此见重于世。当世士大夫，无不知有刘老人者。其在京师，与先伯祖尚书公友善。老人既没，其幼子无所依怙。雍正年间，蒙恩旨赏入旗籍为汉军。尚书公以其为故人子，尝拊而育之。离别隶汉军，而居处饮食衣服，一切俾得与诸子齿。今其在者，老人之孙也。予幼时，亲见其往来予家，如家人礼，窃疑其非同姓而亲近若是。既而知其由先世及老人之故，予因奇其事而志之，至于今不忘。[1]

从这段话可以知道，刘淇老人博闻强记、喜好著书，虽然生性恬淡不随便交朋友，但正因如此别人更敬重他。当朝的官员包括做了官并且有地位有威望的读书人没有不知道他的。国泰父亲的伯父，官至尚书，和刘淇关系十分要好。刘淇去世后，尚书公抚育刘淇的儿子，视同己出，这件事还惊动了雍正皇帝，尚书公蒙恩旨把刘淇的儿子赏入汉军八旗。想来这在当时也是一件可作谈资的事。刘淇与当朝满清高官亲如一家的友情故事，对《助字辨略》在满语文学者中传阅起到了促进作用。"语法作为一门学问，也曾经在唐代由印度传入中国。当时叫做'声明'，'声明'讲名词变格、动词变位等。"[2]按照满语的语法特点，满语文研究者借鉴"声明"的研究成果应该更有启发性。但是历史的事实是，汉语的虚字研究启发了满语语法研究者，他们循着汉语虚字研究的思路探究满语语法，这也成为清代满语语法研究的一条明线和主线。

参考文献：
[1] 何九盈.1985 中国古代语言学史，河南人民出版社。
[2] 刘淇.1983 助字辨略，章锡琛校注，中华书局。
[3] 王力.1980 汉语史稿，中华书局。
[4] 马建忠.1983 马氏文通，商务印书馆。
[5] 佟永功.2009 满语文与满文档案研究，辽宁民族出版社。

---

1 刘淇著，章锡琛校注《助字辨略》第4—5页，国序，中华书局，1983年。
2 王力《汉语史稿》上册，第12页。中华书局，1980年。

关于辞书修订与创新的几点认识

——兼谈香港三联书店《现代汉语学习词典》（繁体字本）出版工作设想

香港岭南大学　田小琳　李　斐　马毛朋

摘　要　香港三联书店与北京商务印书馆商定，准备将《现代汉语学习词典》（北京，商务印书馆，2010 年）转为繁体字本，主要面向香港、澳门、台湾以及海外使用繁体字的读者，希望繁体字本注意读者对象，做少许增补修订。根据香港三联书店的要求，考虑到繁体字本读者的需要，我们参考近年出版的《全球华语词典》《香港社区词词典》《两岸常用词典》等，准备吸收其中少量新鲜的两岸四地的词语作为补充，并将其中一些词语互做比较。同时参考了《现代汉语词典》（第 6 版）的创新之处，以方便海外读者学习和运用现代汉语词汇。在工作中，主要关注了词条的选择和释义，例句的选定及作用，语音的准确与否以及繁简字形转换等问题。

关键词　词条选择　词条释义　辨析词义　词条例句　文白对译

香港三联书店与北京商务印书馆商定，准备将《现代汉语学习词典》（北京，商务印书馆，2010 年）转为繁体字本，主要面向香港、澳门、台湾以及海外使用繁体字的读者，希望繁体字本注意读者对象，做少许增补修订。我们有幸参与此项工作，在细读《现代汉语学习词典》中，不断学习辞书编辑工作的经验，深感这本词典在"学习"二字上下了不少功夫，所设"注意""辨析""语汇""知识窗"栏目颇有新意，是学习中文的必备工具书。根据香港三联书店的要求，考虑到繁体字本读者的需要，我们参考近年出版的《全球华语词典》《香港社区词词典》《两岸常用词典》等，准备吸收其中少量新鲜的两岸四地的词语作为补充，并将其中一些词语互做比较。目前，又正值《现代汉语词典》（第 6 版）出版，新版《现代汉语词典》较前作了大胆创新，新增单字 600 多个，增收词语 3000 多条，增补新义 400 多项，删除了少量陈旧的词语和词义。这一创新全面反映了现代汉语词汇的新面貌，体现了语言和社会的密切关系，方便了全球读者学习和运用现代汉语词汇，是值得赞许的事情。新版《现代汉语词典》自然也成为我们工作中的重要学习和参考资料。

在工作中，我们比较了多本词典，有以下几点体会，多为具体问题的想法，就正于方家。

一　关于词条的选择

词条的确立是辞书编辑的根本，词条确立的准确与精当是词典编纂工作的难中之难。在这次编辑繁体本《现代汉语学习词典》的过程中，我们除了吸取简体字本的优点之外，还特别注意了港澳台以及海外地区词典编辑的地域特色。具体来说，有以下几点特征：（一）词典的地域性特征：注重收录词典面向读者所在地区的社区词；（二）词典的实用性特征：在外来词的选择上，收录常用外来词，涤汰早已不用的旧音译词；（三）词典的稳定性特征：在新词新语的收录上，有创新，有保留，注重词典的稳定性原则，收词时不过分追赶潮流，也不故步自封、脱离时代；（四）词典的规范性特征：收录方言词时，以规范性为原则，尽量少收或不收录带有方言语素的方言词；（五）词典的知识性特征：收录一部分港澳台地区应用文常用词语，为读者提供学习时的知识性参考。

1.1 社区词的选择

两岸四地社区词，特别是香港、澳门、台湾的常用社区词，以及海外华人社区的常用社区词，已经受到大家的关注。大中华词汇的流通，是现代资讯社会的需求。《现代汉语学习词典》和《现代汉语词典》（第 6 版）都已接受社区词的概念。我们认为，在选用社区词上要细心，多选已经流通的社区词，和各社区有代表性的社区词。只限在某一社区使用的则避免选用。在增补时，参考《现代汉语学习词典》中"知识窗"的形式，例如"同声传译"词条的写法。订正原有的社区词不妥的释义，例如，"洋务：香港等地指以外国人为对象的服务行业"，该词现已过时不用，即便使用，范围亦甚狭窄。可在"香港等地"后加上"旧时"的字眼。有的社区词可能需要列新词条，例如，"宪制"，香港特区政府关于《基本法》的网页上有："《基本法》是香港特别行政区的宪制性文件，它以法律的形式，订明'一国两制''高度自治'和'港人治港'等重要理念，亦订明了在香港特别行政区实行的各种制度。"根据"慧科搜索（wise search）"（该网站包含大中华区 2500 多种报纸杂志），查到"宪制"一词在香港报纸杂志中，一年（2011.07—2012.07）出现 1268 次，澳门 174 次，大陆 360 次，台湾 26 次。大陆的出处也多为关于香港的报道。可见，"宪制"是香港通用的重要政治法律词语，可以补收。又例如，香港脑科学会及老年精神科学会等联盟，建议将"老年痴呆症"正名为"认知障碍症"，因为"痴呆"使人感到受歧视，此正名得到多数患者及其家人和照顾者的认同。待香港医管局接受后，"认知障碍症"可收入词典。

我们准备加收的社区词有：安老院、按章工作、白牌车、白车、避税、边缘青少年、兵哥、病态赌徒、补习社、驳火、不文、擦鞋、财务公司、查牌、差饷、超班、惩教、持牌、除牌、出粮、穿梭机、传意、传召、喘定、春茗、搭台、达至、打蛇饼、大耳窿、大热倒灶、大闸蟹、抵步（埗/步）、刁时（丢时/局点/赛点）、顶包、钉牌、东主、冻饮、冻薪、鳄鱼潭、二世祖、发展商、法例、防撞栏（杠）、放鸽子、放蛇、放料、放数、飞线、飞站、风化区、服务式住宅、副学士、非牟利团体、高卖、贵利、关系企业、棺材本、柜位、告票、核数师、黑广、红色炸弹、护卫员、华族、欢场、回佣、货办（版/板）、积犯、纪律部队、加护病房、夹心阶层、家庭岗位、僭建物、开盘、垃圾虫、蓝营、绿营、例牌、绿色炸弹、露宿者、虐畜、拍乌蝇、陪跑、佩枪、皮费、票控、签卡、人盾、入数、入息、人龙、认知障碍症、杀订（定）、伤健、胜数、社区学院、食肆、示范单位、侍应生、收炉、收数、深切治疗部、吞蛋、挞订（定）、踢契、托书、旺点、旺场、问题家庭、文宣、幸运号码、西饼、宪制、寓公、疑匪、艺员、游车河、游船河、造马、斋奖、职业租客、租霸、自由行、自雇人士、证供、主礼、专业操守、专业人士等，共计 130 个词左右。是否合适，供大家讨论。

1.2 外来词的选择

五四时期现代汉语词汇吸收了不少外来词，请进了德先生和赛先生，有的沿用至今，有的今天已很少用。例如，德谟克拉西（德先生）已少用，为"民主"所代；赛因斯（赛先生）已少用，为"科学"所代。查《现代汉语学习词典》不收德谟克拉西和赛因斯，但收了烟士披里纯（灵感）、哀的美敦（最后通牒）。如要收，以上四个可都收，如不收则都不收，似应有个规则。此外，像"便当"一词，应注明源自日语。

关于字母词，《现代汉语词典》第 5/6 版，《现代汉语学习词典》，《现代汉语规范词典》第 1/2 版，《全球华语词典》等都收有"西文字母开头的词语"，这是对现代汉语词汇的客观描写，所收数量不多，远远不及语言实际中所用的数量。收一定量的字母词，方便读者查找，是可取的做法。沈孟璎主编的《实用字母词词典》，2002 年由汉语大词典出版社出版，收词约 1300 个；刘涌泉《汉语字母词词典》，2009 年由外语教学与研究出版社出版，收词约 2600 个；十年过去，随着网络资讯发展的一日千里，中国网民已达几亿人，字母词的数量又不知增加了多少。上述《现代汉语词典》等所收字母词都经过筛选，少量的字母词放到词典内文的后面，是广大读者可以接受的。

1.3 新词新语的选择

《现代汉语词典》（第 6 版）吸收了改革开放以来反映新事物、新概念的不少新词新语，共达 3000 余条，可作为重要参考。《现代汉语学习词典》出版于 2010 年，包括这本词典的前身《应用汉语词典》（2000 年，商务印书馆），都已经选有不少新词新语。据刘一玲著文介绍，《应用汉语词典》在当时编纂时"比较广泛地吸收了近二十年来出现在汉语当中的新词新语新用法约 5000 条"（刘一玲，2003）。比同时期的《现代汉语词典》修订本收录的还要多一些，其中包括了一些流行语。在《现代汉语学习词典》中，像反映网络的一系列词语，包括：网吧、网虫、网迷、网民、网友、网页、网选、网站、网址、网络电话、网络犯罪、网络警察、网络文学、网络游戏等，像反映科技最新成果的，包括：航天、航天员、航天器、航天站、空间站、航天飞机等，都已经收纳在册。因为《现代汉语学习词典》已选有不少新词新语，目前，在选用新词新语的数量上可稍为保守，有些近年使用的新词新语还可多看几年，不一定将《现代汉语词典》（第 6 版）收入的都补上。我们也同意《现代汉语词典》（第 6 版）不收"剩男、剩女"的看法，现在，同时又出现了"盛男、盛女""胜男、胜女"，用语素"盛""胜"来避免"剩"表现的消极意思。哪一组词能为大家约定俗成还不一定。这三组词都可进入年度的现代汉语新词新语词典，以帮助读者了解词义。

对于新词语的选收，在以上几方面以外，时政方面的新词语也是需要适当关注的。最近，中国外交部在发表关于我国固有领土钓鱼岛的严正声明中，提到的"领海基线、领海基点"，可作为新词语收入。这两个词不是流行词，使用频率在可见的时期会较高。而且有关部门通过媒体对这两个词做了详细科学的介绍，读者需要了解。还可在这两个词后加知识窗，以钓鱼岛作为实例说明。

1.4 方言词的选择

由于近三十多年的改革开放首先以珠江三角洲的多个城市为龙头，加上 1997 年、1999 年香港和澳门相继回归祖国，这些地区流行的粤方言便成为强势方言，一时有"粤方言北上，普通话南下"的佳话，反映了对内搞活的南北交流的盛况。粤语歌曲在全国范围的流传,也有推波助澜的作用。粤方言的词汇对普通话词汇有很大影响,不少粤方言词进入《现代汉语词典》《现代汉语学习词典》。例如,"买单、埋单、手袋、手链、焗油、找赎、乌龙球、一头雾水"等。还有一些常见的粤方言词似可考虑吸收,例如,"饮茶、茶餐厅、糖水、煲汤"等,因为粤式茶楼和港式茶餐厅已进入不少城市乡镇,为人们所熟悉。

此外,所吸收的方言词最好尽量不要带方言语素,例如,《现代汉语词典》(第6版)新吸收的东北方言"嘚瑟","嘚"大概是借字记方言音,与原来"嘚"的意思没有关系。像粤方言中,有很多方言字用来记方言音,例如,"买东西",说"买嘢","嘢"不是通用汉字,规范词典就不好再吸收了。

1.5 适量增加书面语词

这里说的书面语词,主要指的是港澳台地区常用公文、信函等应用文写作时经常使用的书面语词。《现代汉语学习词典》已有"台端、台甫、台鉴、家父、家母、家严、家慈、令尊、令堂、令媛、令郎"之类的词条。在"敬辞"条下,设有知识窗"敬辞种种",收六类敬辞40余个,这是值得称道的。书信是常用应用文,似可在"书信"条下设知识窗,依书信格式列出书信敬辞用语,包括:称谓、提称语、启事敬辞、开首应酬语、结尾应酬语、结尾敬辞、请安语、署名后的敬辞、补述等,这些部分的用词是港澳台常用的书信用语。

《现代汉语学习词典》一些书面语词条目的释义,还有可补充之处。例如,关于"夫人"一词,可作补充说明,"夫人"是尊称别人的妻子,而不能说自己的妻子。"太太"已从尊称扩大为可指自己的妻子,而"夫人"的词义并未扩大,对别人介绍自己的妻子时,说"这是我夫人",是贻笑大方的事,香港有人专门著文评论,认为此事反映出交际中文言水平低下。在香港,婚丧嫁娶的帖子、文告等都沿用文言,如增加有关书面词语,对学习者十分有益。目前,对文言词使用的情况,台湾比港澳使用的多,港澳比内地使用的多。如《现代汉语学习词典》(繁体字本)多收一些,对于保留文言词有积极的作用,文言词的庄重色彩在很多场合是普通用词代替不了的。

二 关于词条的释义

释义是辞书的核心,释义的规范与完善是词典的重中之重。一般而言,在词条的释义过程中,要特别留心的是:(一)释义的准确性,这一点是无需多说的;(二)释义的时代性,亦即是说,释义尽量贴近时代,反映今天现代汉语词汇使用的面貌和意义,而不要与时代脱节;(三)释义的照应性,用"以词释词"这样的方式进行释义时,尤其是用非常用词注释常用词时,最好避免陷入循环释义的"陷阱";(四)释义与例子的一致性,现在一些辞书的编者往往会在这方面出现一些疏失,特别是在释义与例证的词性方面,这是尤其需要注意的。这次《现代汉语学习词典》繁体字本的编辑过程中,我们也是本着这几项辞书编辑关于释义的原则,进行分析和操作。具体而言,有以下几点。

2.1 同形异义词的释义辨析

在不同社区,有些同形异义词,用法上容易引起混淆,意义加以辨析后,方便港澳台地区读者使用。例如,窝心,香港、台湾的用法和内地完全相反,是贴心的意思,用于褒义。我们准备加以辨析的同形异义词包括:班房、霸王、爆肚、白话、抽水、擦鞋、打尖、大班、单位、地盘、地牢、地下、对开、返工、放水、改名、孤寒、蛊惑、姑娘、花王、化学、火烛、街市、大话、口气、奶奶、炮制、平价、人工、热气、认真、入伙、沙尘、手势、同志、透过、窝心、醒目、心机、烟霞、油渣等。总数在 50 个以内。这部分内容多放在辨析栏目里，或增加义项。

2.2 释义应尽量准确精当

《现代汉语学习词典》个别地方，释义应注意准确，例如，"放盘"，释义为"旧时商店出高价收买或压低价出售"，没有例句。查《现代汉语词典》（第 6 版），释义为："指商店减价出售或增价收买"，没有"旧时"，也没有例句。查《辞海》，释义为："旧中国商业用语。商人减低价格出售商品。如放盘三十天，即减价出售商品三十天"（1546 页）。查《全球华语词典》，释义为："发布房屋等商品的定价，公开出售或租赁。例：洋房~｜网上~｜这套房子已委托中介~。使用地区：各地。"我们认为《全球华语词典》的释义作为现代汉语的用法最为准确，《辞海》所说"旧中国商业用语"也有道理，其实这个词在港澳台和海外一直沿用，并未消失。"放盘"为什么会有"收买"的意思则不得而知，还要再查找资料。《辞海》《全球华语词典》的"放盘"均无"收买"义。

《现代汉语学习词典》在一些词的释义中，常加上"旧时""旧称"的说法。我们发现，在大陆现在不用的一些词，在港澳台地区，在海外华人社会，仍旧使用，例如："花红"，词典释义第二个义项为"旧时企业分给其成员的红利"，港澳台地区一直都用这个词，且是常用词，可删去"旧时"。再如："邮差"，词典释义为"邮递员的旧称"，其实香港一直都用"邮差"这个词，并不含轻视义，可删去"旧称"。

此外，有的地方释义与词条不够搭配，例如，"晏"的第二个义项，释为"平静；安乐：河清海~"但"河清海晏"的"晏"，并无安乐义；还需再举一例说明"晏"的安乐义。《现代汉语词典》不存在这个问题，晏的安乐义，别有解释。

2.3 释义要注意与时俱进

《现代汉语学习词典》个别地方没有注意到事物的发展变化，例如，"老虎机"词条下，释义为"一种用来赌博的投币游戏机。根据规则，如果赢了，机器会将所储硬币自动吐出；如果输了，投入的硬币会被吞掉"。这是老式的老虎机，现在澳门的赌场已少见这种游戏机了，都更新为电子化的老虎机，用纸币放进入口，按游戏规则玩耍，输赢均由屏幕显示，如有剩余，可随时从取款处取出纸质代币，代币可再放入老虎机玩耍，亦可兑换为现金。此外，释义应把"老虎"的比喻意思说清楚，因为输多赢少，赌本多被吃掉，如同送入虎口。

关于"村官"，《现代汉语学习词典》释义为："称村一级行政干部，多用于非正式场合：大学生当村官。"其实，"大学生村官"已是一个新词语，中国挑选优秀大学毕业生到农村担任村一级干部，已经常态化，是培养人才的重要举措。前不久，媒体报道中央召开大学生村官工作会议，说明"村官"已用于正式场合。

2.4 释义要注意互相照应

《现代汉语学习词典》个别释义失照的现象需改正，例如，"燕子：家燕的通称"，然而，词典中并未收录"家燕"一词。《现代汉语词典》（第 6 版）便收有"家燕"词条。又如，"毛尖：绿茶的一种，……以产于河南的信阳毛尖、产于贵州的都匀毛尖最为有名。也叫毛峰。"词典未收"毛峰"条。查《现代汉语词典》（第 6 版）《现代汉语规范词典》，"毛尖"条目释义中，都未有"也叫毛峰"的说法。在大型画册《中国——茶的故乡》（中国土产畜产进出口总公司暨下属中国茶叶进出口公司编辑，香港文化教育出版社出版，1994）中，茶叶分类部分，"黄山毛峰、信阳毛尖、都匀毛尖"均在特种绿茶下并列（67页），可见，毛尖并不叫毛峰，它们是两类不同的绿茶，可考虑另出"毛峰"条目。

2.5 释义涉及方言出处须严谨

《现代汉语学习词典》在凡例中说明方言词语会标出所属方言，"主要有北方官话、西北官话、西南官话、江淮官话、吴语、湘语、赣语、粤语、闽语、客家话等。此外，少量词语标出更具体的所属方言，主要有北京话、东北话等。"有些方言词语的所属需注意标得准确。例如，"妗子"，词典特别注明方言为山东话，其实北方官话以及其他一些方言，均称舅母为妗子。所举例句为"在姥娘（外祖母）家看到了~"，用"姥娘"似不妥，"姥"字条下，只收"姥姥、姥爷"。"姥娘"也是山东话，例句虽加了括号解释，最好也不用。再如，"几多"，注明方言为西南官话、客家方言，其实，赣语、闽语、粤语也都用"几多"。从历时的角度看，"几多"一词在古汉语中也较为常见，例如李商隐《柳》中有句"动春何限叶，撼晓几多枝"，李煜《虞美人》中的"问君能有几多愁，恰似一江春水向东流"更是脍炙人口。所以"几多"是否应该标注为方言，或者哪种方言，还值得商榷。此外，"家俬"条，注明是粤语、闽语，释义为"家什"，似应为"家具"。

将所有方言词语标出所属方言，对词典来说是一个更高的要求，难度相当大，这就要审慎严谨处理，不能只是举例来说。《现代汉语词典》对方言词只标"方"，不做更细致的处理是有一定道理的。

2.6 辨析词义举例还需斟酌

辨析词义是《现代汉语学习词典》的强项，是最可称道的部分。只是个别例子还需斟酌。例如，辨析"表率、榜样"，其中一例为："这个工厂技术革新的事迹是我们学习的榜样。"句子的主干"事迹是榜样"总觉不妥。这涉及对"榜样"一词的释义。查梅家驹主编的《现代汉语搭配词典》（汉语大词典出版社，1999年），"榜样"释义为"仿效的对象"，搭配词语所举例子也无上例的句型。

三 关于词条的例句（短语/例句）

《〈现代汉语词典〉编写细则》中，关于编写例句问题的规定，十分有指导意义："举例的作用是补释义之不足。""对例句的总的要求：（A）能恰好说明意义和用法；（B）简短；（C）语言优美，没有不合规范的地方；（D）内容没有政治性错误，也不庸俗。"可见，例句需精心编写，其重要性并不亚于释义。

3.1 拟减少个别例句中明显的政治色彩

由于考虑到繁体字本的读者对于内地社会的政治情况有时并不熟悉，一些例句有明显的政治色彩的，拟更换。这一类例句在《现代汉语学习词典》中已经不是很多，换一个例句毫不影响对词义的理解，这样做也是考虑到词典读者的广泛性。例如，《现代汉语学习词典》的"标志"词条下，第二个义项，动词，"表明某种特征"，原例句政治性较强，拟改换为"电子排版标志着印刷业已经进入现代化时代"，改换后并不影响读者对"标志"词义的理解，内容上也贴近现实，与时俱进。

词典所选的政治词语词条则不做任何更动，以便读者了解中国内地的政治词语。政治词语的例句，自然是讲政治的，亦不做改动。此外，内地常用的一些词语，例如：机关、党政机关、政府机关、单位、社会团体、学校团体、领导、干部、编余干部、民警、公安人员、群众、干群、战线、积极分子、复员转业军人、炊事员、老同志、女同志等,在例句中很常见,数目稍嫌多了些,可保留一些,删去一些。保留的目的,也是希望通过例句令读者了解内地常用词语。

3.2 关于例句中涉及新旧时代的说法

《现代汉语学习词典》的例句中,"旧时、古时、古代、中国古代、历史上"的说法均可保留。有的例句中用"新中国",多处似可改为"中华人民共和国",因为新中国和旧中国相对而言,就是指1949年前后。"新中国"这个词是上世纪常用的词语,目前,世界上也都多用"中国",只在特定的语境下用"新中国""旧中国"一词。"旧社会"一词用在例句的句首,有时可改为"旧时";有的例句,仍可保留"旧社会",例如,"鞭挞"一词的例句为"鲁迅的小说和杂文无情地鞭挞了旧社会"。此外,"我国"也改为"中国"为好,因为词典的读者有很多是海外华人或外国人。

3.3 例句和词条的修辞色彩保持一致

《〈现代汉语词典〉编写细则》规定,"例句的语言必须在风格上调和。如果文言气很重的词用口语气重的句子做例,非常不调和,而且容易给读者错误印象,以为这些词在口语里通行。"这一规定是值得借鉴的。《现代汉语学习词典》中也存在类似问题,例如,"安歇"的例句色彩,似乎没注意这一点:"太累了,先找个地方安歇吧!"这句子总体上是口语化的,用上"安歇"不太协调,若能换为"时候不早了,请安歇吧!"则会更加符合语体色彩。

3.4 文言例句需用白话阐明

词条为书面语词,如用文言例句释义,最好用白话阐明。《现代汉语学习词典》中,有的书面语词例句用了文言,或直接引用典籍,如属浅易文言,还可明白,例如,在"案牍"条下,用"无丝竹之乱耳,无~之劳形",这话出自刘禹锡的名篇《陋室铭》,一般读者还能明白;有的例句恐怕读者不能理解,最好加括号,注明白话。例如:"傻"的第二个义项:"呼吸不畅:如彼遡(sù,逆着)风,亦孔之~"。一般读者看了例句,大概还不明白。而有些词条,全部都用文言文例子作例句,却没有任何白话文的翻译,这对读者去学习、掌握该词语效果并不一定好。例如"殢"(tì)有"困,病:~酒";"骚扰;纠缠:春色无端~醉翁"。"褆"(tì)有"包裹婴儿的小被:载衣载~,载弄之瓦"。"趯"(tì)有例句"喓喓草虫,~~阜螽"。这些例句用古文写就,有的直接就是引用《诗经》的原文,对于现今的读者来说,理解已是不易,更何况掌握、学习。所以这类例句还是加上白话翻译比较好。

而加白话翻译也是《现代汉语学习词典》中采用过的方式,例如,"徯"字条目下,释义为"等待:~予后(等我君王)";又如"天"字条目下面收录了例句"母也天只",例句之后括号内也是白话的翻译"我的妈呀,我的爸呀"(这句翻译还可斟酌)。看来给古文,尤其是《诗经》等较难理解的先秦诗文加注,在词典中是有先例的,只是并没有完全统一而已。我们认为,这类例句最好加注,若有可能,也不妨将例句改用浅近的文言,不求最早的书证,只求利于读者理解和学习。

3.5 例句内容亦须与时俱进

现代社会发展一日千里,资讯科技发达,这些最好要反映在例句中。例如,《现代汉语学习词典》"朝发夕至"词条下，例句为"北京去南京，乘特快列车，可~。"似可改为"北京去广州，乘高铁，可~。"因为北京去南京，坐高铁，现在可四个多小时到达，已经不用朝发夕至了。

四 其 他

由于《现代汉语学习词典》繁体字本的读者有一定的地域性特征，所以在这次修订中，我们除了保留《现代汉语学习词典》简体字本原有的优点之外，还参考了港澳台等海外华人地区已有词典的不同特点，以满足地区性读者的需要。

4.1 增加适量常见的与普通话不同的台湾国语读音

因为部分读者为台湾人，可增加常用字的台湾国语读音:例如"研究"可增加"yánjiù"音，并说明是台湾国语读音。增加台湾国语读音遵照一定原则，第一，所选台湾国语读音，均出自台湾出版的权威词典，如中华文化总会编《两岸常用词典》等；第二，所选台湾国语读音均与普通话读音同时标注于词条之后，使读者一目了然。

4.2 若字形存在一简对多繁时增加条目

若一个简体字对应了多个繁体字，则在修订时应将不同的繁体字分列条目。例如，"干"对应"乾（乾燥）""幹（樹幹）""干（干支）"等，这些不同的字条不可合一，需要分立。这类是简体字改为繁体字本的一项重要工作。

4.3 轻声及儿化词的选定与注音

参照国家语委及有关机构最新拟定的《普通话常用轻声词词表》《普通话常用儿化词词表》进行必要修订。

此外，就目前的注音情况而言，《现代汉语学习词典》中的一些轻声、儿化词在标注上还存在可进一步讨论的地方。

在轻声词的注音上，有一些词的注音还不够准确。例如有的词当注为轻声或轻读，但《现代汉语学习词典》则未标注。例如"折磨"，《现代汉语学习词典》标音为"zhémó"，例句是"~人｜受尽~｜别~我了｜疾病把他的身体~垮了"。这四个例句中"折磨"的"磨"，一般在口语中多读为轻声。查《现代汉语词典》第5版和第6版，"折磨"一词的标音为"zhé•mó"，依照《现代汉语词典•凡例》该词的第二个字"一般轻读、间或重读"，可以看出轻读是一般性的、比较普遍的，而重读才是间或性的、不常见的。是故，可依照《现代汉语词典•凡例》将"折磨"的注音改为"zhémó (-mo)"。再如"中堂"（释义为"明清两代内阁大学士的别称"[1]）注音为"zhōngtang"。一般而言，轻声多用于现代汉语的口语词，专用名词较少出现轻声，该词作为古代专有的名称，出现轻声比较可疑；并且这类专有名词，如读轻声，需有根据。查《现代汉语词典》第5版标注为"zhōng•táng"，而第6版则取消轻音，直接注为"zhōngtáng"。三种不同的注音孰是孰非，值得继续思考。

再说儿化。"伊妹儿"是英文 E-mail 的音译词，《现代汉语学习词典》标音为"yīmèir"。这个语音标注得不太准确，不仅在口语中"伊妹儿"不是儿化词，而且这种注音无法准确

---

[1] 此释义不够准确。参照《辞源》"中堂：唐设政事堂於中书省，以宰相领其事。后因称宰相为中堂。元王恽有《中堂事记》，记元初中书省事。明清内阁大学士实际上是宰相，在文渊阁办公，中书居东西两房，大学士居中，故也称中堂。故"中堂"并非单指明清两代的内阁大学士，至少还可代称元代的中书省。所以该词条的释义当从《辞源》说，改为"宰相的别称，在明清两代代指内阁大学士"。

地与英语的发音对应起来。若取消儿化音节,"儿"改为独立音节,轻声,作"伊妹儿"(yīmèi'er)则比较符合语言事实。辞书的标音应该与口语音保持紧密的一致性,还是参照固有标准,起到典范性、规范性的作用,这个问题虽不可一概而论,但其原则性还可以继续讨论。

参考文献:

词汇学理论与应用编委会 2008 《词汇学理论与应用(四)》,商务印书馆。
辞海编辑委员会编 1980 《辞海1979年版(缩印本)》,上海辞书出版社。
符淮青 2004 《词典学词汇学语义学文集》,商务印书馆。
符淮青 2006 《词义的分析和描写》,外语教学与研究出版社。
葛本仪 2004 《现代汉语词汇学》(修订本),山东人民出版社。
广东、广西、湖南、河南辞源修订组,商务印书馆编辑部编 1988 《辞源》(合订本),商务印书馆。
韩敬体 2004 《现代汉语词典编纂学术论文集》,商务印书馆。
李行健主编 2010 《现代汉语规范词典》(第二版),外语教学与研究出版社。
李行健主编 2012 《两岸常用词典》,高等教育出版社。
李宇明主编 2010 《全球华语词典》,商务印书馆。
刘涌泉 2009 《汉语字母词词典》,外语教学与研究出版社。
梅家驹主编 1999 《现代汉语搭配词典》,汉语大词典出版社。
商务印书馆辞书研究中心 2000 《应用汉语词典》,商务印书馆。
商务印书馆辞书研究中心 2002 《新华成语词典》,商务印书馆。
商务印书馆辞书研究中心 2003 《辞书的修订与创新》,商务印书馆。
商务印书馆辞书研究中心 2010 《现代汉语学习词典》,商务印书馆。
沈孟璎主编 2002 《实用字母词词典》,汉语大词典出版社。
苏宝荣 2000 《词义研究与辞书释义》,商务印书馆。
田小琳 2009 《香港社区词词典》,商务印书馆。
田小琳 2012 《香港语言生活研究论集》,人民教育出版社。
张励妍、倪列怀 1999 《港式广州话词典》,万里机构万里书店。
张志毅、张庆云 2007 《词汇语义学与词典编纂》,外语教学与研究出版社。
中国社会科学院语言研究所词典编辑室 2004 《现代汉语词典五十年》,商务印书馆。
中国社会科学院语言研究所词典编辑室 2012 《现代汉语词典》(第6版),商务印书馆。
中华文化总会 2012 《两岸常用词典》,国语日报社(台北)。
周何总主编、邱德修副主编 2011 《国语活用词典》,五南图书出版股份有限公司。
晁继周 2005 《语文词典论集》,商务印书馆。

在2012年暑期汉语言文字学高级研讨班开班典礼上的讲话

（2012年8月15日）

王　宁

今天是20高校发起的汉语言文字学高级研讨班第三期的开班典礼。感谢承办第三期研讨班的北京语言大学，他们为我们创造了学习交流最充分的条件，使这个被称为G20的研讨班能够顺利地延续下去。也要感谢从多方面关注中国语言学发展的商务印书馆对研讨班真诚的支持。

这是一个为中国语言学的发展统一认识、坚定信念、培养人才、积蓄力量的研讨班。郭锡良先生和鲁国尧先生是它最早的提倡者和发起人，关于研讨班的缘起，他们会向大家介绍，这次讲课的有些老师在讲课时也都会涉及，我只在这里说一说自己三次参加这个班的感想。有些话可能是以前说过的，再说一次也许还有必要。

我们是带着探索自己母语的真相与真理的愿望，带着发展母语与母语教育的热情来参加这个研讨班的，同时，我们也是带着振兴民族文化的使命感，带着一种忧患意识和一种殷切的期待来促进这个研讨班不断延续下去的。

第一期研讨班开班的时候，我们认真讨论了新世纪语言学发展应有的几个趋势。大家共同的向往是，语言学的发展应当从纯形式的研究到注重语言的内容，从架空地奢谈语言普遍性到注重语言的民族性，从纯粹的描写到描写与解释并重，从共时与历时研究截然分开到二者的相互渗透，从轻视传统、鄙视文献到懂得继承、关注文献和重视历史。只有多元、辩证地发展语言学，我们才能一步步接近语言事实，窥见语言规律，通过提高人的语言能力达到提高人的思维能力的目的，使我们的心智适应自然存在与社会发展的需要。

预测到这个应有的发展趋势，沿着语言学发展的正确方向，提高语言研究的自觉性，要做的第一件事，也是最要紧的事，就是加强对自己母语——也就是汉语言文字学以及境内少数民族语言文字学的研究和应用。世界上一切有成就的语言学家，无一不是以自己的母语作为最重要的研究语料的；因为，没有深入到内在思想的语感，难以进入对语理的自觉描写和解释。世界的语言不少于2500种，不多于3500种，只有每一种语言——起码是有代表性的语言——准确描写和透彻解释了以后，才能从中归纳出世界语言的普遍性，那种事先以少数语言做模板立出框架，再把其他语言硬塞到框架里去的做法，难免会挂一漏万、削足适履、以个别代替了全体，会产生缺欠、产生遗憾甚至产生谬误，不是一种最好的办法。所以，语言学学者的历史使命，首先是用适合自己母语的方法深入研究自己的母语，把自己的研究成果贡献给普通语言学，奉献给世界。汉语是世界语言中使用人数最多、发展历史很长的语言之一，研究汉语，是中国语言学学者义不容辞的责任。

我们的工作是有成绩的，20—21世纪之交，我们已经有了中国自己的语言学队伍、语言学方法和语言学流派。我们不再仅仅是模仿，也不再望"洋"兴叹，我们已经有不少成绩证明：没有汉语的参与，不可能有普通语言学；而没有中国人在中国的工作，不会有精深的汉语研究成果。出国门，固然开阔眼界；在国内，同样收获丰厚。

但是，我们现在并不处在一个研究汉语、发展汉语最好的时代。

经济全球化和信息国际化使有些人对西方强势语言的兴趣远远超过对自己母语的兴趣，对西方语言学研究方法熟悉的程度远远多于对自己语言学传统熟悉的程度。追逐西方和国外成为社会时尚以后，中国固有的优秀文化传统不自觉地被视为落后和保守，对青年人越来越没有吸引力。信心的失落与队伍的萎缩是事业的致命伤，这种致命伤一旦扩展，达到"病来如山倒"的地步，是很难在短期内治愈的。

语言学是人文科学，它可以在一定程度上采用量化的方法增强它的客观性，但文字、词汇都不是纯粹的数理符号，它们与文化融通，带有极强的经验性，与民族、国家并存。纯粹的形式化会使语言信息极大地失落，而且失落的往往是它内涵的精华、璀璨的积累、人民生命的精灵——一切独特的民族特征。范畴的哲学提升是在具体之上，普遍性永远建立在个性之中。没有民族就没有国际，没有特点就没有丰富多彩的世界。语言学可以吸收自然科学的方法，但自己的起点和追求不能简单化。在物欲上升的时代，人们会忘记精神的充实，寻找最简单的方法来谋求最快又最获利的途径得到结论，而那样的结论常常会被反证推翻，浮躁——名利和权利的诱惑会使我们忘记关注个体与探索深层的必要，也就难以享受到挖掘和探讨的快乐和得到真正结论的兴奋。个别的诱惑可以躲避，而抵制时代的、满世界的诱惑必须有定力。牢牢地站住，坐住，面对历史，面对语料，面对事实，不左顾右盼。

我们从来没有排斥西方，更没有忘记世界。今天的汉语研究成果已经有太多的国外语言学理念和方法融入其中，我们在发扬自己传统的同时仍在关注国外先进的理念和科学的方法。我们反对的只是脱离自己语言事实来套用西方既定的框架，我们担心的只是盲目地抛弃自己传统的精华而热衷于引进他人的糟粕。我们不赞成的是对自己的鄙薄：中国人说了不算外国人说了才算。中国的语言是世界语言的一个重要部分。我们主张在对世界语言和语言学观照的基础上，立足中国的语言和语言学，与国外语言学平等对话。我们需要一个强大的队伍，这支队伍要熟悉自己母语的现实和历史，懂得借鉴也懂得继承，怀抱着振兴民族文化的大志，带着崇高的理想，去解决中国语言的问题，增强自己的语言研究与应用的能力，为中国的语言文字学的发展不计功利，艰苦跋涉。

发展中国语言文字学受到很多条件的局限，也受到一些不正确的言论的干扰，我们的研究能力与新世纪的要求还有距离，大家的研究心态也还有一些不平衡的地方；搭建一个平台，提供一个学术交流的场合，调整我们从事汉语研究的心态，共同提高我们的研究能力，推进汉语研究和教学，这就是20个高等学校联合发起、利用暑假举办这个高级研讨班的初衷。

前来参加研讨班的青年教师和研究生大多数的年龄都是80后，90后，振兴汉语研究与教育的希望寄托在你们身上。从你们身上吸取年轻人敏锐的眼光、向上的朝气，把我们的忧患意识变成更为积极的行动，和你们一起把汉语的研究推进到新的水平，这就是我们的所想，所望！

　　谢谢大家对研讨班的支持！谢谢大家带给我们的青春气息和美好希望！预祝研讨班顺利成功！

关于"中国的文化,就是汉字的文化"

济 宽

一

本文标题所涉命题——"中国的文化,就是汉字的文化"——是前辈何九盈先生一篇文章的题目。最近,该文之"上"篇发表于北京师范大学《民俗典籍文字研究》第八辑,3万余字,27页。

该命题将"中国的文化"全同于"汉字的文化",颇令笔者困惑。因"中国的文化"这一概念若不特别定义,则无疑包含了汉字的文化,却不等于就是汉字的文化。据文献记载,黄帝时代有许多文化成就,史官仓颉创造的汉字,便是那个伟大时代诸多文化成就中的一项。可以说,汉字本身便是中国文化结晶。汉字的孕育产生发展,包含在中国文化发展过程中。汉字是一种工具,工具可推动文化发展,甚至催生出新文化、成为新生文化的标志;但是,尽管可以将一种工具视为文化象征,也不等于可以将整体文化定性为一种工具的文化。任何工具都不能脱离其所在的文化体系而独存,不能等同于该文化体系。

二

认为"中国的文化,就是汉字的文化"是一个全称肯定判断[1],这个观点笔者不敢苟同。理由如下:

其一,从逻辑上看,全称肯定判断的语句是"所有S都是P",即"凡中国的文化,都是汉字的文化。"

其二,假如是一个全称肯定判断,主项S("中国的文化")与谓项P("汉字的文化")之间就必须是全同关系或者下属关系,否则,这个判断为假。[2]所谓下属关系,指主项下属于谓项(如右图)。将中国文化视为汉字文化的下属概念,显然不能成立。

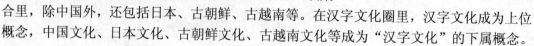

有一个概念叫"汉字文化圈",顾名思义,当指使用汉字、且地理位置相邻的民族文化所构成的集合。该集合里,除中国外,还包括日本、古朝鲜、古越南等。在汉字文化圈里,汉字文化成为上位概念,中国文化、日本文化、古朝鲜文化、古越南文化等成为"汉字文化"的下属概念。

---

1 《民俗典籍文字研究》第八辑,1页。
2 参金岳霖主编《形式逻辑》第三章第四节,88页。

根据"汉字文化圈"的概念,说"日本的文化,就是汉字的文化""古朝鲜的文化,就是汉字的文化""古越南的文化,就是汉字的文化",恐怕也都不能成立。

其三,如果认为"中国的文化,就是汉字的文化"是一个全称肯定判断并且为真,那么如下特称否定判断就应该为假:

判断1:有些中国的文化,不是汉字的文化。¹

——事实上,这个特称否定判断为真!目前已知的汉字系统,最早行用于商代。商代之前的"仰韶文化"(前5000——前3000)、"大汶口文化"(前4300—前2500)、"红山文化"(前4000——前3000)等,都是中国的文化而不是汉字的文化。中国古代的农作物栽培、蚕桑纺织、宫室建筑、陶冶漆艺、医药针灸、青铜工艺、绘画印染、音乐舞蹈以及制作弓弩矰缴网罟毕罗钟磬琴瑟旗鼓车船等,也都是中国的文化而不是汉字的文化。

既然上述特称否定判断为真,那么将"中国的文化,就是汉字的文化"作为全称肯定判断的结果必然为假。

因此,下述推理也不能成立:

推理1:一个多文字国家的义化,就是该国某 种文字的文化。

——对于多民族、多语言、多文字的国家来说,这是无法理解和接受的。

推理2:文化,就是文字的文化。

——文字只是一种工具,仅为文化传承的诸般工具之一。

推理3:凡没有文字的民族,就是没有文化的民族。

——这一推理之结果,其谬毋庸赘言。

三

根据何先生文章的开篇辞和首条注释,可知命题"中国的文化,就是汉字的文化"乃由一位日本学者提出:"[日]平冈武夫《日本文<中国古代书籍史>序言》,见《书于竹帛》附录三,第185页,上海书店出版社,2004年。"²

经查,平冈武夫所言,出自其为旅美中国学者钱存训《书于竹帛——中国古代的文字记录》之日文本《中国古代書籍史——竹帛に書す》所作序言。该序由林慈爱译为中文,收录于钱氏《书于竹帛》中文本上海书店2004年版之附录三。

"中国的文化,就是汉字的文化",乃平冈武夫序文之开篇辞。原文为"中国の文化は、汉字の文化である。"

平冈武夫(1909—1995),日本京都大学名誉教授,著名中国学家。1936年到中国求学,曾从中国现代著名藏书家傅增湘(藏园老人,双鉴楼主人)问学。得藏园老人赏识,以金代平水刊《尚书注疏》残存珍本一卷相赠,且题识其上云:

> "平冈武夫君久治《尚书》,尝就余问业。自惭颓老废学,无以益之,因取旧校金本《书疏》,嘱其移录一通。余适藏有残本一卷,君更欲假观,爱玩至不忍去手。余以其嗜之笃也,遂辍以赠焉。……使得流传海外,且付之少年好学之人,为我爱护而永存之,又宁非幸欤!"

---

1 同上,SAP与SOP的真假关系。90页。
2《民俗典籍文字研究》第八辑,1页。按:注文将"日文本"误引作"日本文"。

该书今藏日本天理图书馆。[1]

据"维基百科（日文版）"的"平冈武夫"条[2]，可知他有如下著作：

1. 《経书の成立支那精神史序说》，全国书房，1946，东京文化研究所研究报告。
2. 《経书の伝统》，岩波书店，1951。
3. 《汉字の形と文化》，ハーバード燕京同志社东方文化讲座委员会。1959。
4. 《白居易》，筑摩书房，1977.12，《中国诗文选》。
5. 《経书の成立天下的世界観》，创文社，1983.12，东洋学丛书。
6. 《白居易生涯と歳时记》，朋友书店。1998.6，朋友丛书。
7. 《平冈武夫遗文集》，砺波护编，私家版，2002.9。

此外，其译作有：

1. 《古史弁自序》，顾颉刚，创元社，1940，创元支那丛书。
2. 《歴史小品》，郭沫若，1950.11，岩波新书，のち文库。
3. 《ある歴史家の生い立ち古史弁自序》，顾颉刚，岩波书店，1953，のち文库。
4. 《白氏文集》，白居易，与今井清校订，京都大学人文科学研究所，1971—73。
5. 《全釈汉文大系 1 论语》，集英社，1980.5。
6. 《白氏文集歌诗索引》，与今井清共编，同朋舎出版，1989.10。

作为一位研究中国经史和唐人诗文卓有成就的学者，平冈武夫的判断自然应该信赖。

然而，"中国的文化，就是汉字的文化"如果是被平冈武夫作为一个"全称肯定判断"[3]型命题提出，其中的逻辑缺陷却无法解释。

为此，有必要看看平冈武夫的序文，看看在"中国的文化，就是汉字的文化"下面，平冈先生还说了什么。

四

序文原文见于钱存训著作日文本法政大学版第Ⅶ页至第Ⅹ页，中文译本见于上海书店版第185页至第187页。原文共13个自然段，译文共14个。其中原文第9自然段在译文中被分为第9、10两段。以译文为例，各段大意如下：

1. 开篇，仅一句："中国的文化，就是汉字的文化。"
2. 汉字是表意文字。
3. "近代文化"建立在表音文字字母的基础上。
4. 所谓"以近代的思考方法和感觉"来处理汉字的文化，是值得怀疑的。
5. 汉字的使用人口最多，使用地域最广，使用时间最长久，表现的语言最多样，书籍最丰富。
6. 寻求新时代的价值体系，视野不能不扩展到汉字的世界。
7. 从殷墟到敦煌，从甲骨到简牍帛书，大量出土文献迫使人们把眼光转向汉字的文化源流上。
8. 钱存训的著作追寻了印刷术出现之前的汉字书写的全部历史。

---

[1] 刘起：《悼念日本的中国学权威平冈武夫先生》，《中国史研究动态》，1995年第8期。
[2] http://ja.wikipedia.org/wiki/%E5%B9%B3%E5%B2%A1%E6%AD%A6%E5%A4%AB
[3] 见何九盈先生文开篇辞。《民俗典籍文字研究》第八辑，1页。

9. 虽有人尝试对汉字重新认识，但还是站在六书的立场上。[1]
10. 钱氏著作立足于追寻汉字的根源，是一部真正重新观察汉字文化的著作。
11. 该书涉及书写的材料、用具、书体，以及书者、写法等，十分不易。
12. 该书日文版得以问世，说明该书是"蕴含生命的书"。
13. 当年接到钱教授赠书，曾考虑过译成日文；如今见到译本，有同庆之感。
14. 应钱教授当面亲口邀请以及事后手书邀请，特作此序。

综观上述各段内容，不难看出，平冈武夫并未将"中国的文化，就是汉字的文化"作为一个全称肯定判断来论证。他说这句话，与其说是提出了一个命题，毋宁说是读了钱存训著作后所发的一句感言。

原文"中国の文化は、漢字の文化である"，与其译作"中国的文化，就是汉字的文化"，不如译作"中国的文化啊，是汉字的文化哟。"去掉"全称肯定判断"的断然口气，传达出感慨叹赏的赞誉情怀。[2]

五

钱存训，1909年生于江苏省泰县，1957年获芝加哥大学哲学博士。曾任芝加哥大学东亚图书馆馆长。[3]其书初版问世于1962年，为美国芝加哥大学出版社出版的英文版。1975年，香港中文大学出版社出版了根据周宁森博士译稿修订的第一个中文译本，1980年出版日文译本，1990年出版韩文译本。[4]

据2004年上海书店出版的第四次增订本（简体横排中文本），全书共九章，首尾两章为绪论和结论，二至八章分别为甲骨文、金文和陶文、玉石刻辞、竹简和木牍、帛书、纸卷、书写工具。值得注意的是第一章"绪论"的第一节"中国古代文化的遗产"，其中的叙述和议论有助于了解平冈武夫的感慨是怎么来的。兹摘录若干于下：

开篇辞："人类的历史，大部分多赖文字记录的流传，得以保存至今。"（1页）

又：

> 中国文字记录的一个重大特点，便是它独有的持久性和延续性。这一特点使得世界上一个有创造性的远古文化，得以继继绳绳，绵延至今。（2页）

> 中国文字除了一般文字通有的音、义以外，还有其特殊的形体，这种具有特殊形体的文字，超越了时间上的变化和空间上的限制，团结了中华民族，更造成了世界上一个最伟大的文化整体。（2页）

> 中国文字的悠久历史，不仅保存了中国人的理想与抱负，记录了历史上的盛衰与

---

[1] 林慈爱的译文中此处有误。原文的一般敘述句"それは、大抵、漢字の形を分析して、象形·指事·形声·会意など、いわゆる六書説の立場から行なわれた。"译文误作否定句："大多**不是**站在分析汉字本身的'象形、指事、形声、会意'等，所谓六书说的立场来研究。"（P.186）

[2] 日语句型"Aは……である"，现代译者习惯于将其译作"A是B。"其实，该日语句型与古代汉语判断句句型"……者，……也"相类。在古日语文献中，"である"便可以写作汉字"也"。然而，古代汉语判断句句型中的"者"和"也"都是语气词，者，表示提顿；也，表示加重语气。现代译者往往忽略原始句型中那两个语气词的作用，这对于现代日语作品来说问题也不大。不过，一些汉学修养深厚的日本学者，深知该句式的精微之处而能巧妙运用，如"私は、考古学"である"，与其按惯例译作"我是考古学"，毋宁译成"我呀，是学古学的"。

[3] 参钱氏著作1980年日文译本封面内侧作者介绍。

[4] 参钱氏著作2004年中文译本插页之"本书版次说明"。

兴亡，更使得这代代相传的文化传统，能得长存于天壤之间。（2—3页）

中国文字记录的丰富、延续和普遍性是世界文化史上所独具的特色，没有其他民族或国家的文献可以相比。中国古代典籍在质和量方面的发展，更显示出古代中国在文化传播和学术研究上的辉煌成就。（4页）

这些成果乃是中国文化的基石。因此要了解中国文化的起源、发展和承传的过程，主要便得从这些古代文字记录的遗产中去探索。（4页）

读了钱存训这些话，尤其是"人类的历史，大部分多赖文字记录的流传，得以保存至今"以及"中国文字除了一般文字通有的音、义以外，……更造成了世界上一个最伟大的文化整体""要了解中国文化的起源、发展和承传的过程，主要便得从这些古代文字记录的遗产中去探索"等，就不难理解平冈武夫为什么会在序言开篇写出"中国的文化，便是汉字的文化"了。

平冈武夫序言中的话，显然和钱存训著作中的论述有关，这一点，钱存训本人是了解的。钱氏在《上海版新序》中说："我曾在书中指出中国文字记录的延续、多产和广被性是世界文明中所独具的特色，他（按：指平冈武夫）对此更加发挥说：'人类历史上的任何时期，最多人使用的文字，是汉字！最广大地域使用的文字，是汉字！被使用最长久的文字，是汉字！表现最多种语言的文字，是汉字！蕴藏书籍最丰富的文字，也是汉字！'他的综合归纳，特别强调汉字的伟大，可在本书（按：指钱氏自己的著作）的'绪论'中获得详细的解释和确证。"（《上海版新序》2页）

钱存训与平冈武夫同庚。推想起来，平冈先生作为汉学修养精深的学者，出于对中国文献和对汉字的感情，出于对钱存训的论述的共鸣，一时间撇开谨严不苟的学术评论式措辞，在同庚的著作日译本前面写上一句基于钱氏观点而有所发挥的感言，完全合于情理。毕竟，序文不比正式论文，写法和措辞都要自由一些。在这种情况下说出来的一些话，孤立地看似乎便是一个判断；综合其情其事，当能明了其实不过是一句感言。

六

至此可知，平冈武夫所言"中国的文化，就是汉字的文化"，应是同道之间在学术上发生共鸣后的感性与理性交集的发言，而非基于独立的研究并经严密论证做出的判断。

那么，如果要把这个源于特定条件下的感性的表述抽离其赖以产生的环境，设定成一个全称肯定判断性质的理论命题，就有必要开展一项独立的、慎重而缜密的论证工作。为此，不妨看看何先生文章的内容。

据《民俗典籍文字研究》上"编者的话"，知"何先生此文共有五个部分……将分两辑刊发"（1页），今所见3万字为该文之"上"，其中包括引言、壹、贰等三个部分，贰之下又分四节。细目如下：

引言（1-2页）
壹　汉字文化的头脑风暴（2-6页）
贰　百余年间两种汉字文化观的较量（6-27页）
一、"大同"派的汉字文化观（6-9页）
二、无政府主义者的汉字文化观（9-14页）

三、阶级论者的汉字文化观（15-20页）
四、保守主义者的汉字文化观（20-27页）
引言很短，实际不到一页。开篇处提出：

"中国的文化，就是汉字的文化。"这一全称肯定判断[1]，是日本学人提出来的。这样的判断，西方人提不出来，同样，中国人也提不出来。

但在引言中没有就此展开。

在第壹部分中，主张"汉语、汉字是中国文化的根"（4页），宣示"在这篇文章中，我要阐述自己对汉字文化的一些新的认识，'成熟'还是'不成熟'，是否又中了什么'圈套'，我没有过多考虑。"（6页）

第贰部分篇幅占了该文"上"的四分之三，题为"百余年间两种汉字文化观的较量"。其中各节内容为：

一、"大同"派的汉字文化观——康有为等主张"改'中国之象形字'为'谐声'，即废除汉字，采用拼音文字。"（6页）

二、无政府主义者的汉字文化观——"他们在汉字文化问题上，都主张以万国新语取代汉语汉字"。（9页）

三、阶级论者的汉字文化观——"把汉字定性为'封建汉字'作为'革命'对象"。（16页）

四、保守主义者的汉字文化观——"从根本上就反对简化汉字"。（22页）

总之，在"上"中并未就全文标题"中国的文化，就是汉字的文化"这一"全称肯定判断"展开实质性讨论和证明。

——或许何先生的文章标题也仅是一句感言性发语，而非一个学术性论断吧。

且待尚未发表的"下"问世，以期释疑。

七

如果没有阐释、未经论证，直接使用"中国的文化，就是汉字的文化"这一说法作为命题，从学术论文而非杂感文章的角度看，是有待商榷的。

有清晰界定的命题是研究的出发点，是研究的科学性的保证，是防止伪命题乘隙而出的第一道锁钥。一项有新观点的研究，如果不对该研究之赖以立足的命题进行必要的、充分的阐释和论证，完全依仗于"新"而忽略科学研究之灵魂——"理"，只好算作杂感，并非真正之论文。

讨论"中国的文化，就是汉字的文化"这　命题，有必要界定三个概念：中国、文化、汉字。

汉字的界定，学界已有公论。

至于"文化"，虽然定义纷纭，但在"中国的文化，就是汉字的文化"这一命题中，它是一个可以忽略的概念。理由如下：

---

[1] 济宽案：根据逻辑学的分类规则，从语句上看，"中国的文化，就是汉字的文化"应归于"单称肯定判断"。作为"全称肯定判断"，其语句应是"中国的文化，都是汉字的文化"。然而，作为单称肯定判断，却又显然不能成立，故而此语句令人困惑。参金岳霖主编《形式逻辑》第三章第四节"性质判断及其相互关系"，80页。

1. 设"中国的文化"为：中国 +"的"+ 文化，或：中国×"的"×文化
2. 设"汉字的文化"为：汉字 +"的"+ 文化，或：汉字×"的"×文化
3. 设判断词"（就）是"的意义为"等于"，用运算符"="表示。

根据"中国的文化，就是汉字的文化"的说法，有如下关系式：

关系式 1：中国 +"的"+ 文化 = 汉字 +"的"+ 文化

化简：中国 = 汉字

关系式 2：中国×"的"×文化 = 汉字×"的"×文化

化简：中国 = 汉字

显然，无论从什么角度来分析上述命题中各个概念之间的内部关系，"文化"这个概念都不是最关键的。"中国的文化，就是汉字的文化"这一命题最终与"文化"无关。该命题仅仅意味着：中国就是汉字。在"汉字"的界定已经完成的前提下，这个命题中唯一需要界定的概念是"中国"。

"中国"，可根据空间来界定，也可根据时间来界定，还可以根据对象去界定。济宽认为，汉字作为人工产物，无论何时，无论何地，都无法等同于"中国"；同理，"汉字文化"也不能取代"中国文化"。

唯有忽略"中国"的历史和地域特征，即忽略"中国"的时间属性和空间属性，从对象上加以特别限定，将"中国"定义为"汉字"，才能使"中国的文化，就是汉字的文化"这类命题成立。

2012 年 9 月 9 日于蓝旗营
2013 年 3 月 16 日改定

参考文献：

1. 何九盈　2011　《中国的文化，就是汉字的文化》，载《民俗典籍文字研究》第八辑，商务印书馆。
2. 钱存训　1980　《中国古代書籍史——竹帛に書す》，宇都木章、沢谷昭次、竹之内信子、広瀬洋子合译，财团法人法政大学出版局。
3. 钱存训　2004　《书于竹帛——中国古代的文字记录》，上海世纪出版集团·上海书店出版社。
4. 金岳霖主编　1979　《形式逻辑》，人民出版社。

科学精神是什么？*

中国社会科学院语言研究所　姚振武

　　黎千驹先生痛感于当前学风浮躁与学术腐败之风，邀请我为本文集写一篇文章，我答应了。我非常理解黎先生的心情——一个正直学者面对当前学术界现状的焦急、痛心和担忧。作为一个在学术界浸泡了几十年的科研人员，面对当前的乱状、怪状，我也确实有一些话要说。即便被讥为"傻"或别的什么，也由它去吧！

　　我说话的题目是"科学精神是什么？"然而，放眼望去，冠盖如云，这样一个"小儿科"题目，还轮得着我来饶舌吗？不过且慢，以我长期的切身经历，我认为，中国学术界之有今日，或许与主事者在这个问题上认识不清，有相当大的关系。不管冥冥之中我所直面的是谁，我都愿意虔诚地、不客气地说出我的意见。

　　我认为，面对现状，一味去教导甚至指责年轻人，是不大公正的。现在的年轻人，承受着太多的生存压力，他们首先是受害者，而不是加害者。如果说他们中间有些"不端"行为，那也正如黎千驹先生所言，是"逼良为娼"的结果。"逼"者为谁？我以为就是当前主流的"科学"理念以及这种理念主导下的科研制度。

　　说到科学——这里主要指基础理论研究，我认为最重要的是知道其特点是什么。科研制度顺应了这些特点，科学就发展，就昌明；违背了这些特点，科学就走向平庸、浮躁以至凋敝。当今的科研制度，基本违背了科学精神的特点，所以这种制度主导下的科学走向平庸化，浮躁化，甚至腐败化也就是不可避免的结局。

　　首先，科学精神是自由的而非听命的。理论上，这个关乎科学命脉的问题，似乎没有人不同意。但只要看一看当今的制度就可以知道，恰恰相反，我们的科学是非自由的，是听命的。现在，随便问一位大学教师或其他专职的科研人员："你的科研活动自由吗？"我相信，绝大多数发自内心的回答是不自由。曾有人问季羡林老先生，您人生最大的感触是什么？回答是："被动。"季老尚且如此，何况其他人。

　　制度上，就国家层面来说，我们是有一个"国家社科基金委员会"的。这个委员会握有大量的金钱以及其他权力，每年，有几个人坐在屋子里，拟出一个"国家社科基金指南"，那意思是，只有按照这个"指南"走才是正途，才可能得到资助。于是乎，"科学"成为了一种争夺利益、资源的博弈。学者们只好"举熙熙然迴巧献技"，以取悦为能事。怎么取悦呢？无非是填几张表格，编一套说辞，有幸打动评委者即为高中，立刻身价百倍。类

---

* 此文曾发表于黎千驹主编的《当代语言学者论治学》，华中师范大学出版社，2011年。此次发表略有修改。《中国语言学》编辑部对本文提出了宝贵意见，谨致谢忱。文中错谬皆由笔者负责。

似的委员会层层都有。在这样的构架下,"国家项目"高于"省部级项目","省部级项目"高于"院校项目","院校项目"又高于……。请看,仅凭一套说辞(成果本身尚在虚无缥缈间),"座次"已排定,"血统"已生成,高下已注定。课题本身既非自愿,接下来又要对付轮番的"考核",反复的"评估"。这样的环境之下,走向"为娼"之路就是自然的了。至于利欲熏心者之上下其手,如鱼得水,就更是不足怪了。不少的"科研成果"就是这样炮制出来的。也许在某些人看来,科学的过程就应是这样的。舍此之外,他们是茫然的。受到批评,他们也会觉得委屈,会问"难道不应该这样吗?"我有时候真是觉得,迫切需要一场关于科学性质问题的讨论。搞清楚了这个问题,才谈得上建设一个好的制度。

科学(基础理论研究)是什么?说到底,是人类探求未知的一种社会活动,它主要体现为一种独立思考的个人行为。研究者首先忠于和服从自己的良知,而不是什么外来的"指南"。[1]制度上,能够保护并鼓励这种个人行为的制度便是好制度。可是现实是,如果你不接受这个指南,或者说你不驯服于这个"审批制度",而坚持独立思考,自行其是,你就很可能陷入泥淖而不能自拔,甚至生计都将成为问题。于是,所谓学者,便成为了一群在形形色色的"指南"或其他名目安排下前行的"迷途的羔羊"。一个学者,自己并不能决定自己干什么,或者至少不能选择自己最想干的,那么他所从事的只能是一种被阉割了的"科学"!而浮躁、腐败之风乍起,也就是预料之中的了。

第二,科学精神是独立的而非依附的。这个意见,也许又会遭到某些人的不解甚至嘲笑。长期以来,"追踪国际前沿""与国际接轨",既是官方的口号,也几乎被认为科学研究的不二法门。独立的、自尊的科研态度往往被斥为"妄自尊大""无知"。

但我依然要大声说:科学精神是独立的而非依附的。在当今中国学界,对外国人的仰视和对中国人的俯视是最常见的两种态度。但其实,从事科学,平视是一个严肃学者的必然选择。这本来是极为简单的道理。

一百多年来,帝国主义列强在物质层面对我国的伤害,是大家都看到的。但有一种精神层面的伤害,往往未被注意,却已深入骨髓,这就是摧毁了某些中国人,尤其是某些知识分子的自信,甚至产生一种以依附为荣的意识。似乎依附于巨人,自己也就成了巨人。所以"追踪""接轨"这样彻底违背科学精神的观念可以成为主流的、甚至是官方的"科学"理念。

外国的理论,如果能帮助我们独立思考,那它是有意义、有价值的;如果它的"威力"竟然大到使人觉得自己的使命只能是"追踪"和"接轨",那就有害了。"害"并不是(或主要不是)害在这种理论本身,而是害在我们自己的态度,害在我们自己对科学实质的理解。地球是圆的,本不存在什么固有的"前沿"。科学也同样如此,它并不是在一条既有直线上的赛跑。谁有独立的发现,谁就是"前沿"。古人尚且知道"穷且弥坚,不坠青云之志"。仰视或俯视都是病态,至少是庸态,是缺乏自信的表现。当前的科研制度是一种助长"追踪""接轨"而不是助长独立思考的病态、庸态的制度。近来虽然也改说要"自

---

[1] 启蒙运动就是人类脱离自己所加之于自己的不成熟状态。不成熟状态就是不经别人的引导,就对运用自己的理智无能为力。当其原因不在于缺乏理智,而在于不经别人的引导就缺乏勇气与决心去加以运用时,那么这种不成熟状态就是自己所加之于自己的了。Sapere aude! 要有勇气运用你自己的理智!这就是启蒙运动的口号。
——康德《答复这个问题:"什么是启蒙运动?"》,见[德]康德《历史理性批判文集》(何兆武译)p.22,商务印书馆,1990年。

主创新",那是因为(或主要因为)"外国的核心技术是花钱买不到的"。一旦花钱能买到,创新也将失去了意义和动力。于是,"花钱"网罗天下能立即带来"创新"的"人才",就成了"自主创新战略"的主要内容。大会小会,报纸电视,不遗余力,而自己的制度本身却很少触动。说到底,这是生意人的痛苦,生意人的觉悟,生意人的办法,更是生意人的哲学,与科学精神是没有什么关系的。

第三,科学精神是质疑的而非模仿的。英国哲学家罗素曾说过,教育成功的标志不是教会学生去"信",而是教会学生去"疑"。这是真正的科学精神。可是我们呢?岂但教育制度,就是整个科研制度都是走"信"的一路。"信"什么呢?信各种各样的"指南",信各种各样的审批委员会,信形形色色的权威,尤其是外国的权威。甚至外国的某种学术思潮,也可以一再写入国家的"指南",成为"官学"。唯独不提倡,甚至鄙视学者的自信。每一个小学生都知道,学美术,即使终日临摹"蒙娜丽莎",哪怕临摹得再逼真,也是没出息的。可是在学术界,这类行为长期地,不断地被重复。

权威的意义首先在于被质疑而不是被尊崇,中国权威也好,外国权威也好,概莫能外。科学发展的进程就是不断证伪的进程,实质上也就是不断超越权威的进程。权威一旦成为菩萨,就是科学的敌人。

第四,科学精神是平等的而非贵族的。长期以来,我国学术界在基础研究领域热衷于什么"重点学科建设"政策,什么"倾斜"政策。今天扬言要"建设"多少个"国际一流"学科,明天又扬言要"打造"多少个"大师"。学术活动成了"主流意识"和学术新贵们的"嘉年华"。结果是"打造"出一批批学术贵族,同时也制造出一批批学术难民。最近俨然又有一场官方运动,叫做"抢救濒危学科"。然而,如果没有当初之"倾斜",何来今日之"濒危"?这不是笑话吗!

这样的政策说到底是一种"歧视政策",它满足的是做贵族的庸俗欲望,与科学精神毫无关系。科学精神坚决反对任何形式的歧视,蔑视形形色色的"学术贵族"。它是自信的,同时又主张平等,尊重少数,尊重"异见"。在基础理论研究领域搞"重点学科建设",搞"倾斜",我认为这是对科学的亵渎。只有平庸的、低劣的学术,绝没有平庸的、低劣的学科。在这样的政策之下,要想不浮躁和腐败,做得到吗?

以上讨论科学精神,无非是为了呼唤一种符合科学精神的科研制度。这个制度应该是一种真正促进百花齐放,百家争鸣的制度,应该是一种真正尊重学者本人思想的制度,应该是一种尊重少数、容纳"异见"、平等交流的制度。那种非自由的、依附的、模仿的、贵族的"科学",实在是官僚的乐园,腐败的温床,理性的笑料,科学的悲哀!而一个好的制度,才是遏制学术浮躁和腐败,避免劣质和落后命运的根本保障。

尽管制度出了问题,但多年来学术界依然出现了不少优秀成果。这些论著,不仅使我获得学术上的教益,而且还让我感受到"风雨如晦,鸡鸣不已"的极大的精神慰藉和鼓励。正如鲁迅先生所言:"我们自古以来就有埋头苦干的人,有拼命硬干的人,有为民请命的人,有舍身求法的人……虽是等于为帝王将相作家谱的所谓'正史',也往往掩不住他们的光耀,这就是中国的脊梁。""要论中国人,必须不被搽在表面的自欺欺人的脂粉所诓骗,却看看他的筋骨和脊梁。自信力的有无,状元宰相的文章是不足为据的,要自己去看地底下。"[1]我坚信,"脊梁"在,中华民族的希望就在。

　　临末,我还想对年轻人说几句话。如果单纯为了名和利,做一个学者恐怕不是最好的选择,因为还有其他许多职业"成功"的可能性要大得多。如果确有志于从事科学事业,那么不妨首先搞清楚"科学精神"究竟是什么,不要把宝贵的生命耗费在那种早已被阉割了的,似是而非的"科学研究"之中。科学精神是自由的而非听命的;是独立的而非依附的;是质疑的而非模仿的;是平等的而非贵族的。这样的事业崇高而庄严,确实充满魅力,值得为之献身。但这种事业更多的恐怕是艰苦和坎坷,清贫和孤独。超越利害是科学的宿命,这就必然给你的生活带来困扰。社会不可能事先为你准备一个优越的环境来供你"享用",历来都不大可能。马克思说,在科学的入口处犹如在地狱的入口处,殆非虚言!所以,年轻的朋友们,在科学的入口处,请三思而行。

---

[1] 鲁迅:《中国人失掉自信力了吗?》。见《且介亭杂文》,《鲁迅全集》第6卷,人民文学出版社1981年版。

中国应向世界推广中文词汇

〔美〕托尔斯滕·帕特贝格

【香港亚洲时报在线 2月15日文章】题：中国文化是时候反击了（作者 北京大学高等人文研究院研究人员托尔斯滕·帕特贝格）

在龙年这一年，中国超越美国，成为当今世界最大的贸易国家。在蛇年，中国应当把握机遇，推广中国文化知识。

中国的主要挑战，在我看来，并非仅仅是与西方国家进行自由贸易与物质资源的竞争。真正的挑战是再度用中文书写"世界历史"，而唯一的途径是推广中文词汇。

正如孔子曾经所说：名不正，则言不顺。然而，放眼国际，在西方经典和哲学翻译的强烈攻势下，正确表达中国思想理念的名词几乎无一幸存。西方表达中国概念的词汇扭曲了这些概念的本质。

到目前为止，中国仰仗两套（西方引入的）罗马化系统：威妥玛和拼音。尽管有些中国概念，比如阴阳和功夫，已经被西方接受；但是缺乏积极推广汉语词汇在国外使用的语言政策，至于科学和人文领域就肯定没有了。

中国的国家英文出版物也没有普遍坚定自信地使用中文词汇。是的，中国汉办，即在全球所有重要文化中心都有设立的"孔子学院"，但这些学院教授的是汉语，并不推广中文词汇。他们在国外甚至不叫汉办。

现实情况是：西方发明了很多东西；但并非一切都是西方发明的。

我经常感到困惑的是，许多中国同仁欣然把所有中文词汇的原创性拱手让给外国译者：这是什么，麒麟？让我们叫它"unicorn"，怎么样？那是什么，龙？那我们就叫它"dragon"吧！

当然，你虚构的东西是无害的损失。但是，中国损失了社会学领域的几乎一切：文明？中文里的 civilization；大学？中文里的 university；圣人？中国的 sage 或 philosopher。但是，这些词之间是不对等的。中国被置于这样一种处境，即它把自己的政治理论对外宣称为"有中国特色的社会主义"。如果历史学家希望通过单纯用"西方思想"注解"中国思想"来迎合西方权威的话，那么外国人有什么理由去干预中国文化的自甘堕落呢？

中国应当像关注她的土地和海洋一样关注她的"文化产权"。成为思想的发明者或者名称的所有者，具有很大的好处。让我们不要搞错：西方现今理解的中国只是西方术语堆砌出来的中国，而非中国术语堆砌起来的中国。

伊斯兰世界和印度教世界在使英语这门国际语言丰富壮大方面都远远走在汉语世界的前面。我们不可能让所有美国人和欧洲人学习汉语，但是中国人能够做到的是，教导西方大众理解重要的中国关键概念。现如今,即便是受教育程度最高的西方人也未曾听说过仁、大同、天下或天人合一等说法。

像世界所有民族一样,西方人也有好奇心。如果有人给他们送去汉语分类系统,他们会翻找查看,熟悉这些概念并将其内化。他们会不再称呼君子为"gentleman",而是把君子叫做"junzi"。

来源:http://news.xinhuanet.com/world/2013-02/18/c_124355425.htm